CHRISTOPH HARDEBUSCH
Auf stürmischer See

AF178182

Über den Autor:

Christoph Hardebusch, geboren 1974 in Lüdenscheid, studierte Anglistik und Medienwissenschaft in Marburg und arbeitete anschließend als Texter bei einer Werbeagentur. Sein Interesse an Fantasy und Geschichte führte ihn schließlich zum Schreiben. Seit dem großen Erfolg seines Debüt-Romans ist er als freischaffender Autor tätig. Mit seinem historischen Seefahrer-Roman erfüllt er sich einen lang gehegten Traum. Christoph Hardebusch lebt mit seiner Frau in München.

CHRISTOPH HARDEBUSCH

AUF STÜRMISCHER SEE

HISTORISCHER ROMAN

lübbe

Cradle to Cradle Certified® ist eine eingetragene Marke
des Cradle to Cradle Products Innovation Institute.

Originalausgabe

Dieses Werk wurde vermittelt durch
die Literarische Agentur Thomas Schlück GmbH, 30161 Hannover.

Copyright © 2025 by
Bastei Lübbe AG, Schanzenstraße 6–20, 51063 Köln, Deutschland

Bei Fragen zur Produktsicherheit wenden Sie sich bitte an:
Produktsicherheit@bastei-luebbe.de

Textredaktion: Dr. Arno Hoven, Düsseldorf
Umschlaggestaltung: Guter Punkt, München | www.guter-punkt.de
Einband-/Umschlagmotiv: © Sebastian /AdobeStock_678915155 (KI-generiert);
© Sotheby's / akg-image
Satz: GGP Media GmbH, Pößneck
Gesetzt aus der Adobe Garamond
Druck und Verarbeitung: GGP Media GmbH, Pößneck

Printed in Germany
ISBN 978-3-404-19411-7

2   4   5   3   1

Sie finden uns im Internet unter luebbe.de
Bitte beachten Sie auch: lesejury.de

»Krieg ist leichter angefangen als beendet.«

NAPOLÉON BONAPARTE

KAPITEL 1

Balearische See, September 1793

Erbarmungslos und mit fürchterlicher Wucht traf der erste Schlag seinen nackten Rücken. Das Leder schnitt sich in seine Haut hinein, und die Qual war weitaus schrecklicher, als er es sich vorgestellt hatte. Seine Muskeln verkrampften sich, als die Schmerzwellen durch seinen Leib brandeten, und zwischen seinen Zähnen rang sich ein Stöhnen hervor. Wenigstens kein Schrei. Diese Genugtuung wollte er ihnen nicht geben.

Zwischen der versammelten Besatzung hindurch konnte er das strahlend blaue Meer sehen. Die Sonne funkelte auf dem Wasser. Er vermochte weit in der Ferne einige Masten zu erkennen: Fischerboote, die über ihren Fanggründen dümpelten.

Der zweite Schlag kreuzte die rote Linie entsetzlicher Pein auf seinem Rücken. Sein ganzer Körper zuckte unkontrolliert, wand sich in den Handfesseln. Stöhnend biss er fester auf den schmalen Lederstreifen, den sie ihm zwischen die Zähne gesteckt hatten.

In den Mienen der Männer um ihn herum sah er die unterschiedlichsten menschlichen Regungen. Viele Gesichter waren steinern, bemüht, sich nichts anmerken zu lassen. Andere Zuschauer des grausamen Spektakels wirkten erleichtert: ein uralter Instinkt – besser er als ich. Einige wiederum brachten Mitleid zum Ausdruck, vielleicht geboren aus eigenen schmerzhaften Erinnerungen. Aber auch mehr als einmal zeigte sich Freude, wohl über die Ablenkung von der harten Arbeit. Und sogar Genuss.

Der dritte Schlag war sogar noch schlimmer als die beiden vorhergehenden, was er nicht für möglich gehalten hätte. Wie konnte man den schrecklichsten Schmerz noch steigern?

Sein Blick glitt zu den Offizieren der Fregatte, die vom Achterdeck aus seltsam desinteressiert das blutige Schauspiel beobachteten. Eine Bestrafung wie diese war nichts Persönliches; der Kapitän, Sir Harold Young, hatte sich schlichtweg genötigt gefühlt, den Befehl dazu zu gegeben. Die Offiziere wirkten so, als erledigten sie eine unangenehme Pflicht. Er wollte ausspucken, doch sein Unterkiefer war verkrampft.

Und der vierte Schlag trieb jeden bewussten Gedanken aus seinem Geist. Das Stöhnen wurde zu einem Gurgeln. Kein Schrei, nein – aber nur, weil er keine Luft in der Lunge hatte.

Sein Rücken war nun ein einziger entsetzlicher Schmerz. Keine brennenden Linien mehr, nur noch wundes Fleisch. Seine Beine versagten ihm den Dienst, und er hing in den Handfesseln wie eine Schweinehälfte am Haken. War er für die Offiziere überhaupt noch ein Mensch? Wahrscheinlich nicht. Lediglich Fleisch, das es zu formen galt, bis es bedingungslos gehorchte.

Tränen rannen seine Wangen hinab. Ob er vor Schmerzen oder wegen seines verlorenen Lebens weinte – er wusste es nicht. Nichts wusste er mehr. Die Qual verdrängte alles, wurde zu seiner ganzen Welt.

Fiebrig suchten seine Augen zwischen den Uniformen den blauen Horizont ab. Nach einem Segel, einem Sturm, irgendetwas, das ihm Hoffnung machte. Nach der *Lucy Belle*, zurückgekehrt, um ihn abzuholen.

Doch da war nur die weite, gleichgültige See.

Die Angst vor dem nächsten Schlag fraß sich durch sein Hirn, war fast schlimmer als die pulsierende Pein.

Der fünfte Schlag traf ihn – härter als alle zuvor. Der Laut, den er ausstieß, war wie der eines Tieres, das in einer Falle saß und um sein Leben bangte. Seine Instinkte drängten ihn zur Flucht, wollten gegen die Fesseln ankämpfen, sich aus ihnen befreien, aber kein Muskel seines Leibes gehorchte ihm noch.

Das grelle Tageslicht auf dem Mittelmeer wurde dunkel. Schatten legten sich über alles, zogen von den Rändern seines Gesichtsfeldes heran, nahmen der Welt alle Farben. Sein Kopf rollte umher, schlug gegen das harte Holz des Mastes.

Doch so einfach entließ ihn die grausame Wirklichkeit nicht aus ihren Klauen. Eine Hand legte sich überraschend sanft auf seinen Nacken, eine zweite drehte sein Gesicht zur Seite. Der Mann vor ihm war nur ein heller Fleck, seine Stimme kam von weit her.

»Matthew? Matthew. Hören Sie mich?«

Aber die Worte riefen ihn zurück, ließen seinen Geist durch die heranströmenden Fluten der Bewusstlosigkeit wieder ans Ufer der Wirklichkeit waten. Sein Blick fokussierte sich. Matthew – der von allen nur Matt genannt wurde – erkannte Bernard Albington, den Schiffsarzt, und nickte ihm mit letzter Kraft zu.

Der Arzt erwiderte die Geste mit ernster Miene, dann sah er zum Kapitän hoch.

»Bindet ihn los!«, ertönte dessen Befehl. Wieder keine Emotion in der Stimme, genauso wenig wie bei der Verkündung der Strafe.

Zwei Seeleute sprangen heran, zerrten Matt hoch und stützten ihn, damit sie die Handgelenke aus den Schlingen ziehen konnten.

»Gute Arbeit, Mister Henry«, befand Sir Harold.

Matt fluchte innerlich, musste ihm aber insgeheim recht geben. Mister Henry hatte mit seinem Leder gute Arbeit an seinem Rücken verrichtet.

»Wir befinden uns im Krieg gegen einen gottlosen Feind«, deklamierte der Kapitän mit befehlsgewohnter, weit tragender Stimme. »Ein Feind, der alles daransetzt, nicht nur sein eigenes Volk, sondern auch alle freien Völker ihrer Bestimmung zu berauben. Unsere glorreiche Heimat vertraut darauf, dass wir alle unsere Pflicht erfüllen. Auf einem Schiff Seiner Königlichen Majestät werden wir keine Befehlsverweigerung dulden. Lassen Sie sich das alle eine Lehre sein. Nur gemeinsam können wir siegen.« Er legte eine kleine rhetorische Pause ein.

Matt hing kraftlos zwischen seinen beiden Befreiern. Nur allzu gern hätte er sich aufgerichtet und eine stolze Haltung eingenommen, sich breitbeinig hingestellt und den Rücken durchgedrückt, aber seine Muskeln waren schwach wie die eines Säuglings.

»Als Untertanen der Krone ist es unsere heilige Pflicht, mit Leib und Leben für unsere Heimat zu kämpfen!«, beschwor Sir Harold seine Männer zum Schluss.

Das entlockte der versammelten Mannschaft ein zaghaftes Jubeln.

»Meine Heimat ... ist Boston«, murmelte Matt, dem das Sprechen unsäglich schwerfiel. »Und ... ich unterstehe ... keiner Krone.«

»Seien Sie um Himmels willen still«, zischte Albington, der sich neben ihn duckte. »Haben Sie noch nicht genug?«

Nur allzu gern hätte Matt behauptet, für sein Heimatland alles ertragen zu wollen. Aber die Vorstellung, wieder an den Mast gebunden zu werden und die Liebkosungen der Peitsche noch ein weiteres Mal ertragen zu müssen, stahl ihm die Stimme.

»Doktor, kümmern Sie sich um ihn! Ich will, dass er so schnell wie möglich wieder Dienst tun kann«, wies der Kapitän den Schiffsarzt an und wandte sich ab.

Damit war das Schauspiel beendet, und Befehle hallten über das Deck der *Ephyra*, trieben die Besatzung an ihre Posten zurück, stellten die übliche Ordnung her.

Halb wurde er geschleift, halb stolperte Matt zwischen den beiden zu Hilfe geeilten Seemännern, die von Albington unter Deck geleitet wurden. Zum Bug und in seinen Operationssaal hinein, wie er das kleine Kabuff einmal scherzhaft genannt hatte.

Matt wurde auf den niedrigen Tisch gehievt. Dort lag er auf dem Bauch und versuchte, sich so wenig wie möglich zu bewegen – ja nicht einmal zu atmen, da selbst bei jeder winzigen Regung neue Schmerzwellen durch seinen Körper jagten.

Der Schiffsarzt kniete sich neben seinen Kopf hin.

»Sie haben Glück.« Er bemerkte, wie absonderlich das klingen musste, was er da gerade gesagt hatte, und lächelte verlegen. »Nun ja, im Unglück. Mister Henry weiß, was er tut. Saubere Treffer, nicht allzu tief.«

Dann hielt er Matt wieder den Lederstreifen vor den Mund.

»Aber ich muss leider …«

Bevor er den Satz beenden konnte, biss Matt bereits fest zu und schloss die Augen. Seine Lippen bewegten sich, und innerlich schwor er sich, tapfer zu sein.

Doch als die kühle Salbe seine offenen Wunden berührte, schrie er wortlos auf. Bevor der Schmerz sich ins Unerträgliche steigerte, entriss ihn die Dunkelheit gnädig der Tortur.

Kapitel 2

Balearische See, September 1793

Sein Geist wollte nicht in die grausame Wirklichkeit auftauchen, und so trieb er zwischen Wachen und Schlafen dahin, war sich meist kaum seiner Situation bewusst.

Stattdessen stiegen Erinnerungen in ihm auf, wie Blasen aus einer nächtlichen, dunklen See. Seine Mutter am Pier von Boston, Stolz und Sorge in ihren Augen. Der Moment, als die *Lucy Belle* den Anker lichtete und gen aufgehende Sonne in die Massachusetts Bay segelte, neuen Abenteuern entgegen. An der Reling der Bootsmann, neu angeheuert, kaum achtzehn Jahre alt. Die längste Fahrt seiner noch jungen Karriere.

Sie sollte mehr als ein Jahr dauern – hin zum Nordwesten Afrikas, an Küsten des Maghreb entlang, vorbei an Gibraltar ins Mittelmeer hinein bis nach Kleinasien. So viele neue Länder, neue Häfen, neue Erfahrungen. Es war unglaublich aufregend gewesen, all das kennenzulernen, die exotischen Eindrücke in sich aufzunehmen und Einblicke in das Leben von Menschen anderer Kulturen zu bekommen. Und trotz der zumeist harten Arbeit an Bord hatte er nahezu jeden Augenblick der langen Reise genossen.

Er hatte an Orten, die ihm noch vor wenigen Monaten unbekannt gewesen waren, Früchte probiert, die so süß und köstlich waren. In den Häfen hatten sie Tiere gesehen, die es daheim höchstens im Zirkus gab. Und natürlich hatte Matt hier und dort Souvenirs nicht nur für sich selbst gekauft, sondern auch Geschenke für seine Mutter.

Doch was Matts Geist nährte und seine Seele berührte, war die Freiheit der grenzenlosen See. Der Blick zum Horizont vom Krähennest, die Endlosigkeit dahinter. Dagegen wirkten die Straßen und Gassen der Heimat klein und insignifikant.

Und dann entschied schließlich der Kapitän, dass es Zeit für die Heimreise war – auf zur Meerenge von Gibraltar und zur langen Fahrt über den einsamen Atlantik.

Schmerzen pochten in der Dunkelheit.

Die Segel vor Gibraltar. Eine Fregatte der Royal Navy, die *Ephyra* ... Nicht ungewöhnlich, in diesen Gewässern ein britisches Schiff zu sehen. Aber dieses Mal sollte die Begegnung anders als erwartet verlaufen. Nicht dass die Briten jemals besondere Freude beim Anblick amerikanischer Schiffe gezeigt hätten. Doch dass sich beim Näherkommen die Kanonenluken öffneten ...

Die Schmerzen wurden schlimmer, verfestigten sich zu roten Linien, die in der Finsternis wie glühendes Eisen leuchteten.

Die laute Stimme des britischen Kapitäns, der den Amerikanern befahl, alle Segel zu reffen, und damit drohte, ansonsten zu feuern.

Ein Langboot ruderte zu der *Lucy Belle* herüber, die jetzt, so nahe der Fregatte, klein und zerbrechlich wirkte, obwohl es das größte Schiff war, auf dem Matt bislang gefahren war.

Hätten die Drohungen es nicht längst deutlich gemacht, so wären die roten Uniformen der Männer in dem Boot ein klares Zeichen für die feindlichen Absichten der *Ephyra* gewesen: Marinesoldaten, begleitet von einigen wenigen Schiffsoffizieren.

»Bleibt ruhig«, ermahnte Kapitän Diebold seine Männer. »Wir haben nichts zu verbergen.«

Aber die Briten sahen das wohl anders. Das Boot ging längsseits, und die Rotröcke stürmten an Bord, als gelte es, eine feindliche Festung zu erobern. Sie ließen die gesamte Besatzung der *Lucy Belle* antanzen, vom Kapitän bis zu den Schiffsjungen. Dann baute sich ein britischer Offizier vor ihnen auf.

»Gentlemen, mein Name ist Leutnant Ward von der *HMS Ephyra*. Sie fahren unter der Flagge der Vereinigten Staaten von Amerika?«

»Ja, Sir«, antwortete Kapitän Diebold. »Und wir haben das Recht …«

»Wie Sie wohl wissen«, unterbrach ihn Ward, »hat Frankreich dem Britischen Empire den Krieg erklärt. Und da wir alle wissen, wie sehr die Kolonien die Franzosen schätzen, müssen wir annehmen, dass Sie und Ihr Schiff mit unseren Feinden im Bund stehen.«

Das Entsetzen war dem Kapitän anzusehen. Matt sah sich um. Alle wirkten genauso verwirrt, wie er sich fühlte.

»Frankreich im Krieg? Aber … wir …«

»Ich will Ihre Dokumente sehen, Kapitän. Alle. Sollte sich auch nur der geringste Hinweis finden, dass die *Lucy Belle* für Frankreich fährt, werden wir Ihr Schiff aufbringen und Sie und ihre gesamte Mannschaft internieren. Als feindliche Kombattanten, die unter falscher Flagge segeln.«

Ein eisiger Schrecken durchfuhr Matts Glieder. Das war mehr als nur eine Drohung, um sie zur Zusammenarbeit zu bewegen. Ihnen wurde mehr oder weniger unterstellt, auf heimtückische Weise für den Feind der Briten tätig zu sein – ein Vorwurf, der das Todesurteil für sie alle bedeuten konnte.

»Leutnant Ward, ich versichere Ihnen …«

»Falls Sie nicht für unsere Feinde segeln, droht Ihnen keine Gefahr«, gestand der Brite großzügig zu.

Matt sah, wie sehr er das Schauspiel genoss. Was war wohl der Grund dafür? War es die Macht, die er über ihr Schicksal hatte, oder die Abneigung, die von Königen unterdrückte Marineoffiziere wie er gegenüber freien Seeleuten einer freien, demokratischen Nation empfinden mussten?

»Die *Lucy Belle* ist ein einfaches Handelsschiff. Wir haben auf unserer Fahrt keinen einzigen französischen Hafen angelaufen. Und werden es auch nicht. Im Gegenteil, wir befinden uns auf der Fahrt nach Hause.«

»Gut, dann haben Sie ja nichts zu befürchten«, stellte Ward süffisant fest, bevor er sich an seine Marinesoldaten wandte. »Grant, lassen Sie die Besatzung sichern. Zwei Mann mit mir. Und ich will Augen im Laderaum.«

»Jawohl, Sir.«

Die Effizienz der britischen Marine kratzte über Matts Seele, auch wenn er sich immer wieder sagte, dass alle Disziplin und Effizienz den Rotröcken im Amerikanischen Unabhängigkeitskrieg, der vor einem Jahrzehnt zu Ende gegangen war, auch nicht geholfen hatte. Jetzt waren die Vereinigten Staaten frei von der Krone, und bestimmten ihr Schicksal selbst. Und die Rotröcke waren mit vor Scham roten Wangen in die Alte Welt zurückgekehrt. Dennoch war es beschämend, ihnen jetzt so ausgeliefert zu sein.

Kapitän Diebold führte den Leutnant und einige der Soldaten in seine Kabine, während vier weitere in den Laderaum hinabstiegen.

Für den Moment entspannte sich die Lage etwas. Natürlich wusste Matt, dass sie nicht für die Revolutionäre in Frankreich schmuggelten, auch wenn sie alle den Willen zur Freiheit von Unterdrückung nur zu gut nachempfinden konnten. Aber er ahnte, dass die Briten noch eine Rechnung mit ihnen offen hatten – insbesondere mit ihrem Heimatland. Aber da Amerika unerreichbar für diese Soldaten war, nun mit der kleinen *Lucy Belle*. Und im Krieg verschwommen die Grenzen schnell. Seine Mutter hatte ihm nicht viel von den Jahren des Krieges erzählt, aber doch genug. Sein Vater konnte nichts mehr erzählen: Er hatte 1780, als Matt gerade erst sieben Jahre alt war, bei der Schlacht von Springfield sein Leben gelassen.

Die Minuten zogen sich dahin, wurden unerträglich lang. Halb rechnete Matt damit, dass jeden Augenblick Leutnant Ward zurückkommen und sie alle in Haft nehmen würde. Doch die Zeit verstrich, und sie standen immer noch nur auf dem Deck herum und warteten.

»Wie heißt du?«

Überrascht schaute Matt sich um. Er sah, dass einer der Rotröcke, der sich einen Platz im Schatten gesucht und auf ein aufgerolltes Tau gesetzt hatte, ihn zu sich winkte.

Unsicher, was er tun sollte, trat Matt einige Schritte auf den Soldaten zu. Sein Gesicht war wettergegerbt und hatte weit mehr Jahre als Matt gesehen. Die Uniform saß mehr schlecht als recht, und er hatte im Unterschied zu den anderen Rotröcken einige seiner Knöpfe geöffnet. Als er Matts misstrauischen Blick bemerkte, grinste er.

»Keine Sorge. Der Leutnant hat nur Hummeln im Hintern. Die Franzmänner wagen sich nicht aufs Meer, und er will bloß beweisen, was für ein harter Hund er ist. Ich bin übrigens Peter.«

»Matthew.«

Peter wirkte vollkommen entspannt. Er hatte sich lässig auf das Tau gefläzt und seine Muskete unbeachtet neben sich auf das Deck gelegt.

»Der Käpt'n hat gesagt, wir sollen euch Feuer unterm Arsch machen.« Peter grinste noch breiter. »Ein bisschen Rumschreien. So als Ausgleich.«

»Ausgleich?«

»Für 1783. Paris, du weißt schon. Shelburne, der Frieden und so.«

Das verstand Matt. Natürlich kannte er die Geschichten, wie die stolze Kontinentalarmee die Briten zu einem Friedensvertrag gezwungen hatte, der 1783 in Paris unterzeichnet worden war und die Unabhängigkeit der Dreizehn Kolonien besiegelt hatte. Und er konnte auch etwas mit dem Namen Shelburne anfangen: So hieß der Earl und einstige britische Premierminister, der die Friedensunterhandlungen geführt hatte.

»Und du nicht, Peter?«

Der Rotrock winkte ab.

»Ach was. Ist lange her.« Er warf einen abschätzenden Blick zu Matt hoch. »Ich war drüben, weißt du? Hatte einige Freunde da. Gut für euch, sage ich.«

Verwirrt nickte Matt. Damit hatte er nicht gerechnet. Der Soldat schien tatsächlich seinen Frieden damit gemacht zu haben.

»Woher kommst du, Matthew?«

»Boston.«

»Ah, schöner Hafen.« Peter blickte hoch zur Spitze des Mastes, als schwelge er in Erinnerungen. »Gibt es noch diese Schänke da an der South Bay? Wie hieß die noch? Irgendwas mit einem Storch?«

»Ich kenne da keine.«

Peter seufzte.

»Verdammt schade. War ein gutes Loch.«

Stimmen erklangen von unten, dann kehrte Leutnant Ward an Deck zurück. Seufzend erhob sich Peter, knöpfte sich die Uniform zu und hob seine Muskete auf. Er sah Matt an und verdrehte so dramatisch die Augen, dass dieser trotz der ernsten Situation lächeln musste.

»Aufstellung!«, befahl der Leutnant.

»Ja, ja«, murmelte Peter und zwinkerte Matt zu. »Dann grüß mir Boston, wenn du zurückkommst, Matthew …?«

»Dankworth. Matthew Dankworth.«

Während er sich müßig neben Peter in Bewegung setzte, nickte dieser ihm zu.

»Ich kannte mal einen Dankworth. Robert.«

»So hieß mein Vater.«

Das gefährliche Aufblitzen in den Augen des Rotrocks entging Matt nicht, aber dann stand er schon wieder bei den anderen und musste der selbstgerechten Drohrede von Leutnant Ward lauschen.

KAPITEL 3

Mittelmeer, zwischen Menorca und Sardinien, September 1793

»Sie sollten Ihren Widerstand aufgeben, Matthew.«

Die Berührungen waren vorsichtig, und dennoch war jede ein roter Schmerzpunkt in seinem Bewusstsein. Aber er wusste, dass Albington es nur gut meinte.

»Ich bin Bürger der unabhängigen Vereinigten Staaten von Amerika, kein Engländer. Es gab einen Frieden, Doc, mit Vertrag und allem Drum und Dran.«

Der Arzt brummte und tupfte eine weitere verletzte Stelle auf dem Rücken mit einem Tuch ab.

»Das mag alles sein, aber es wird Ihnen jetzt nicht helfen. Der Kapitän wird sich nicht auf eine philosophische Diskussion über Staatsbürgerschaften einlassen. Jede Ihrer Insubordinationen wird entsprechend geahndet werden, und der Peitsche ist es gleich, ob sie amerikanische oder britische Haut trifft.«

Gegen diese Logik gab es keine Argumente. Aber darum ging es Matt nicht. Er wusste selbstverständlich, dass der Kapitän ihn nicht ziehen lassen würde. Wohin auch? Die *Lucy Belle* hatte längst die Heimreise fortgesetzt – ohne ihren verlorenen Sohn. Nein, nicht verloren. *Geraubt. Entführt.* Die Briten mochten behaupten, einen der ihren in den Dienst gepresst zu haben, wie es in Kriegszeiten nun mal ihre Art war. Aber Matt wusste tief in seinem Herzen, dass sie ihn entführt hatten. Ganz egal, wer sein Vater gewesen sein mochte, er selbst war Amerikaner.

»Sobald wir in einen Hafen einlaufen oder nach England zurückkehren, können Sie ganz offiziell Beschwerde einlegen.«

Matt schnaubte.

»Wie stehen da die Chancen, Doc?«

Der Schiffsarzt schwieg und kümmerte sich weiter um die Wunden, was Antwort genug war.

»Würden Sie nicht auch alles tun, um nach Hause zurückzukehren, wenn man Sie entführt hätte? Hm?«

Vorsichtiges Tupfen an Stellen, an denen die Wunden fast verheilt waren. Was immer man den Briten auf der *Ephyra* auch vorwerfen konnte – zumindest Albington erfüllte seine Pflicht mit großer Hingabe und ohne Ansehen der Person.

»Nun ja, aber doch nicht um jeden Preis«, erwiderte er nach einer Weile. »Sohn, Sie scheinen offenbar nicht begreifen zu wollen, was Ihnen alles bevorsteht, wenn Sie dieses Spiel weitertreiben.«

»Für mich ist es kein Spiel.«

Matt musste Albingtons längliches Gesicht nicht sehen, um zu wissen, dass er nun die Miene verzog. Seine Haut war glatt, hatte kaum Falten, und Matt nahm an, dass er nur wenige Jahre älter als er selbst war. Aber dennoch war er eine Respektsperson, und so sah Matt darüber hinweg, dass er ihn mit »Sohn« ansprach.

»Ich will Ihnen nur Leid ersparen. Unnötiges Leid, wie ich betonen möchte.«

Matt zuckte zusammen, als eine Berührung Feuer durch seinen Oberkörper sandte.

»Sie haben nur keine Lust, mich dauernd wieder zusammenzuflicken, Doc.«

»Ha, das trifft auch zu. Sie haben eine gute Haut, Matthew,

aber früher oder später ist das egal, wenn Sie häufiger diese Art von Bestrafung erleiden müssen. Und es gibt Schlimmeres …«

Das konnte Matt sich kaum vorstellen. Allein die Erinnerung an die fünf Hiebe konnte ihm immer noch den Schweiß auf die Stirn treiben. Selbst die Schmerzen bei der jetzigen Behandlung waren nichts dagegen, und die waren schlimmer als alles, was er vor seiner Zeit auf der *Ephyra* erlebt hatte. Er spürte seine Entschlossenheit schwinden und biss wütend die Zähne zusammen. Nein!

»Wenn ich nachgebe, wird aus Unrecht Recht, Mister Albington. Dann schaffe ich Fakten, die sich vielleicht nie wieder umkehren lassen. Und ich habe nicht vor, für eine fremde Nation in einem Krieg zu kämpfen, zumal gegen ein Volk, das sich von seinen Tyrannen befreit hat.«

»Hmpf.«

Es mochte dem Engländer nicht schmecken, aber genau so empfand Matt es. Die Franzosen hatten mit ihrer Revolution den Weg beschritten, den ihnen die Dreizehn Kolonien vor einem Jahrzehnt aufgezeigt hatten. Und auch wenn das Bündnis 1783 in Paris zu einem Ende gekommen war, wusste doch jeder freie Bürger der Vereinigten Staaten, dass Frankreich an ihrer Seite gestanden hatte.

»Die Dinge, die man aus Paris hört …«, begann der Arzt zu entgegnen.

»Sie werden mich nicht davon überzeugen«, fiel ihm Matt ins Wort und hätte beinahe laut gelacht.

»Nun, sei es, wie es sei. Es geht hier nicht um Krieg oder Frieden. Es geht um ihre Haut.« Zum ersten Mal drückte Albington fester zu, und Matt keuchte auf. »Wortwörtlich.«

Jemand klopfte am Eingang gegen einen Balken, dann

wurde das Segeltuch davor zur Seite gezogen, und ein Rotrock trat ein. Als Matt den Kopf leicht drehte und bemerkte, dass es Peter war, ballte er unwillkürlich die Fäuste.

»Der Kapitän lässt fragen, wie es aussieht, Sir.«

Matt starrte im nächsten Moment geradeaus, um Peter nicht ansehen zu müssen.

»Nun, der Heilungsprozess schreitet voran, aber wie Sie sehen können, Soldat, ist es noch zu früh für den Dienst. Richten Sie Kapitän Young bitte aus, dass ich den Gefangenen freigebe, sobald es möglich ist.«

»Ja, Sir.«

Halb wandte Peter sich ab, dann schien ihm etwas einzufallen, und er hockte sich neben Matt hin.

»Dein alter Herr war ein Deserteur, Junge. Aber du wirst seine Zeit schon leisten, sozusagen als sein Ersatzmann.«

Dann stand er auf und schlug Matt spielerisch auf die Schulter. Nicht auf eine der Wunden, aber auf eine Stelle in ihrer Nähe und so fest, dass der Schmerz sofort aufflammte. Matt stöhnte.

»Oh, Verzeihung«, sagte Peter mit einem spöttischen Grinsen.

»Raus hier!«, brüllte Albington ihn an. »Noch einmal so was, und ich melde Sie, Soldat!«

Mit einem leisen Lachen hob Peter die Hand salutierend an die Stirn.

»Aye, aye, Sir.«

Aber was auch immer Peter mit dieser Aktion zu erreichen gedachte – in Matt war jetzt die Entschlossenheit, gegen die ihm zugefügte Ungerechtigkeit anzukämpfen, nur noch stärker geworden.

Als der Marinesoldat verschwunden war, beugte sich Albington zu ihm vor.

»Sie hatten wirklich Pech, Matthew. Auf der *Ephyra* gab es bis vor Kurzem keine Rotröcke, und ich hatte zuvor Sir Harold sogar sagen hören, dass es zu wenige Marinesoldaten gibt. Aber bevor wir die Flotte in Toulon verlassen haben, wurden uns mehrere von ihnen zugeteilt.«

Matt seufzte. Das war allerdings ein Unglück. Ausgerechnet dieses Schiff mit ausgerechnet diesem Rotrock musste sein Schicksal sein.

KAPITEL 4

**Mittelmeer, zwischen Menorca und Sardinien,
September 1793**

Der Seegang ließ die *Ephyra* so sanft auf und ab gleiten, dass Matt sich in der Hängematte wie in einer Wiege fühlte. Das Holz der Fregatte knarzte, was für ihn als Seemann fast ein Schlaflied war. Und dank der guten Arbeit von Dr. Albington waren die Wunden so weit verheilt, dass nur noch ein feines Jucken an sie erinnerte.

In den letzten Tagen hatten immer wieder neue Patienten die herrliche Eintönigkeit seines Daseins unterbrochen. Nach so vielen Monaten auf See gab es an Bord keine Landrattenkrankheiten mehr, aber kleinere Verletzungen von der harten Arbeit waren nicht ungewöhnlich. Stets bemühte sich der Schiffsarzt gewissenhaft um alle, die seine Hilfe benötigten, so wie er es bei Matt tat.

»Und wie geht es uns heute?«

In seiner Hängematte zuckte Matt zusammen, auf einen Schlag war er hellwach. Er öffnete die Augen und erblickte Albington, der in das Bordlazarett zurückgekehrt war.

»Gut, Doktor.«

Zu gut. Aber das sagte er nicht. Es zeigte sich allein schon im besorgten Blick des Arztes.

»Das ist erfreulich. Bitte lassen Sie mich dennoch einmal auf Ihre Verletzungen sehen.«

Matt setzte sich auf und schob das raue Hemd nach oben. Die Finger des Doktors glitten über seinen Rücken, folgten dem Verlauf der Peitschenhiebe, zogen hier Haut auseinander, um sie dort zusammenzudrücken. Manchmal war da Schmerz – oder besser, die Erinnerung von Schmerz –, aber Matt hielt still.

Albington legte ihm die Hand auf die Schulter.

»Danke.«

»Ich danke Ihnen, Doktor.«

Matt zog das Hemd herab und lehnte sich wieder zurück, geschickt die Bewegung des Schiffes ausnutzend, um sich sanft hinzulegen.

»Nicht nötig, Mister Dankworth. Ich erfülle nur meine Pflicht.«

Matt lächelte. Bei anderen hätte diese Art der Bescheidenheit aufgesetzt wirken können, aber er glaubte, den Schiffsarzt gut genug zu kennen, um sie als aufrichtig einschätzen zu können.

»Ihre Pflicht war es, mich zusammenzuflicken. Sie hingegen haben ein halbes Wunder an mir vollbracht.«

Albington sah ihn an, ein erfreutes Lächeln spielte um seine Mundwinkel.

»Nun, ich muss gestehen, dass ich mit dem Ergebnis recht zufrieden bin. Das Narbengewebe ist noch nicht vollständig ausgebildet, aber es ist flexibel und in Anbetracht der Umstände recht weich. Sie werden es sicher in Zukunft spüren, aber weitaus weniger, als ich zu Beginn befürchtet habe.«

Vorsichtig streckte sich Matt und bewegte die Muskeln seines Rückens. Obwohl der grobe Stoff über die Haut kratzte, war es nicht mehr als ein wenig unangenehm. Kein Vergleich zu den Qualen direkt nach der Bestrafung.

»Ich muss Ihnen recht geben.«

Der Schiffsarzt nickte ihm zu und setzte sich an den kleinen Tisch. Die Räumlichkeiten waren beengt. Im Falle eines

Kampfes konnte man das Lazarett erweitern, da es nur durch Segeltuchplanen vom Laderaum abgetrennt war. Aber da es derzeit keine weiteren stationären Patienten gab, bot es momentan nur genug Platz für die Hängematte, einen größeren Tisch, auf dem Matt behandelt worden war, und den kleineren Schreibtisch, an dem Albington meist arbeitete. Die Kajüte des Arztes befand sich direkt daneben, aber dort gab es nur eine Koje und ein wenig Stauraum.

Durch die geöffneten Luken fiel genügend Licht in das Kabuff. Außerdem hatte der Schiffsarzt unbegrenzten Zugang zu Lampenöl, sodass er und Matt lesen konnten, selbst wenn es draußen dunkel wurde. Denn Albington hatte eine kleine Sammlung von Büchern dabei, hauptsächlich medizinische Werke, aber auch einige Romane für seine Erbauung.

»Doktor Albington?« Matt hob eines der Bücher vom Regalbrett neben der Hängematte hoch. »Ich bin damit durch.«

Der Schiffsarzt drehte sich um und schüttelte verwundert den Kopf.

»Schon? Meine Güte! Sind Sie sicher, dass Sie wirklich lesen und nicht einfach nur durchblättern?«

Matt hob ein wenig verlegen die Schultern.

»Ist ja nicht so, als ob ich viel anderes zu tun hätte.«

Ihm hatte die Geschichte gefallen, und es wunderte ihn nicht, dass der Roman in Großbritannien so erfolgreich gewesen war, wie ihm Albington versichert hatte – trotz des sperrigen Titels *Love and Madness, a Story too True: in a Series of Letters between Parties Whose Names Would Perhaps be Mentioned Were They Less Known or Lamented.*

»Und?«, fragte der Arzt. »Ein wenig sehr sensationalistisch, nicht wahr?«

Matt reichte ihm das Buch.

»Nun, es basiert auf einer wahren Begebenheit, also weiß ich nicht, wie viel davon das Leben selbst schrieb. Aber ich fand den Mord an der Dame schrecklich.«

»Das sind Morde immer«, murmelte Albington und schlug das Buch auf. Seine Hand glitt über das Titelblatt. Dort stand eine handgeschriebene kurze Widmung: *Für James – Deine Emily.* Mit einem Mal war der Doktor in Gedanken weit weg.

Matt schwieg, um ihn nicht in seinen Erinnerungen zu stören. Zu gern hätte er gefragt, wer jene Emily war, aber es erschien ihm unpassend, im Privatleben seines Wohltäters herumzustochern. Außerdem konnte er sich in etwa zusammenreimen, was jene Frau für den Arzt bedeutete. Hatten nicht viele an Bord eine Emily in der Heimat? Familie, Kinder, Freunde. Sehnsüchte, die in der Ferne nach ihnen riefen – aber nie so laut, wie die See sie rief, wenn sie daheim waren.

Mit einem sichtbaren Ruck riss Albington sich von seinen Gedankengängen und Gedächtnisbildern los und richtete sich auf.

»Ich fürchte, damit haben Sie meine leichte Lektüre durch, mein Freund. Und die langweiligen Bücher über Anatomie und die Schilderungen der zahlreichen Leiden von Seeleuten will und kann ich Ihnen nicht zumuten.«

Matt seufzte. Die Aussicht auf lange Tage ohne Ablenkung von seiner derzeitigen Lage erschien ihm düster.

»Hm.« Albington schürzte die Lippen. »Ich hätte da vielleicht noch …«

»Bitte! Alles ist besser, als ewig an die Decke zu starren und darauf zu warten, dass die Glocke geschlagen wird.«

Der Schiffsarzt grinste.

»Aber es ist kein Roman. Sondern eine philosophische Abhandlung. Schwere Kost! Doch nach dem, wie ich Sie kennengelernt habe, denke ich, dass es Ihnen gefallen könnte.«

Er verschwand in seiner Kajüte und kehrte kurze Zeit später mit einem schmalen Band wieder, den er Matt mit einer kleinen Verbeugung überreichte.

»*Dialogues Concerning Natural Religion*«, las er leise vor, dann sah er zum Schiffsarzt auf. »Wer ist David Hume?«

»Ein Philosoph. Ist schon vor etlichen Jahren gestorben. Er hat einige sehr bedenkenswerte Thesen aufgestellt. Etwas, ähm, umstritten. Aber das mag auch damit zu tun haben, dass er aus Schottland stammte. Da klingen bei vielen keine guten Erinnerungen mit. Sie wissen schon, die Jakobitenaufstände und …«

Die Worte verklangen, und er führte seinen Gedankengang nicht weiter aus. Bislang war Albington einem Gespräch über die schottischen Aufstände gegen die britische Herrschaft in den rund letzten hundert Jahren immer ausgewichen, und auch jetzt schien er nicht erpicht darauf zu sein, sich auf eine Diskussion einzulassen. Was Matt nur recht war: Welchen Sinn mochte es schon haben, mit Engländern über Aufstände, Revolutionen und Unabhängigkeitskriege zu reden?

»Ich will gar nicht viel über dieses Buch sagen«, hob der Schiffsarzt wieder an, bevor die Stille unangenehm werden konnte. »Behalten Sie einen offenen Geist. Und wenn Sie es gelesen haben, können wir über den Inhalt diskutieren. Es ist in Form von Gesprächen geschrieben und … Ah.«

Er hielt inne, denn er wollte ja nicht im Voraus über den Inhalt dieses Werks sprechen, und lächelte leise. Offenbar beschäftigte ihn das Traktat, und er freute sich auf eine Auseinandersetzung über die darin zu Papier gebrachten Theorien.

Matt nickte.

»Vielen Dank, Doktor.«

Albington erwiderte die Geste und setzte sich zurück an seinen Schreibtisch, wo er ein weitaus gewichtigeres Buch aufschlug, zumindest der Größe nach. Aber Matt hatte schon vor langer Zeit gelernt, dass man die Bedeutung und den Inhalt eines Werkes nicht an seinem Äußerem festmachen konnte.

Er schlug das Büchlein auf, um sich seiner Lektüre zu widmen, doch es fiel ihm schwer, sich auf das Geschriebene zu konzentrieren. Seine Gedanken kehrten immer wieder in die Heimat zurück, nach Boston, die ihm von Albingtons Reaktion auf die Buchwidmung jener unbekannten Emily in Erinnerung gerufen worden war.

Auf ihn wartete weder Frau noch Freundin, nur seine Mutter, die allein war, denn nach dem Tod seines Vaters hatte sie nicht wieder geheiratet. Sobald die *Lucy Belle* im Hafen einlief, würde sie sich auf den Weg dorthin machen, ihren Sohn unter den Rückkehrern jedoch nicht vorfinden. Was würde sie denken, wenn man ihr von der Entführung berichtete? Wie würde sie reagieren? Matt konnte sich nicht vorstellen, dass sie weinte. *Vermutlich wird da mehr Zorn sein.* Seine Verachtung für Ungerechtigkeiten jeder Art hatte er von ihr geerbt, so viel war sicher. Und es gab nichts, was sie tun konnte, und das würde ihre Wut nur noch mehr anfachen.

Für einen Moment stellte sich Matt vor, wie sie auf Sir Harold Young zustapfte, die Fäuste in die Seite gestemmt, das helle Haar ordentlich zu Zöpfen geflochten, aus denen sich dennoch einige Strähnen gelöst hatten, die sie unwillkürlich aus ihren Augen wischte. Auf ihrer Miene die Entschlossenheit, von der sie immer sagte, dass sie von ihren deutschen Vorfahren stammte. Eine Entschlossenheit, die sie über den weiten Ozean in ein fremdes Land geführt hatte.

Dieser Anblick konnte einem gestandenen Mann den Angstschweiß auf die Stirn treiben. Matt erlaubte sich ein Lächeln bei der Vorstellung, wie sie in ihrem abgehackten Englisch den Kapitän mit allerlei wohlgesetzten Ausdrücken bedachte. Vermutlich würde Sir Harold danach Matt so schnell wie möglich freilassen.

Aber das waren nur Spinnereien, sinnlose Träumereien. Niemand kam, um ihn zu retten. Seine einzige Hoffnung lag in ihm selbst. Darin, entweder zu beweisen, dass ihm Unrecht angetan wurde, oder, wenn möglich, von Bord zu fliehen.

Es war nur Fahnenflucht, wenn es die eigene Fahne war. Einer anderen Nation gegenüber musste er keine Treue empfinden.

Auch wenn er die anregenden Gespräche mit Albington vermissen würde.

* * *

»Es tut mir leid.«

Ein einfacher Satz mit schrecklichen Konsequenzen. Albington konnte ihm nicht in die Augen sehen.

Dafür grinste Peter breit.

»Komm mit!«, fauchte der Rotrock. »Du hast lange genug auf der faulen Haut gelegen.«

Ein unfreundlicher Klaps auf den Rücken, wohl um ihn an die Demütigung zu erinnern. So sehr er sich auch bemühte, es zu unterdrücken – Matt zuckte unwillkürlich zusammen, was Peter noch hämischer feixen ließ.

»Treten Sie zurück, Soldat!«, herrschte Albington ihn an.

»Was soll das? Jetzt muss ich ihn noch einmal untersuchen!«

Überrascht vom Ausbruch des Schiffsarztes wich Peter tatsächlich zurück.

»Leutnant Ward sagt …«

»Wenn es um Patienten geht, gilt nur ein Wort: meines. Hoffen Sie, dass sich keine Wunden erneut geöffnet haben, sonst werde ich dem Kapitän persönlich Bericht erstatten. Verstanden?«

Der Marinesoldat verschränkte die Arme vor der Brust.

»Der soll sich nicht so anstellen …«

»Verstanden?«

In Peters Gesicht rangen Zorn und Sorge miteinander. Im Zweifelsfall würde der Kapitän immer die Partei eines Offiziers ergreifen. Matt genoss den Moment. Wohl der letzte, in dem er den Launen der Engländer nicht ausgeliefert war. Tatsächlich versprach Peters Blick schmerzhafte Konsequenzen.

Gleichwohl nahm der Rotrock Haltung an, hob den gekrümmten Zeigefinger salutierend an die Stirn und antwortete schmissig: »Jawohl, Sir!«

»Und jetzt raus!«, blaffte der Schiffsarzt. »Ich rufe Sie, sobald ich fertig bin.«

Es widerstrebte dem Marinesoldaten sichtlich, doch er kam dem Befehl ohne weitere Widerworte nach.

Matt setzte sich auf den Behandlungstisch und wollte schon das Hemd anheben, aber Albington legte ihm die Hand auf die Schulter und schüttelte den Kopf. Dann beugte er sich zu ihm herab.

»Bitte, verweigern Sie nicht den Dienst. Das nimmt kein gutes Ende.«

»Ich kann nicht anders, Sir. Ich muss …«

Albington packte fester zu, als könne er den Widerspruchs-geist aus Matt herauspressen.

»Wenn schon nicht für Sie selbst, dann tun Sie es für mich. Mit wem sonst an Bord soll ich über Humes Dialoge reden?«

Es war nur vorgeschoben, das wussten beide. Aber es rührte Matt, dass Albington sich um ihn sorgte. Seine Entschlossen-heit bröckelte.

»Ich verspreche, dass ich mich für Sie einsetzen werde, sollte es zu einer Verhandlung kommen«, fuhr der Arzt fort. »Sie ha-ben mein Wort.«

Matt nickte dankbar. Es war ein großzügiges Angebot. Der Schiffsarzt nahm das halb gelesene Buch vom Regalbrett und drückte es Matt in die Hand.

»Hier. Beschäftigen Sie sich weiter mit Humes Werk. Viel-leicht hilft es Ihnen.« Dann richtete er sich wieder auf und sagte laut: »Wir sind hier fertig.«

Sofort steckte Peter seinen Kopf durch die Öffnung in der Segeltuchplane.

»Alles in Ordnung – Glück gehabt«, brummte Albington in Richtung des Rotrocks, als hätte er ihm einen Gefallen getan. »Er ist diensttauglich.«

»Aye, aye, Sir«, brüllte Peter, als stünde er einem Admiral gegenüber.

Matt konnte nicht sagen, ob der laute Tonfall einer ernsten Sorge entsprang oder spöttisch gemeint war.

»Dann komm mal mit, Matt. Dein Urlaub ist vorbei!«

Der Marinesoldat zerrte ihn aus dem hellen Lazarett heraus, das ihn so viele Tage beschützt hatte, und in den dunklen La-deraum hinein. Mit ein paar harten Stößen in die Rippen trieb er Matt vor sich her. Zähneknirschend ließ er es über sich ergehen und versuchte, sich nichts anmerken zu lassen.

Doch bevor sie hinauf an Deck stiegen, packte Peter ihn am Schlafittchen und hielt ihn fest. Ganz nah kam der Mund des Rotrocks an sein Ohr, so nah, dass er den warmen, stinkenden Atem riechen konnte.

»Willkommen in der Hölle.«

Kapitel 5

**Mittelmeer, zwischen Menorca und Sardinien,
September 1793**

»Vorsicht!«

Die Warnung kam natürlich zu spät, und das kalte Meerwasser ergoss sich über Matts Rücken. Als seine Muskeln sich anspannten, meldeten sich die gerade eben verheilten Striemen schmerzhaft zurück, und er zuckte zusammen. Ein Lachen, das höchst erfreut klang, kommentierte seine Qual.

Nahe der Reling hatten es sich drei der Marinesoldaten auf einer dicken Taurolle gemütlich gemacht. Es war Peter, der die anderen auf den durchnässten Matt aufmerksam machte und dabei wirkte, als sähe er ein komödiantisches Schauspiel im Theater.

Es kostete Matt alle Mühe, seine Aufmerksamkeit von ihnen loszureißen und sich zu dem jungen Seemann umzuwenden, der ihm die unfreiwillige Dusche verpasst hatte. Ein Gesicht wie das eines Kindes: An den Wangen und um den Mund herum spross noch kein Bart, aber die Lippen waren zu einem spöttischen Grinsen verzogen.

»'tschuldige!«

Natürlich war diese Bitte um Verzeihung nicht ernst gemeint. Aber Matt hatte kaum eine andere Wahl, als sie anzunehmen, anstatt sich über den Schuldigen laut zu beschweren – als bekannter Unruhestifter würde man ihm jedes scheinbar ungebührliche Verhalten als Ungehorsam auslegen. Was das zur Folge hatte, spürte er unter dem rauen Stoff seines Hemdes.

Also biss er die Zähne zusammen und hob nur die Hand, so als wolle er »Schon gut« sagen. Der Seemann nickte ihm zu, bevor er sich mit einem aufschlussreichen Blick zu Peter umwandte und salopp salutierte.

Matt senkte den Blick und beugte sich wieder nach vorn, nahm den Putzlappen auf und wischte energisch durch die Wasserpfütze auf den Planken. Nicht dass das Deck der *Ephyra* sonderlich schmutzig gewesen wäre, aber Befehl war Befehl. Und die Befehle, die er erhielt, führten oft zu den schmutzigsten, anstrengendsten und niedrigsten Aufgaben. Da war Deckschrubben noch ein halbwegs gutes Los.

Immerhin schien die Sonne warm auf seinen gebeugten Rücken, und so war ihm nicht lange kalt. Aber später würde er sich darum kümmern müssen, dass er das Salz des Wassers aus dem Stoff bekam, denn schon auf gesunder Haut war das mehr als unangenehm. Bei seinem geschundenen Rücken würde es noch schlimmer sein.

Vermutlich konnte ihm Albington etwas Süßwasser besorgen. Vielleicht würde er dann auch die Gelegenheit haben, seine Lektüre mit ihm zu besprechen, denn sie warf Fragen über Gott und die Welt auf, die ihn beschäftigten. Seine Gedanken wanderten zu jenen von Hume, eine angenehme Ablenkung von der eintönigen Arbeit und den feixenden Gesichtern um ihn herum.

»Leutnant!«

Peters Stimme ließ ihn aufhorchen. Eine ungute Ahnung überkam ihn, geboren aus schlechten Erfahrungen.

»Ja?«

Der junge Offizier in seiner schneidigen Uniform, der ganz in der Nähe stand und aufs Meer hinausblickte, drehte sich zu ihnen um. Offenbar war er kurz zuvor die Treppe vom Achterdeck herabgestiegen, ohne dass es Matt bemerkt hatte.

»Sir, sehen Sie sich an, wie nass dieser Seemann ist.«

Matt atmete tief ein, bereitete sich innerlich auf das Unvermeidliche vor.

»Aufstehen!«, bellte ihn Ward an und trat auf ihn zu.

Matt kam dem Befehl so langsam nach, wie er es wagen konnte, schüttelte sich das Putzwasser von den Händen und hob den gekrümmten Zeigefinger der Rechten an die Stirn.

»Wie sehen Sie denn aus?«

Ward sah ehrlich verärgert aus, denn es gehörte zu seinen Aufgaben, darauf zu achten, dass die Mannschaft bei ihrer Arbeit ein gewisses Maß an Ordnung beibehielt. Peter wusste das und nutzte dies für sein fragwürdiges Spiel, Matt ein ums andere Mal zu quälen.

»Ein Unfall, Sir«, antwortete Matt. »Ich reinige meine Uniform, sobald mein Dienst vorüber ist.«

»Hat man euch Kolonisten nie beigebracht, dass man sich nicht wie ein Schwein im Putzwasser wälzt?«, rief Peter von der Seite. »Was für ein erbärmlicher Haufen.«

Eine scharfe Erwiderung lag Matt auf der Zunge, aber er schluckte die bitteren Worte herunter, auch wenn sie einen ebensolchen Geschmack in seinem Mund hinterließen. Widerstand war zwecklos, und er musste auf seine Chance warten – darauf vertrauen, dass Gott ihm eine Gelegenheit zur Flucht bieten würde.

»Halten Sie sich da raus!«, blaffte Ward über die Schulter, was Peter die Stirn runzeln ließ. Dann kam er noch einen Schritt näher heran, so nah, dass seine leisen Worte vergleichsweise laut in Matts Ohren hallten: »Vergessen Sie Ihre Heimat,

Junge. Vergessen Sie Ihr Schiff. Das hier ist kein Reisfrachter, sondern ein Kriegsschiff Seiner Königlichen Majestät. Halten Sie sich an die Regeln, an unsere Ordnung, und Sie werden entsprechend behandelt.«

Nach den gehässigen Äußerungen von Peter klangen diese Worte beinahe freundlich. Und so sehr er das auch als Schwäche empfand, Matt war erleichtert. Wäre der Leutnant ein Mann wie Peter, so hätte er ihn ohne Weiteres bestrafen können.

»Sir, ich bemühe mich«, versprach er ohne Ironie. Sein Plan hatte keine Aussicht auf Erfolg, sollte man ihm mit Misstrauen begegnen. Also musste es ihm gelingen, ein ganz normales Mitglied der Mannschaft zu werden, mit ihr zu verschmelzen, nur irgendeiner von über zweihundert Männern zu sein, die auf der Fregatte segelten.

Sein Blick huschte unwillkürlich zu Peter, und Ward bemerkte das sofort.

»Tun Sie das.«

Der Leutnant wandte sich von ihm ab und stapfte zu den Marinesoldaten, die sofort aufstanden.

»Ich weiß, dass Sie nicht gewöhnt sind, auf so kleinen Schiffen mitzufahren«, hob Ward an. »Aber so sind nun einmal Ihre und unsere Befehle. Wir sind dankbar für Ihre Unterstützung bei der Patrouille.« Er nickte ihnen zu. »Aber es ist meine Aufgabe, den Frieden an Bord zu sichern, nicht die Ihre. Und das werde ich – und zwar ungeachtet dessen, wer diesen Frieden stört.«

Eine beinahe unverhohlene Drohung! Matt konnte nicht umhin, nun selbst zu grinsen, wohingegen Peter aussah, als habe man ihn gezwungen, ein ganzes Fass rohen Sauerkrauts zu essen.

»Jawohl, Sir«, antworteten die drei Rotröcke im Chor.

Ward machte kehrt und stieg zum Achterdeck hoch, wo er sich meistens aufhielt, während die Marinesoldaten miteinander tuschelten. Von Peters Verhalten schienen die anderen beiden nicht allzu erfreut zu sein. Nachdem die Rotröcke ihre kurze Unterredung beendet hatten, bedachten sie Matt mit finsteren Blicken und verschwanden Richtung Vorschiff.

Erleichtert kniete Matt sich wieder hin. Sogleich ging ihm die Arbeit flotter von der Hand.

»Niemand kann die leiden«, ertönte eine leise, fröhliche Stimme hinter ihm.

Matt blickte über seine Schulter. Ein anderer Deckschrubber hatte sich bis in seine Nähe vorgearbeitet, wischte sich jetzt mit dem Unterarm die dunklen Locken aus den Augen.

»Ich sicherlich noch weniger als die meisten«, erwiderte Matt.

»Du bist der, den sie von dem Amerikaner gepflückt haben, ja?«

Das war eine sehr verharmlosende Umschreibung für das Verbrechen, das die Briten ihm angetan hatten, aber Matt nickte zustimmend. Der Tonfall des Mannes war ein Singsang in einem Akzent, den er nicht einordnen konnte. Jedenfalls kein Engländer.

»Echt Pech, dass wir ausgerechnet auf dieser Fahrt solche Arschlöcher an Bord haben.«

Vorsichtig blickte Matt sich um, aber niemand schien ihn zu beachten, also rutschte er ein Stück näher an den Mann heran. Abgesehen von Albington war dies der erste freundliche Kontakt mit einem Mitglied der Besatzung. Aber den Schiffsarzt sah er derzeit so selten, dass er sich gern an jedes bisschen Freundlichkeit klammerte.

»Warum eigentlich?«

Der Seemann zuckte mit den Schultern.

»Wir fuhren im Verband bei Gibraltar, als uns der Kapitän antreten ließ, um zu sagen, dass Krieg ausgebrochen ist. Die Franzosen …« Er musste es nicht aussprechen, sein Tonfall allein genügte, um deutlich zu machen, was er von ihnen hielt. Auch wenn Matts Sympathien andere waren – er schwieg dazu. Es lag nicht in seinem Interesse, dieses zarte Pflänzchen einer sich anbahnenden Freundschaft gleich wieder auszureißen. »Es kam wohl neue Order. Und mit ihr ein halbes Dutzend Marinesoldaten. Die *Ephyra* segelt seitdem allein; ich glaube, wir sollen Franzosen aufbringen. Die Rotröcke sind dafür da, erst gar keinen Widerspruch aufkommen zu lassen.«

Matt nickte verständnisvoll. Der Krieg musste die britischen Schiffe im Mittelmeer überrascht haben. Mit einem Mal gab es einen regulären Feind, und alles hatte sich für sie verändert.

»Hast du gesehen, mit wem Peter sich da abgesprochen hat? Diesen jungen Matrosen?«

»Du meinst Jaime? So ein Grünschnabel! Der macht alles, damit sie ihn in Ruhe lassen. Ist vermutlich froh, dass sie es jetzt auf dich anstatt auf ihn abgesehen haben.«

Es fiel Matt schwer, Mitleid mit jemandem zu empfinden, der andere schikanierte, auch wenn die Motivation verständlich sein mochte.

»Was ist eure … unsere Beute? Fischer und Händler?«, erkundigte er sich.

»Ja. Und welche Franzosen sich sonst aufs Meer trauen.«

»Was ist mit ihrer Flotte?«

Der Seemann blies Luft aus den Backen und winkte ab.

»Als wenn die sich aus den sicheren Häfen trauen würden. Nein, nein, wir sind die Jäger, sie die Beute.«

Matt streckte sich, bis die Gelenke knackten, und ließ die Informationen sacken. Die einfachen Besatzungsmitglieder hatten oft einen guten Blick auf die Situation. Und Albington hatte es vermieden, über den Krieg zu sprechen. Ob das alles so stimmte, was ihm gerade zu Ohren gekommen war, konnte er nicht sicher sagen. Ein einzelnes Schiff auf Kaperfahrt war immer ein Risiko, aber die *Ephyra* konnte es vermutlich mit allem aufnehmen, was sie einholen konnte, und vor dem Rest davonsegeln. Und er hatte selbst gesehen, wie viele Schiffe in den französischen Häfen ein- und ausliefen. Diesen Seehandel zu stören – oder gar weitestgehend zu unterbinden – würde Frankreich schwächen.

»Wir haben auch schon zwei Prisen gemacht«, unterbrach der Matrose seine Überlegungen. »Sind schon unterwegs nach Gibraltar.«

»Gab es Gefechte?«

Der Seemann lachte und schüttelte den Kopf so heftig, dass die schwarzen Locken flogen.

»Nein. Das eine Schiff holte die Flagge ein, sobald wir unsere Kanonenluken öffneten. Das andere hat versucht davonzukommen, aber ein Schuss vor den Bug hat sie eines Besseren belehrt.«

Das war gewiss klüger, als sich mit einer bis an die Zähne bewaffneten Fregatte anzulegen, dachte Matt. Noch ein Blick, ob jemand sie beobachtete, dann beugte er sich vor und streckte die Hand aus.

»Ich bin Matthew«, stellte er sich vor. »Matt.«

Der Seemann schlug mit einem Lächeln ein.

»Georgios. Aber alle nennen mich George.«

Matt erwiderte das Lächeln.

»Woher kommst du, George?«

»Griechenland«, erwiderte er stolz. Als er Matts fragenden Blick sah, fügte er hinzu: »Seit Jahrhunderten leider Teil des Osmanischen Reichs. Meine Eltern hatten Probleme, sich mit der Fremdherrschaft zu arrangieren, und mussten fliehen; da war ich noch ein Knirps. Sie leben jetzt in London.«

»Haben die Engländer dich auch gepresst?«

»Nein! Ich bin freiwillig hier.«

»Um für ein fremdes Land zu kämpfen?« Matt runzelte die Stirn. In seiner jetzigen Situation erschien ihm das besonders unverständlich.

»Früher oder später wird es einen Krieg zur Befreiung meiner Heimat geben«, behauptete George. »Die Osmanen legen sich mit allen an. 1790 haben die Russen sie auf dem Schwarzen Meer besiegt. Es ist nur eine Frage der Zeit, bis England uns endlich hilft, unsere Heimat zu befreien.«

Matt verkniff sich die Entgegnung, dass die Engländer seiner Erfahrung nach eher die Heimat anderer Leute unterwarfen.

»Aber erst einmal kämpfst du als Grieche für die Engländer gegen Franzosen …«

George lächelte wieder.

»Die Moirai haben ihren Spaß mit uns allen.« Dann wurde er ernst. »England gab meiner Familie ein Heim, weil uns unsere Heimat genommen wurde. Diese Schuld werde ich begleichen.«

Dass die Schicksalsgöttinnen mit ihnen allen spielten, verstand Matt. Und dass George eine Verpflichtung gegenüber seiner Wahlheimat empfand, konnte er ebenfalls nachfühlen. Sein Vater hatte stets eine tiefe Dankbarkeit dafür empfunden, dass die Vereinigten Staaten ihn aufgenommen hatten. Und er selbst, der sich fraglos als Amerikaner empfand, hatte dieses Pflichtgefühl gewissermaßen geerbt.

Also nickte er George zu.

»Dann hoffe ich für uns beide, dass wir bald in unsere Heimat zurückkehren können.«

George legte ihm kurz die Hand auf die Schulter und drückte zu. Eine einfache Geste, doch sie bedeutete Matt sehr viel.

»Wir sind wie Brüder!«, rief George leise.

Im nächsten Moment sahen sie, dass der Bootsmann in ihre Richtung kam, also beugten sie sich wieder vor und scheuerten mit Inbrunst die Planken, wie um wettzumachen, dass sie einen Schwatz gehalten hatten.

Matt dachte über die neue Freundschaft mit dem griechischen Seemann nach. Die See hatte die Angewohnheit, Treibgut aus aller Herren Länder zusammenzubringen. Brüder mochten sie nicht sein, aber zwei Männer fern ihrer Heimat, nun auf diesem Kriegsschiff gestrandet, in einem Krieg kämpfend, mit dem sie eigentlich nichts zu tun hatten.

Die Schicksalsgöttinnen mussten gerade laut lachen.

KAPITEL 6

Straße von Sizilien, September 1793

Die gesamte bisherige Fahrt über hatte sich die *Ephyra* in der Nähe der Küsten gehalten – dort, wo auch ihre Beute zu vermuten war. Allerdings nicht zu nah, denn der potenzielle Feind sollte sie ja nicht frühzeitig erkennen. Und so hatte Matt das Land immer nur als eine dunkle Ahnung an einem Teil des Horizonts sehen können: ein schmaler Streifen Freiheit. Überall sonst trafen sich gnadenlos Himmel und See und erinnerten ihn daran, wie ausbruchssicher sein Gefängnis war.

Doch jetzt war das Land so nahe, dass er jedes Detail erkennen konnte. Eine grüne Insel mit grauen Klippen, die ins Meer ragten und an denen sich Poseidons Macht weiß schäumend brach. Matt fühlte sich jedoch an eine andere griechische Mythengestalt erinnert: Tantalos. Wie beim gefallenen König war das Ersehnte für ihn scheinbar zum Greifen nahe, befand sich in Wahrheit jedoch weit jenseits seiner Möglichkeiten. Zwar hungerte und dürstete es ihn nicht, aber der Hunger und Durst nach Freiheit schmerzten nicht weniger.

Bisher waren die Tage wie im Fluge vergangen. Harte Arbeit brachte tiefen Schlaf mit sich, und dafür war Matt dankbar. Zum Grübeln blieb ihm wenig Zeit, und so konnte er die Verzweiflung von sich halten.

Jetzt jedoch vergingen die Stunden quälend langsam. Während die Fregatte so lauerte, gab es wenig zu tun, auch wenn die Offiziere sich alle Mühe gaben, die Besatzung beschäftigt zu halten. Aber es wirkte auf ihn, als erwarteten sie in Bälde mehr

Aufregung, und ließen ihren Untergebenen deshalb ein wenig Luft, bevor es losging.

Um sich abzulenken, versuchte er im Kopf ihren Weg nachzuverfolgen. Ohne Karten und navigatorisches Gerät war es nicht einfach, aber er hatte vor und während der Fahrt auf der *Lucy Belle* alles vorhandene Material eingehend studiert und erinnerte sich gut an die Lektionen des Kapitäns.

Die französische Küste hatten sie längst hinter sich gelassen und waren danach in sicherer Entfernung die italienische Küste entlanggesegelt, wie Matt aufgrund der Fahrt in südöstlicher Richtung erkannt hatte. Dann musste die Insel dort, die sie derzeit passierten, Sizilien sein, und ihr Kurs führte sie offenbar immer weiter nach Osten. Warum sie nicht in den Gebieten vor Frankreich geblieben waren, um dort nach Beute Ausschau zu halten, konnte Matt nicht sagen. Vielleicht hatten sich das Königreich Neapel und Sizilien mit Frankreich verbündet? Aber das erschien ihm unwahrscheinlich, da seines Wissens nach das Königreich vom spanischen Königshaus kontrolliert wurde. Jetzt wünschte er sich, all diesen Verwicklungen noch mehr Beachtung geschenkt zu haben, doch in Boston und selbst auf der *Lucy Belle* waren ihm all diese uralten Fehden und Kriege so fern erschienen.

Aber wer auch immer auf diesem Eiland herrschte, für Matt war es unerreichbar. Und so musste er sich damit begnügen, es sehnsüchtig anzuschauen. Vor seinem inneren Auge zuckten Bilder auf, wie er sich in die Fluten stürzte – ein schneller Sprung, dann an die Küste schwimmen und sich im Unterholz verstecken, bevor die *Ephyra* das Verschwinden ihres geraubten Sohns bemerken würde. Einen Hafen finden, auf einem Schiff anheuern und schließlich den langen Weg in die Heimat antreten.

Doch das blieben Tagträume. Stattdessen folgten Bucht auf Bucht, Fels auf Fels, bis die Fregatte ihren Kurs leicht änderte und sich wieder von der Küste entfernte. Und so wie Sizilien im Dunst verschwand, verging auch Matts Hoffnung, und das Zwielicht des Abends spiegelte sich in der Dunkelheit seiner Seele wider.

In dieser Nacht schlief Matt kaum. Es waren nicht die Geräusche, die ihn wach hielten: das Knarzen des Holzes, das Schlagen der Segel, die Rufe an Deck. Nicht einmal das vielstimmige Atmen und Schnarchen um ihn herum. Auch nicht das Auf und Ab der Fregatte, die Krängung, als sie gegen den Wind kreuzte, das sanfte Rollen der Wellen, dem sich die Hängematte anpasste. Nicht einmal das Ziehen in seinem Rücken war der Grund. An all das hatte er sich längst gewöhnt.

Es waren vielmehr seine Gedanken, die ihn vom Schlaf abhielten, die immer wieder um das Problem kreisten, wie er dem Unheil hier entkommen konnte. Er haderte mit dem Schicksal, und sein Geist war ruhelos, wie ein Boot, das sich bei heftigem Seegang vom Anker losgerissen hatte und nun Spielball der Elemente war. Steuerlos, ohne Halt, ohne Aussicht auf Besserung. Ein Schiff ohne Licht in dunkler Nacht. Keine Karten, kein Kompass, kein Sextant.

Als sie ihn nach zu kurzem Schlummer am nächsten Morgen weckten, wollte alles in ihm aufbegehren. Der harte Tritt gegen seine Seite, der ihn beinahe aus der Hängematte warf, die gähnenden Gesichter seiner Leidensgenossen, die dennoch nicht annähernd so litten wie er, das tumbe Grinsen des Bootsmanns, der es sichtlich genoss, ihnen die Ruhe abzukürzen: All das befeuerte den Zorn, der tief in ihm brodelte.

Worte stiegen in ihm auf, legten sich auf seine Zunge, forderten, ausgesprochen zu werden. Doch Matt biss die Zähne zusammen, zwang sich, nach unten zu sehen, auf seine nackten, schmutzigen Füße. Er glaubte, an jenen Worten ersticken zu müssen – oder zumindest würden sie unausgesprochen in ihm gären, ihn vergiften wie eine schwärende Wunde.

»Matthew?«

Sein Name gab ihm die nötige Kraft, sich zusammenzureißen, und er sah wieder auf. Der Doktor stand im Niedergang.

»Ja, Sir?«

»Bitte folgen Sie mir.«

Mit einem triumphierenden Gesichtsausdruck schaute er zum Bootsmann, der ihn jedoch nicht beachtete, und tat dann, wie ihm geheißen. Die anderen – mehr als vier Dutzend Männer, die sich auf ihren Dienst vorbereiteten – bedachten ihn mit finsteren oder feixenden Blicken.

Als er ans Deck ins fahle Licht des noch jungen Morgens trat, begrüßte ihn Albington mit einem freundlichen Lächeln.

»Guten Morgen, Matthew.«

»Guten Morgen, Sir«, erwiderte Matt und streckte sich. In seinen Schultern steckte noch die Anstrengung von gestern; die Segel zu setzen und einzuholen benötigte viel Muskelarbeit.

»Ich habe gute Neuigkeiten, Matthew.«

Neugierig sah Matt ihn an. Sofort stieg wieder Hoffnung in ihm auf.

»Ich konnte den Kapitän überzeugen, dass ich einen Gehilfen benötige, falls es hart auf hart kommt. Jemanden, der mehr kann, als nur ein Bein festzuhalten, während ich es amputiere.«

Es war nicht die Freiheit, nicht einmal die Aussicht darauf, aber dennoch Anlass zur Hoffnung. Matt nickte interessiert.

»Wollen Sie mir zur Hand gehen? Ich bringe Ihnen bei, was nötig ist.«

»Ich weiß nicht, Doc. Ich bin kein Feldscher …«

»Ja, natürlich nicht. Und ich bin kein Professor an der Universität. Aber wenn Sie zustimmen, dann würden Sie mir einen Teil Ihrer Zeit unterstellt.«

Das war eine verlockendere Aussicht. Nicht dass Matt sich vor harter Arbeit drückte, aber Dienst zu verrichten, ohne dass Peter und seine Schergen ihm etwas antun konnten, würde einiges erleichtern.

»Es ist nicht viel«, gestand Albington ein. »Aber vielleicht besser als nichts, oder?«

Überrascht stellte Matt fest, dass im Blick des Schiffsarztes eigene Hoffnung, wenn nicht sogar ein Hauch von Angst lag. Ganz so, als wäre es auch für ihn wichtig, mit Matt zusammenzuarbeiten.

»Ich würde mich freuen, Doc. Sie bringen mir bei, wie man Leute zusammenflickt, und dabei können wir über Hume reden.«

Ein strahlendes Lächeln erschien auf Albingtons Lippen, und seine Wangen färbten sich sogar rot.

»Wunderbar!« Dann besann er sich seiner Position und fuhr gesetzter fort: »Dann folgen Sie mir bitte.«

Während er hinter dem Schiffsarzt zum Bordlazarett schritt, verstand Matt erst richtig, welches Glück ihm zuteilwurde. Gehilfe des Knochensägers zu sein – niemand würde es sich mit ihm verscherzen wollen. Und Albington schien wirklich um sein Wohl besorgt zu sein. Er war ein mächtiger Fürsprecher für einen Außenseiter, dem fast niemand an Bord Vertrauen schenkte.

Unterwegs wurde Matt auch bewusst, dass sich vor allem beim Wachwechsel die perfekt abgestimmte Organisation an Bord eines Kriegsschiffes zeigte. Befehle wurden zwar gerufen, aber die Seemänner kannten bereits ihre Plätze, ihre Aufgaben, ihre Pflichten – alles griff ineinander wie die Zahnräder einer mechanischen Uhr. Der Kapitän schien ein Traditionalist zu sein, wie Matt bereits aufgefallen war, denn er hatte die Besatzung in zwei Wachen eingeteilt.

»Der Leutnant sagt, drei Wachen machen die Männer faul und unaufmerksam«, hatte George erzählt.

Zu viel freie Zeit – müßige Hände sind des Teufels Spielzeug. Matt glaubte nicht daran, aber er musste sich in das rigide System fügen, wollte er nicht wieder den grausamen Kuss der Peitsche spüren.

Zwei Männer mit müden Augen machten ihnen Platz, hoben lässig die Hand an die Stirn, um den Schiffsarzt zu grüßen, und bedachten Matt dann kurz mit neugierigen Blicken, bevor sie verschwanden. Ihre harte Arbeit war zu Ende, und auf sie warteten jetzt die Hängematten.

Vorsichtig schaute Matt zum Achterdeck hoch und sah die Offiziere der Wache auf das Treiben hinabblicken. Ob sie ihn bemerkten, konnte er nicht sagen, und er wandte sich wieder Albington zu, der jetzt den vorderen Abgang hinabstieg.

Als sie das Kabuff erreichten, setzte Albington sich an seinen Schreibtisch und wies auf einen kleinen Schemel, der bei Matts letztem Besuch noch nicht dort gestanden hatte.

»Was halten Sie von Hume?«, fragte er, als Matt Platz nahm. »Haben Sie ihn schon durch?«

Matt lächelte müde.

»Nein, Doc. So schnell geht das nicht. Ich habe nicht gerade viel Tageslicht, um zu lesen. Einige an Bord müssen arbeiten, wissen Sie?«

»Natürlich.« Der Schiffsarzt schaute ihn verlegen an. »Verzeihen Sie mir.«

Aber Matt winkte ab. Obwohl Albington schon einige Monate auf der *Ephyra* segelte, wunderte es ihn nicht, dass der Arzt wenig über das Tag- und Nachtwerk der einfachen Besatzung wusste. Die Trennung zwischen ihnen und den Offizieren war bewusst streng.

»Aber ich habe schon einiges geschafft. Und ich muss sagen, es ist starker Tobak.«

Das ließ Albington seinerseits lächeln.

»Und, halten Sie Hume für einen Ketzer?«

»Was, wegen dieser Dialoge?« Matt rieb sich über das Kinn. »Nein, Doc. Ich denke, die Frage nach Gott beschäftigt uns alle, oder nicht? Dafür haben wir doch unseren Verstand. Ich habe eher Angst vor jenen, die auf all diese Fragen eine Antwort haben, die sie für absolut wahr halten.«

Albington nickte, stand auf und holte eine Flasche aus einem Korb, der von der niedrigen Decke hing. Sorgfältig goss er zwei kleine Becher voll und reichte einen Matt.

»Das gefällt mir so an Hume. Und ich will Ihnen nicht allzu viel vorwegnehmen, aber für mich haben die *Dialogues* mehr Fragen aufgeworfen als beantwortet.« Er hob seinen Becher. »Auf die Philosophie! Und die Blasphemie!«

Matt erwiderte den Toast und trank den Wein. Er war süß und nicht verdünnt wie der Rest an Bord, sondern ein roter Likörwein, schwer und dunkel wie Blut.

»Es ist nicht einfach an Bord eines Schiffes, wissen Sie, Matthew? Als Mann des Geistes, meine ich.«

Beinahe hätte Matt erwidert, dass es noch schwieriger sein dürfte, wenn man zum Dienst gezwungen worden war; aber der Schiffsarzt blickte an ihm vorbei, und seine Stimme war leise geworden.

»Wie hat es Sie auf See verschlagen?«, wollte er nach einem Moment des Schweigens wissen.

Albington zuckte zurück, zwinkerte zweimal und rieb sich über die Augen.

»Nun, wenn das Vaterland ruft …«

»Patriotismus?«

Anstatt darauf eine Antwort zu geben, räusperte sich Albington, und ihm stieg Röte ins Gesicht.

Sanft legte ihm Matt die Hand auf den Unterarm. »Keine Sorge, Doc. Wenn Sie es nicht erzählen wollen … Auf dem Meer sind wir alle fern der Heimat.«

»Doch, doch.« Seine Lippen bewegten sich, formten Worte, die er jedoch offensichtlich verwarf und nicht aussprach. »Es erschien meiner Familie als das Beste.«

»Emily?«, wagte Matt nachzufragen.

Das riss den Doktor aus seinen offenbar schmerzhaften Erinnerungen, und er kicherte.

»Nein, nicht Emily. Niemals Emily. Sie … versteht mich.«

»Oh, verzeihen Sie mir bitte, ich sah die Widmung und nahm an …«

»Sie ist eine Jugendfreundin. Glücklich verheiratet, zwei wunderbare Kinder.«

Der Glanz in seinen Augen zeigte Matt, dass jedes Wort seinen Gefühlen entsprach. Es schwang sogar Stolz in ihnen mit, als habe er einen Anteil am Familienglück seiner Freundin.

»Meine Familie. Es gab einen … nun, nennen wir es Zwist.

Mein Vater empfand einige meiner Entscheidungen als unangemessen und befürchtete, dass sie das Ansehen der Familie beschmutzen könnten.«

So, wie er das Wort »beschmutzen« ausspie, war es offensichtlich ein Zitat. Kurz fragte Matt sich, was der freundliche, höfliche und gebildete Doktor wohl für Schandtaten begangen haben mochte, dass seine eigene Familie mit ihm brach. Doch dann hatte er den Eindruck, dass es wohl besser war, nicht näher darauf einzugehen.

»Eine eigene Familie haben Sie nicht?«

Wehmut huschte über Albingtons Züge.

»Nein, niemanden.«

Da lag viel Unausgesprochenes zwischen ihnen. Eine Neugier in ihm wollte Matt dazu bewegen nachzubohren. Aber ein anderer Teil von ihm fürchtete sich vor der Reaktion seines Gesprächspartners, der möglicherweise sehr verärgert sein würde, wenn jemand ihn dazu drängte, sein Privatleben offenzulegen. Der Schiffsarzt genoss den Respekt der Besatzung, nicht allein seines Ranges wegen, sondern weil im Zweifelsfall ihr Leben von seiner Kunst abhing. Doch die Stimmung eines Schiffes konnte schnell umschlagen, war manchmal so unberechenbar, wie die See selbst es sein konnte. Und das Leben an Bord konnte selbst für einen Offizier zur Hölle werden, wenn der Ruf zerstört war.

»Jedenfalls ließ mein Vater mir nur diese eine Wahl: aus der Familie verstoßen zu werden oder in den Kriegsdienst einzutreten.« Albington versuchte zu lächeln. »Ich dachte, ich wähle das kleinere Übel, aber ...«

Weiter sprach er nicht. Matt nickte. Was empfand wohl ein gelehrter und feingeistiger Mann, wenn er die zerfetzte Haut eines Ausgepeitschten zusammenflicken musste?

Viele flohen auf die See. Manche wurden auch dazu getrieben, wie Albington. Matt hatte den süßen Sirenengesang des Meeres verspürt. Aber jetzt fragte er sich ebenso wie der Schiffsarzt, ob es nicht ein Fehler gewesen war. Ob die Sirenen ihn nicht in sein Verderben gelockt hatten.

Albington blickte verlegen, so als ob er seine Worte bereuen würde.

»Ich wollte nicht … Ich sollte …«

Matt beugte sich nach vorn.

»Ist schon gut, Doc. Danke, dass Sie so offen sind.«

Sie lächelten sich an.

»Haben Sie jemanden? Familie?«

Matt lehnte sich wieder zurück.

»Nur meine Mutter daheim in Boston.«

»Wir beide, wilde Seefahrer, auf die zuhause keine Frauen warten. Gefangene, die nicht einmal mehr heimkehren können.«

Darauf antwortete Matt nicht. Was der Doktor auch denken mochte, er würde einen Weg zurück finden. Und die gesamte Königliche Marine Englands würde ihn nicht davon abhalten können!

KAPITEL 7

Östliches Ionisches Meer, September 1793

Raues Wetter brachte raue Arbeit mit sich. Matts Finger schmerzten, als er das nasse Tau mit noch mehr Kraft umklammerte.

»Ho ruck!«

Gemeinsam mit den anderen zog er, so fest er konnte. Der Wind im Segel stemmte sich ihnen entgegen, wollte ihnen das Tau aus den Händen reißen. Das Segeltuch flatterte, bockte wie ein lebendiges Wesen. Doch unter beständigen Rufen brachten sie es unter Kontrolle, zogen es Stück für Stück zurück.

»Ho ruck!«

Die Muskeln seiner Oberarme brannten, Schweiß rann ihm die Schläfen hinab, vermischte sich mit dem Regenwasser. Dort, wo das Nass einen Weg unter seinen Mantel fand, war die Haut kalt, doch der Rest seines Leibes stand in Flammen. Mit weit aufgerissenem Mund sog er Luft in die schmerzende Lunge. Die Anstrengung riss alle Gedanken und Gefühle aus seinem Geist. Da war nur das Segel, der Wind, das Tau.

»Ho ruck!«

Dann endlich war das Tau gesichert, und sie konnten es loslassen. Matt taumelte einen Schritt zurück, ging vornübergebeugt halb in die Knie. Seine Finger waren verkrampft, und als er sie langsam öffnete, protestierten sie mit einer Pein, als habe er sie in eine heiße Flamme gehalten. Das Muster des Taus zeichnete sich auf der geröteten Haut ab.

Neben ihm war George auf die Knie gesunken und hielt

sich, schwankend wie ein Betrunkener, an der Reling fest. Aber niemand rief mehr Befehle oder zwang ihn auf die Füße, als wüssten selbst die Offiziere, wie anstrengend der Kampf mit den Elementen war.

Während sie gearbeitet hatten, war die *Ephyra* schärfer an den Wind gegangen und segelte nun noch schneller durch die aufgewühlte See. Von den grauen Wellen stieben weiße Schaumkronen empor, wurden vom kalten Wind erfasst und davongewirbelt.

Mit der kühlen Luft, die Matt gierig in die Lunge saugte, kamen auch die Erinnerungen zurück.

Für die *Lucy Belle* wäre der Seegang bereits gefährlich gewesen, doch die Fregatte stemmte sich gegen Poseidons – nun, nicht Zorn, aber immerhin – Missmut. Ebenso missmutig starrte Matt auf die graue See.

Irgendwo voraus lag der Peloponnes. Die Küste Italiens hatten sie längst hinter sich gelassen, und das aufsteigende Unwetter hatte sie bei der Überquerung der Ionischen See eingeholt.

Wie sich über dem Mittelmeer, wo im September für gewöhnlich recht sonniges Wetter herrschte, dieser eiskalte Regen bilden konnte, war Matt unbegreiflich. Da seine Konzentration nicht mehr auf anstrengende Tätigkeiten gerichtet war, wurde ihm jetzt erst richtig bewusst, dass er fror, und so war er heilfroh, als der laute Befehl »Unter Deck!« an seine Ohren drang.

Ein nasser Haufen Seeleute drängelte sich nach unten, wo es zwar muffig war, aber eine wohltuende Temperatur herrschte. Bei dem Seegang konnten die Stückpforten nicht geöffnet werden, was zwar den Gestank der vielen Leiber festhielt, dafür aber auch ihre Wärme.

An der Kombüse drückte man ihm einen dampfenden

Becher in die Hand – heißer Tee mit Rum! Vorsichtig, um das Lebenselixier nicht zu verschütten, stapfte Matt breitbeinig nach hinten und setzte sich auf eine der schaukelnden Bänke, die von der Decke hingen.

Glühend heiß wie Lava rann die Flüssigkeit in seine Kehle: Der Alkohol war schärfer, als er erwartet hatte. Neben ihm hustete jemand, der wohl eine ähnliche Erfahrung machte. Matt allerdings unterdrückte den Hustenreiz und genoss einfach nur die sich in seinen Eingeweiden ausbreitende Wärme.

»Willkommen in meiner Heimat«, scherzte George und hob den Becher wie zum Toast.

»Und da sagen sie, Schottland wäre ein kaltes Land«, erwiderte jemand mit starkem Akzent, woraufhin einige wie kleine Jungs kicherten. Auch Matt konnte sich ein Glucksen nicht verkneifen. Die Arbeit war getan, ihre Pflicht erfüllt, und jetzt genossen sie aneinandergedrückt die Belohnung.

»Wie ist es eigentlich so in Boston?«, erkundigte sich George.

»Da scheint immer die Sonne«, antwortete Matt, woraufhin einige sehnsüchtig aufstöhnten, während andere ungläubig den Kopf schüttelten. »Außer an den fünf Tagen in der Woche, an denen es regnet.«

Das brachte sie zum Lachen. Jemand schlug ihm von hinten auf die Schulter. Eigentlich war das Wetter in Boston nicht so schlimm, aber für einen Hauch von Kameraderie war er momentan sogar bereit, seine Heimat in ein schlechtes Licht zu rücken.

Harte Arbeit klaglos verrichten: So einfach konnte es sein, in die Gemeinschaft von Seeleuten aufgenommen zu werden. Nicht zurückschrecken, seinen Teil leisten, mit den anderen stehen, schwitzen und – wie er mit Blick auf seine Hände feststellte – mit ihnen bluten.

»Wir haben im Augenblick einfach nur Pech«, erklärte George ernst. »Die Inseln und das Land hier sind gesegnet. Fast immer bestes Wetter. Und ein Sonnenschein, der wie Honig aus dem Himmel tropft.«

»Heute gibt es nur Essig«, erwiderte Matt, was erneut mit Lachen quittiert wurde.

George schien etwas entgegnen zu wollen, presste aber rasch die Lippen fest zusammen, als über ihnen das Getrampel schneller Schritte erklang und trotz des herabprasselnden Regens die Pfeife des Bootsmanns zu hören war. Wie eine Mäusefamilie, über deren Loch ein Kater streifte, sahen sie alle gebannt zur Decke, als könnten ihre Blicke das alte Holz durchdringen.

Ein alter, grauhaariger Mann schlürfte geräuschvoll seinen Becher aus, was den Bann brach.

»Vermutlich nur wieder ein paar Fischerboote«, behauptete er und rieb sich den zottigen Schnauzbart. »He, Georgie, erinner' mich: Haben wir Krieg mit euch oder nicht?«

»Wir Griechen sind das friedfertigste Volk der Erde. Und auch die größten Krieger!«

Noch während er sprach, legte die *Ephyra* sich auf die Seite: ein schnelles, hastiges Manöver, das die Planken knarzen ließ, begleitet von lauten Rufen und Befehlen vom Deck. Das klang nicht wie eine simple Jagd auf lokale Fischer.

»Vielleicht ein paar Sirenen?«, rief einer.

Aber die gute Laune war verflogen, und außer einem schmalen Lächeln hier und da gab es keinerlei Reaktionen auf den Scherz.

Nur einen Moment später wurde die Luke geöffnet, und eine Stimme donnerte zu ihnen hinab: »Alle Mann an Deck! Los! Los!«

Hastig sprangen sie auf. Becher fielen umher, rollten über die Tische, klapperten auf den Boden. Einige stürzten noch den letzten Rest hinunter, und angesichts der Aussicht, wieder in den kalten Regen zu müssen, tat Matt es ihnen gleich.

Schiffsjungen kamen herbei. Sie würden alles einsammeln, die Tische und Bänke wieder hochziehen und unter der Decke befestigen. Die Besatzung hingegen rannte die Treppe hoch, so schnell sie durch den Aufgang passte. In Matt wehrte sich etwas dagegen, an Deck zu gehen, und nur der Gedanke an die Konsequenzen von Befehlsverweigerung trieb seine Beine an. Schiffe überfallen, Fischer drangsalieren, all das widerstrebte ihm so sehr, dass er spürte, wie sein Körper sich unbewusst dagegenstemmte.

Oben wehte Matt ein kalter Wind ins Gesicht, der ihm noch kältere Tropfen in die Augen trieb. Er blinzelte sie fort und senkte den Kopf.

Noch bevor sie sich versammelt hatten, machten Gerüchte die Runde.

»Feindkontakt!«

»Ein Sturm zieht auf!«

»Zwei Segel!«

»Die Mittelmeerflotte!«

»Eine Flottille!«

»Franzosen!«

Geraunt, gemurmelt, gezischt. Seeleute waren wie Waschweiber. Nein, Matt kannte Waschweiber aus Boston. Die waren verschwiegener.

»Wir haben den Feind gefunden«, dröhnte Kapitän Youngs Stimme durch den Wind, schnitt durch die Gerüchte wie eine Klinge durch Fleisch. »Oder besser gesagt – er uns. Denn leider handelt es sich um zwei Schiffe, Fregatten, die offenbar schwer bewaffnet sind, soweit das erkennbar ist. Es könnte daher für uns ziemlich herausfordernd sein, sollte es dazu kommen, es mit beiden gleichzeitig aufzunehmen.«

Der Kapitän schwieg einen langen Augenblick, um seine Worte sacken zu lassen. Sofort hob Matt wieder den Kopf und schaute seinen Kameraden in die Gesichter, in denen sich teils finstere Entschlossenheit, teils Angst und Bestürzung widerspiegelten. Als Nächstes suchte sein Blick den Horizont ab, doch der verschwamm im Grau von See und Himmel, verborgen hinter Regengüssen. So sehr er seine Augen auch anstrengte, von seinem Standpunkt aus vermochte er die feindlichen Schiffe nicht zu sehen.

»Ich will, dass Sie alle jederzeit gefechtsbereit sind. Doppelte Wachen, Mr Ward.«

»Aye, aye, Sir!«

»Wir werden sehen, dass Sie alle noch etwas Warmes in den Bauch bekommen. Aber seien Sie bereit!«

»Allzeit bereit!«

Der Ruf aus vielen Kehlen überraschte Matt, der ihn noch nie vernommen hatte. Dann wurden sie wieder hinunterbefohlen.

»Bah!« George schüttelte sich. »All das Scheißwetter für ein paar warme Worte.«

»Wird es zum Kampf kommen?«, wollte Matt sofort von den anderen wissen.

Neben ihm schüttelte ein Mann erst das Wasser aus seinem blonden Haar, dann noch heftiger den Kopf.

»Sir Harold ist kein Narr. Eins gegen zwei? Darauf wird er nicht setzen.«

»Stimmt«, pflichtete ihm ein kleiner Mann bei, dem ein Ohr fehlte.

Wie heißt er noch mal?, fragte sich Matt im Stillen. *Arnold, nicht wahr?* Er war sich bei den vielen Namen nicht sicher, selbst bei Matrosen, die körperliche Auffälligkeiten hatten.

»Ich habe an Deck gehört, dass wir den Schwanz einziehen und davonlaufen«, fuhr Arnold fort. Er machte eine Bewegung, als würde er sich einen unsichtbaren Schweif zwischen die Beine schieben.

»Was in gewisser Weise echt schade ist«, meinte der Blonde. »Wisst ihr, was zwei Fregatten an Prisengeld bringen würden?«

Und an Toten, dachte Matt bei sich, sprach es aber nicht laut aus. Die Sorge in den Mienen der meisten sprach Bände. Niemand war erpicht auf einen Kampf, wenn der Feind deutlich in der Überzahl war. Und er erst recht nicht. Und überhaupt: Warum sollte ausgerechnet er gegen Franzosen kämpfen? Sie hatten seiner noch jungen Nation gegen die Briten zur Seite gestanden, als ganz Europa sie allein gelassen hatte.

Die Besatzung schwankte zwischen Siegesgewissheit und Sorge. Auf der See machte den Engländern kaum jemand etwas vor, wie Matt mit einigem Neid zugestehen musste. Aber eine feindliche Übermacht war auch für die siegesgewohnten Männer eine unschöne Aussicht.

»Sir Harold ist ein Fuchs. Er wird sie im Regen abhängen, sodass es nicht zu einem Kampf kommen wird«, versuchte Arnold die anderen zu beruhigen. »Schlagt euch den Bauch voll, und macht euch keine Sorgen; morgen ist der Spuk vorbei.«

Doch Matt hatte seine Zweifel. Fast schon glaubte er selbst, ein Unglücksbringer zu sein. Zuerst nur für sich selbst, aber inzwischen auch für die anderen. Dunkle Gedanken, die ihn nachts beschäftigten.

Und er befürchtete, dass Franzosen in der Schlacht keinen Unterschied zwischen freiwillig für England kämpfenden und dazu gepressten Feinden machten.

Die *Ephyra* stöhnte und ächzte, als sie sich noch mehr gegen die Wellen stemmen musste. Regen troff von der Luke herab, die offenbar plötzlich nicht mehr richtig schloss, und das Wasser sammelte sich in einem kleinen Teich auf dem Boden. Mit einem Mal wurde Matt bewusst, dass es auch hier unten kalt geworden war, und er zitterte.

Am liebsten wäre er an Deck geschlichen, um mit eigenen Augen sehen zu können, was vorging, doch er wusste, dass es unmöglich war. In dieser Situation wurde dort oben niemand geduldet, der keine Arbeit tat.

Die Fregatte wurde für ihn noch mehr zu einem Gefängnis, als sie es sonst schon war. Ein hölzerner Sarg, getrieben nicht nur von den Elementen, sondern auch von einem Feind, den er noch nicht zu Gesicht bekommen hatte und der in seiner Phantasie zu einer unheimlichen, übermächtigen Bedrohung wurde, die immer mehr an Schrecken gewann.

Die Matrosen blieben zusammen, setzten sich wieder, diesmal ohne ein heißes Getränk und auch ohne Scherze. Ein jeder war in seine eigenen Gedanken versunken. Wo kurz zuvor noch eine recht lautstarke Kameraderie und ein Gefühl von Gemeinschaft geherrscht hatten, versuchte nun jeder, allein die neue Wendung ihres Schicksals zu verarbeiten.

KAPITEL 8

Ägäis, September 1793

Zwei Segel nur. Zwei helle Flecken, von denen man nur gelegentlich einen Blick erhaschen konnte. Aber ihre Nähe spürte Matt jederzeit.

Er war auf dem Achterdeck eingeteilt worden: eigentlich ein guter Platz, wo Arbeit bloß sporadisch anfiel und noch seltener schwer war. Der Regen hatte in der Nacht aufgehört, und die graue Wolkendecke war einem zerrissenen Himmel aus dunklen, fetzenartigen Gebilden gewichen. Doch der Wind wehte noch immer stürmisch, peitschte das Meer auf und trieb die *Ephyra* vorwärts. So schnell, wie sie durch die Wellen der Ägäis pflügte, hätte man denken können, dass kein anderes Schiff mit ihr mithalten konnte. Doch im Laufe des Vormittages wurden die beiden Segel größer und größer.

Einer der Fähnriche stieß einen Fluch aus, was Matt gern auch getan hätte. Er beherrschte sich jedoch und fing sich so auch keine harsche Zurechtweisung von Ward ein, der den Jungen derart anblaffte, dass ihm alle Farbe aus dem Gesicht wich.

Die Anspannung zeigte sich überall, auch wenn die Offiziere um eine stoische Ruhe bemüht waren. Aber in den blassen Gesichtern drückte sich ein ums andere Mal große Sorge aus, und immer wieder stahlen sich Blicke zu ihren Verfolgern.

»Wir können es mit ihnen aufnehmen«, behauptete der Zweite Leutnant, ein schmaler, fahriger Mann namens Belling.

Woher dieser schmächtige Kerl eine solche Zuversicht nahm, konnte Matt nicht sagen, nur dass der Rest sie nicht zu teilen schien. Vielleicht wollte er so mutiger erscheinen, als er war. Ein solches Verhalten war Matt schon mehrmals bei Belling aufgefallen, der sein schwächliches Aussehen offenbar durch ein übertrieben aggressives Auftreten kompensieren wollte.

»Das muss die letzte Option sein«, entgegnete Ward relativ leise, aber Matt, der in der Nähe stand, bekam jedes gezischte Wort mit. »Eine Fregatte der fünften Klasse mit Zwölf-Pfund-Geschützen samt Eskorte?«

Insgeheim gab Matt dem Mann recht. Es war kein guter Kampf. Nicht nur, weil er generell nicht kämpfen wollte. Der Vorteil lag bei den Franzosen.

»Haben Sie etwa Angst, Leutnant Ward?«

Bevor diese Herausforderung erwidert werden konnte, fuhr Sir Harold dazwischen. »Genug.«

Ein Wort reichte aus. Er breitete die Karte auf dem kleinen Tisch aus, den er aus seiner Kajüte hatte heraufbringen lassen.

»Unsere Order ist nicht, uns mit überlegenen Kräften anzulegen, sondern die Versorgung Frankreichs zu stören. Deshalb werden wir zunächst versuchen, uns diesen beiden feindlichen Schiffen zu entziehen; erst wenn das nicht gelingt, werden wir uns zum Gefecht stellen.«

Er deutete mit dem Finger auf die Karte.

»Hier.«

Der Erste Leutnant blickte leicht bestürzt.

»Sir, das ist …«

»Ich weiß, was das ist«, unterbrach ihn der Kapitän in ruhigem Ton. »Setzen Sie den Kurs, Mr Ward.«

»Aye, aye, Käpt'n.«

Auch wenn er den Befehl bestätigte, war dem Leutnant sein

Unwohlsein anzusehen. Matt sah über die Reling zurück. Die französische Fregatte hatte trotz des rauen Windes viel Segeltuch gesetzt und konnte so die Distanz zur *Ephyra* verringern. Das kleinere feindliche Schiff hatte mehr mit dem Seegang zu kämpfen und war ein wenig abgefallen, aber immer noch nah genug, um gegebenenfalls in einem Kampf zwischen den beiden Fregatten eingreifen zu können.

Die *Ephyra* war ebenfalls mit 12-Pfündern als Hauptbewaffnung ausgerüstet. Geschütz für Geschütz dem Feind ebenbürtig – wäre es nur diese eine Fregatte gewesen. Aus Erzählungen alter Seeleute in Boston kannte Matt den Wagemut – oder die Tollkühnheit, wie manche sagen würden – vieler britischer Fregattenkapitäne, die sich gern damit brüsteten, auch überlegene Gegner angegriffen und besiegt zu haben. Aber Sir Harold schien einen besonnenen Charakter zu haben und ihre Chancen gegen einen stärkeren Feind realistisch einzuschätzen.

In der Nacht – oder wenn das Wetter sich wieder zum Schlechteren wendete – konnten sie ihren Verfolgern vielleicht heimlich entkommen.

Wieder sah Matt zu ihren Verfolgern zurück, und ihm wurde erneut mulmig. Wenn ihnen die Flucht nicht gelang, würde die feindliche Fregatte sie früher oder später einholen, und die Franzosen schienen sehr erpicht auf einen Kampf zu sein.

Befehle wurden gerufen, und die Pfeife erklang. Matts Gedanken über die drohende Gefahr lösten sich auf, als er sich mit anderen Kameraden darauf konzentrieren musste, das Tau zu packen und ihm vorsichtig mehr Spiel zu geben. Die *Ephyra* fiel etwas vom Wind ab, und ihr Bug richtete sich zum Land hin, das sich als farbloser Streifen von der aufgewühlten See abhob.

Wieder Land in Sicht, das in der Ferne lag und dennoch Freiheit verhieß. Für einen Moment gestattete sich Matt eine Hoffnung: die Vorstellung, nahe der Küste von Bord zu springen und einfach an ein rettendes Ufer zu schwimmen, ohne englische Verfolger fürchten zu müssen, da in der jetzigen Situation die *Ephyra* nicht einfach umkehren konnte. Aber ein Blick auf den Wellengang genügte, um jeden noch so kleinen Funken der Hoffnung in seinem Herzen erlöschen zu lassen. Selbst für einen geübten Schwimmer wie ihn wäre es nahezu sicherer Selbstmord, sich in diese Fluten zu stürzen, zumindest wenn das Ufer weit entfernt war, denn die *Ephyra* würde wohl genügend Abstand zu den Felsen und Klippen halten.

Dennoch betrachtete er die Küste. Im Augenblick gab es nicht viel zu tun, außer auf eine neue Kursänderung zu warten, und so hatte er mehr als genug Zeit, Entfernungen abzuschätzen – zu den Franzosen, zum Ufer, wo sich die Wellen hoch und weiß an den Klippen brachen.

Die *Ephyra* kämpfte gegen die See, schuf ihre eigene Gischt, von der immer wieder Tropfen bis zum Achterdeck flogen. Matt bemerkte, dass ihr Schiff langsamer wurde. Zunächst war es nur ein Gefühl, aber dann wurde es ihm bewusst – der Wind drehte sich langsam.

Niemand sonst auf dem Achterdeck schien es zu bemerken. Der Kapitän war mit Ward in ein Gespräch vertieft, Belling stand an der Reling und sah mit herausgedrückter Brust nach hinten zu ihren Verfolgern, als könne er ein Gefecht allein durch seine Pose erzwingen.

Matt wollte etwas sagen, aber die letzten Wochen hatten ihn gelehrt, dass es für ihn stets besser war zu schweigen. Und so blieb er stumm.

Es dauerte eine Weile. Dann endlich sah Ward auf, runzelte die Stirn, als ihm die veränderte Lage bewusst wurde, und wies Sir Harold darauf hin.

Mehr Befehle. Matt und seine Kameraden holten das Segel dichter, Stückchen für Stückchen, gegen einen zornigen Wind, der ihnen alles aus den tauben Fingern reißen wollte.

Als das Tau endlich gespannt war, zitterten Matt die Muskeln am ganzen Leib, und er sank in die Hocke, setzte sich auf das nasse Deck.

»Das hier ist ein Kriegsschiff«, spöttelte George. »Keine kleine Schaluppe. Da braucht man echte Kerle.«

Matt winkte ab.

»Der Wind bläst überall gleich.«

Für mehr Spott hatte auch George keinen Atem mehr, und so schwiegen sie.

Was auch immer Sir Harolds Plan war, der eigensinnige Wind hatte ihre Lage noch prekärer gemacht. Zwar fiel das kleinere Schiff weiter ab, aber die französische Fregatte kam mit den neuen Bedingungen sichtlich besser zurecht. Ihr Kapitän wusste, was er tat. Kein gutes Omen, sollte es zu einem Kampf kommen.

Matts Blick wanderte zwischen Verfolgern und Küste hin und her. Noch hatten sie genügend Vorsprung, um das Land zu erreichen, bevor die Fregatte sie einholen würde. In seinem Kopf zuckten Zahlen umher, Berechnungen von Geschwindigkeiten und Abstand. Und auch wenn alles nur geschätzt war – sein Instinkt sagte ihm, dass es nicht gut stand und jede Minute schlechter wurde.

Dann kam Albington schwankend die Treppe hoch. Als er Matt sah, nickte er ihm zu, ging jedoch zum Kapitän hinüber.

Auch wenn er gern auf den feuchten Planken sitzen geblieben wäre, stand Matt schwerfällig auf und trat so unauffällig wie möglich einige Schritte näher heran.

»Sie haben mich rufen lassen, Sir?«, hörte er den Schiffsarzt sagen.

»Ah, Doktor. Ich wollte Sie nur darauf hinweisen, dass wir wohl in absehbarer Zeit unter Beschuss geraten werden.«

Albingtons Gesicht wurde bleich, aber seine Stimme war überraschend fest, als er antwortete: »Ich verstehe, Sir.«

»Keine Sorge! Bei dem Seegang sind Treffer nicht sehr wahrscheinlich, aber wir sollten für alles gewappnet sein, meinen Sie nicht?«

»Natürlich, Sir Harold. Ich werde das Lazarett vorbereiten. Wann, ähm, kann ich damit rechnen?«

Sir Harold warf einen Blick über die Schulter, dann wiegte er den Kopf hin und her, winkte Albington mit einer Handbewegung näher. Die nächsten Worte waren für Matt gerade noch zu hören.

»Mit ein wenig Glück gar nicht. Wir werden versuchen, sie in der Nähe der Küste abzuhängen. Dort gibt es zahlreiche Untiefen und Inseln und dergleichen. Ich setze darauf, dass unsere Karten besser sind als ihre.«

»Verstehe«, erwiderte Albington verschwörerisch, sah dann zu Matt hinüber. »Können Sie meinen Gehilfen entbehren?«

»Was?«

»Der Amerikaner«, soufflierte Ward.

Eine Äußerung, die Matt finster lächeln ließ. *Ah, jetzt bin ich also Amerikaner und kein Engländer, der zum Kriegsdienst verpflichtet ist!*

»Natürlich, natürlich. Was immer Sie benötigen, Doktor.«

Albington hob die Hand in einer unbeholfenen Imitation eines Saluts an die Stirn, dann winkte er Matt zu sich heran.

»Du Glückspilz«, knurrte George, der zu ihm getreten war, lachte dann aber auf. »Na, zumindest, bis das Blut fließt!«

Matt zwinkerte ihm zu und gesellte sich dann zu Albington, der ihm kurz erklärte, was er ohnehin schon wusste, und ihn dann unter Deck führte.

In den Mienen der Seeleute konnte Matt lesen, dass sie die Implikationen verstanden. Der Doktor, vom Kapitän zu einem kurzen, wichtigen Gespräch gerufen, holte anschließend seinen Assistenten zu sich. Aber da war überraschend wenig Angst vor einer drohenden Seeschlacht. Ein wenig Sorge hier und da, ansonsten grimmige Entschlossenheit – die Matt keinesfalls empfand. Das war wohl der Vorteil, sich der mächtigsten Marine der Welt zugehörig zu fühlen.

Unter Deck wischte sich Albington einige Tropfen von der Stirn.

»Was für ein Sauwetter«, beschwerte er sich.

Matt hob die Schultern. Er hatte schon deutlich Schlimmeres erlebt.

»Wir trennen am Bug den Bereich mit dem Segeltuch ab«, wies der Schiffsarzt ihn an. »Er sollte groß genug für die Arbeit und für einige Hängematten sein.«

Und das taten sie – oder vielmehr Matt, während Albington sein Chirurgenbesteck durchging und alles für Operationen vorbereitete. Das Segeltuch würde kaum mehr als einen Sichtschutz darstellen, aber hoffentlich einen Teil des Pulverqualms fernhalten, sollte die *Ephyra* feuern.

Danach holte Matt Eimer mit Sand und Süßwasser, während Albington Tücher stapelte. Der Seegang machte es nicht einfach, sie sicher zu verstauen, aber während eines Gefechts wollte er so wenig wie möglich hin und her rennen müssen.

Das Schlimmste war das Warten. Nach der kurzen Hektik, um alles vorzubereiten, blieb nun nur noch, zusammen zu sitzen und sich in Geduld zu üben.

»Haben Sie schon einmal ein Gefecht erlebt, Matt?«

»Nein. Sie?«

»Auch nicht.«

Wieder langes Schweigen.

Als Albington zum dritten Mal seine Werkzeuge genau positionierte, versuchte Matt, allein an den Bewegungen und Geräuschen der *Ephyra* zu erkennen, was draußen vor sich ging. Doch er konnte nur eines feststellen: Seit der Wind gedreht hatte, blieb ihr Kurs größtenteils gleich.

»Es tut mir leid, dass wir noch nicht so viel Zeit hatten, als dass ich Ihnen mehr hätte beibringen können«, sagte Albington nach einer Weile.

Matt winkte ab.

»Es war mehr als genug, Doc. Wenn Sie so gut schnippeln, wie Sie reden, wird das ein Kinderspiel.«

Albington lächelte schwach, öffnete den Mund, als wolle er etwas sagen, schloss ihn dann aber wieder. In Matts Kopf kreisten die Gedanken, aber keiner davon hatte genug Gestalt, um ihn auszusprechen.

Minuten zogen sich zu einer Stunde, dann zwei.

»Wollen Sie einmal an Deck gehen und mir berichten, wie es steht?«, bat Albington schließlich.

Matt nickte dankbar. Es war besser, hier unten im Warmen zu hocken, als an Deck zu sein; aber die Ungewissheit fraß sich immer mehr in sein Hirn hinein.

»Aye, aye, Sir. Erstatte dann Bericht«, bestätigte er übertrieben, was sie beide lachen ließ; dann eilte er nach achtern.

Das Erste, was ihm auffiel, waren die dunklen Wolken über ihnen, die tief hingen und nichts Gutes verhießen. Dann sprang er in die Wanten und hielt sich mit der Linken fest, während er sich über die Reling lehnte.

Der kalte Wind pfiff ihm ins Gesicht, sprühte ihm kühles Seewasser in die Augen. Trotzdem konnte Matt die französische Fregatte hinter ihnen erkennen. *Nah, viel zu nah.* Sie hatte gut Distanz wettgemacht, und Matt konnte sogar die Seeleute sehen, die auf dem Vorderdeck umherliefen. Keine Viertelmeile mehr, so schätzte er.

Aber ein Blick vorbei am Bug zeigte, dass die Küste auch schon nah war. Hohe Klippen, an denen sich die Wellen brachen, Felsen, die aus dem grauen Meer ragten, und kleinere Inseln. Ein veritables, wildes Labyrinth.

Matt nickte anerkennend. Falls sich der Kapitän hier besser als ihre Verfolger auskannte, standen ihre Chancen, den Franzosen zu entkommen, vielleicht doch nicht so schlecht.

Dann donnerte es hinter ihnen. Zuerst glaubte Matt, dass sich das Unwetter entlud, aber als er sich umdrehte, sah er, wie weißer Qualm von der französischen Fregatte wehte.

Ein sondierender Schuss, dessen Einschlag so weit entfernt war, dass Matt ihn zunächst nicht bemerkt hatte. Aber es bedeutete eines: Das Gefecht hatte begonnen.

Schnell hastete Matt nach unten, um den Schiffsarzt zu informieren. Albington nahm die Neuigkeiten gefasst auf; vermutlich hatte er die Kanone gehört und daraus schon die richtigen Schlüsse gezogen.

»Am besten bleiben Sie an Deck, Matt. Sollten wir getroffen

werden, organisieren Sie, dass die Verwundeten zu mir gebracht werden.«

»Aye, aye, Sir.«

Diesmal war seine Bestätigung ernst gemeint. Zunächst gönnte er sich noch einige Minuten in der Wärme, dann lief er zurück. Und kam gerade rechtzeitig, um Sir Harolds neue Befehle mitzuhören. Schnell trat Matt zur Seite und ließ seinen Kameraden Platz, die über das Deck eilten, um die *Ephyra* in eine Halse zu werfen. Das Schauspiel der eingespielten Besatzung war durchaus beeindruckend, wie Matt zugestehen musste … oder vielmehr konnte, da er jetzt nicht mehr Teil davon war.

Segel wurden eingeholt, andere gesetzt, Rahen drehten sich, und die Matrosen waren vom Deck bis hoch oben in der Takelage in voller Aktion: ein kompliziertes Ballett.

Die Küste, die bislang grob voraus lag, wanderte nach Backbord, wo sich nun auch die französische Fregatte befand. Und die jetzt noch schneller aufholte.

Denn auch wenn die Segel gebläht und die Taue fest gespannt blieben – das Manöver hatte die *Ephyra* Geschwindigkeit gekostet. Angespannt wartete Matt darauf, dass der Kapitän gleich den Befehl gab, die Kanonen auszufahren. Das jedoch tat Sir Harold nicht; vielmehr ließ er den Großteil der Besatzung auf Deck. Noch immer verfolgte er den Plan zu fliehen, anstatt zu kämpfen.

Die französische Fregatte manövrierte auch, nahm einen Parallelkurs ein, versetzt hinter der *Ephyra*. Damit hatte sie den Windvorteil. Sie war allerdings noch nicht nah genug heran, um das Gefecht zu erzwingen.

Matt sprang abermals in die Wanten, sah den Horizont ab

und entdeckte das kleinere Begleitschiff in beachtlicher Entfernung, aber es war nicht so weit weg, dass es im Falle eines Kampfes keine Rolle spielen würde. Obwohl er sich noch immer nicht dieser Schiffsgemeinschaft zugehörig fühlte, schrie alles in ihm, sich dem Feind zu stellen.

Ein schnelles Manöver würde genügen! Die *Ephyra* könnte die Fregatte dann angehen und mit nur etwas Glück ein, zwei Salven feuern, bevor die Franzosen in der Lage waren, sie zu erwidern. Die beiden Schiffe waren ebenbürtig, und ein schneller Sieg würde den kleineren Verfolger es sich zweimal überlegen lassen, ob er sich wirklich mit der *Ephyra* anlegen wollte.

Doch Sir Harold hielt an seinem einmal gefassten Plan fest. Sollte die französische Fregatte auch bei rauem Wind schneller als sie sein, dann dürften sie den Moment für einen Überraschungsangriff bald verpasst haben.

Der Kapitän ließ die Fregatte jetzt relativ nahe an der Küste entlangfahren, so nah, dass Matt erkennen konnte, wie sich Menschen auf einer der Klippen bewegten. Für sie war das Drama weit weg: eine Jagd auf Leben und Tod, die ihnen ein schauriges Schauspiel bot.

Voraus erblickte Matt eine kleine Bucht mit einem sandigen Strand, wo die wütenden Wellen fast bis zu der Linie von Bäumen dahinter rollten. Zwei-, dreihundert Yards mochten es sein. *Ein Sprung nur, dann durch die aufgewühlte See schwimmen!* Ein Teil von ihm machte sich bereit. Besser sein Schicksal Poseidons Gnaden anzuvertrauen, als sich mit Briten in die Schlacht zu stürzen.

Aber etwas hielt ihn zurück. Albington, der unten auf ihn wartete und wohl zum hundertsten Male sein Besteck ordnete. George auf dem Achterdeck, der mit wehenden Locken zu ihren Verfolgern sah. Und so sehr sich Matt auch die Freiheit wünschte, mit einem Mal konnte er diese Männer nicht im Stich lassen.

Vorsichtig stieg er herab, drehte sich um – und fand sich Peter gegenüber.

»Hab ich dich!«

Matt blinzelte.

»Deserteur!«, brüllte der Marinesoldat, und für einen Moment dachte Matt, dass er jemand anderen gesehen hatte. Doch dann packte er Matts Arm.

Sofort wand sich Matt aus dem Griff. Peter hob die Faust, Matt riss die Arme hoch und blockte den Schlag ab. Unter dem nächsten duckte er sich weg, dann sprang er vor und grub Peter die Schulter in den Unterleib. Gemeinsam stolperten sie über das Deck, und Matt bekam den Kopf des Soldaten zu packen, schlug ihn mit aller Kraft gegen die Reling.

Dann stürzten sie zu Boden, überschlugen sich in einem Knäuel von Gliedmaßen. Matt kroch auf allen vieren richtete sich auf, während Peter halb betäubt auf dem Boden liegen blieb.

Plötzlich wurde Matt gepackt und hochgerissen. Zwei weitere Marinesoldaten. Er wand sich, zog einen Arm fort; doch dann bekam er einen Schlag in die Magengrube, der alle Luft aus seiner Lunge trieb und ihn zusammenklappen ließ.

»Was geht da vor?«

Die Stimme des Kapitäns, Wut hinter eisiger Beherrschung.

»Ein Deserteur!«, antwortete Peter mit undeutlicher Stimme und kam mithilfe eines Kameraden unsicher auf die Beine.

»Lüge!«, schrie Matt. »Ich …«

»Ich habe ihn erwischt, wie er über Bord springen wollte«,

fiel ihm Peter ins Wort und legte so viel Entrüstung in die Unwahrheit, dass es Matt den Atem verschlug.

»Wir kümmern uns später um ihn«, befand Sir Harold und wandte sich sogleich wieder ab. »Schlagt ihn in Eisen. Wir haben anderes zu tun.«

Peter sah Matt mit einem blutigen Grinsen an und spie roten Speichel auf die Planken.

»Dafür hängst du«, erklärte er sichtlich zufrieden. »Baumelst vorn am Mast!«

KAPITEL 9

Ägäis, September 1793

»Lasst mich los!«

Aber die drei Marinesoldaten ließen sich von seinem Protest nicht beeindrucken. Schläge prasselten auf ihn ein, bis er nachgab. Je mehr er sich wehrte, desto brutaler wurden sie. Dann schleppten sie ihn hinunter zum Bordlazarett.

»He, Schiffsarzt!«

Peters Stimme triefte vor Genugtuung.

Albington kam zwischen den Tüchern hervor.

»Was geht hier vor?«

»Ihre kleine Wanze hier wollte sich davonmachen.« Peter machte eine auffordernde Geste, und seine beiden Spießgesellen hoben Matt, bis er auf Zehenspitzen stand, dann verpasste ihm Peter einen Schlag in den Bauch.

»Hören Sie auf damit!«, befahl Albington mit zittriger Stimme, was Peter nur lachen ließ.

Matt rang um Luft.

»Machen Sie sich keine Mühe, Doc. Der Käpt'n hat's gesehen. Der hier wird schon bald strampeln.«

Die Soldaten ließen ihn los, und Matt fiel keuchend auf die Knie.

»Stimmt das, Matt?«

Er brachte nicht mehr zustande, als den Schiffsarzt anzusehen und erschöpft den Kopf zu schütteln.

Albington richtete sich zur vollen Größe auf.

»Mir sind Ihre Anschuldigungen egal, Soldat. Sie werden

Ihren Gefangenen ordentlich behandeln, sonst werde ich mich bei Sir Harold über Sie beschweren. Ist das klar?«

Peter stand lässig vor Albington und grinste nur breit.

»Ich fragte, ob das klar ist.«

»Aye, Doc.« Er sah über die Schulter zu Matt und zwinkerte ihm zu. »Alles klar.«

»Wenn ich nur einen falschen Ton höre …«, fuhr Albington bedrohlich fort, aber Matt hob beschwichtigend die Hand.

Es gab keinen Grund für den Schiffsarzt, sich für ihn einzusetzen. Sein Schicksal war besiegelt. Peter hatte recht: Dafür würde der Kapitän ihn hängen lassen. Als abschreckendes Beispiel für alle anderen. Damit sie auf der *Ephyra* noch lange flüstern konnten, was mit dem letzten Gepressten passiert war, der fliehen wollte.

Langsam stand er auf, die Hände vor der Brust erhoben.

»So ist es brav«, quittierte Peter das Erlöschen seines Widerstandes. Dann packte er ihn grob und führte ihn hinab in den Laderaum unter dem Geschützdeck. Dort zerrte er ihn an Fässern, Ballen und Kisten vorbei ins Dämmerlicht des Bugs, wo es einen kleinen Verschlag gab.

Die drei Rotröcke stießen ihn hinein. Das winzige Kabuff war weniger geeignet, um jemanden dauerhaft einzusperren, mehr für eine kurze Unterbringung. In der Royal Navy folgte die Strafe dem Vergehen in der Regel nach sehr kurzer Zeit.

»Vielleicht solltest du beten, dass uns die Froschfresser erwischen«, schlug Peter mit einem breiten Lächeln vor.

»Nur dich«, erwiderte Matt, aber es waren hohle Worte, und sie ließen den Soldaten nur laut auflachen.

»Das würde dir passen, was?«

Bevor Matt antworten konnte, spürte er eine Veränderung.

Nur ein Gefühl, doch es wurde schon im nächsten Augenblick zur Gewissheit.

»Der Wind dreht«, stieß er hervor, dann sah er zu den Marinesoldaten auf. »Der Wind, er dreht. Auflandig.«

Peter zuckte mit den Schultern.

»Ihr müsst dem Kapitän Bescheid geben. Wenn die Franzosen zu nah sind ...«

Der Stiefel traf in mitten in der Brust, riss ihm die Worte aus dem Mund.

»Halt dein Maul!«

Matt krümmte sich am Boden, die Arme um den Leib geschlungen. Trotz der Schmerzen sah er auf.

»Meldet es«, bat er eindringlich.

Peter schüttelte den Kopf, doch seine Begleiter wirkten weniger sicher.

»Ihr müsst ...«, begann Matt fortzufahren.

Peter schlug im selben Moment die Tür zu und verriegelte sie.

Matt kroch im Dunkeln vor und hieb gegen das Holz.

»Sie haben uns in der Falle!«

Doch die Schritte entfernten sich gnadenlos, und Matt blieb allein zurück. Vom Gefängnis des Schiffes in ein echtes Gefängnis, das so niedrig war, dass er darin nicht stehen konnte.

Um ihn herum arbeitete das Holz, ächzte. Hoch über ihm der Lärm, frenetisch jetzt, fernes Gebrüll, dann Donner – Kanonendonner!

Mit dem richtigen Wind hätten sie den Franzosen vielleicht entkommen können, aber jetzt kam er von See, trieb ihr Gefährt auf die Küste zu. Für die *Ephyra* wäre die Situation schon ohne Feinde gefährlich gewesen, so nah an der Küste bei so starkem, unvorhersehbarem Wind; doch in Verbindung mit dem Angriff des gegnerischen Kriegsschiffs war ihre Lage geradezu aussichtslos.

Matt spürte, wie ihre Fregatte sich gegen die Macht der Elemente stemmte, sich langsam drehte, hart am Wind. So konnte sie sich weg von der Küste arbeiten, von den hohen Klippen, die selbst für die mächtigsten Schiffe das Ende bedeuteten.

Ein lautes Krachen über ihm, als würde die Hölle selbst über die Erde hereinbrechen. Berstendes Holz, Schreie voller Qual und Angst. Die *Ephyra* stöhnte und legte sich zur Seite, dann kam erneut der Donner von Kanonen.

Es war, wie er befürchtet hatte: Die französische Fregatte hatte sie zwischen sich und der Küste gefangen!

Mit einem Mal ein dumpfer Schlag gegen die Tür. Matt zuckte in der Dunkelheit herum. Ein schmaler Lichtstreifen, dann mehr. Eine Gestalt, tief gebückt im Rahmen der Tür, und das Licht einer Lampe.

»Matt?«

»Doc.«

Beinahe hätte Matt vor Erleichterung geschluchzt.

»Kommen Sie schnell raus.«

Das musste man ihm nicht zweimal sagen. Matt kroch aus dem Verschlag, und der Schiffsarzt half ihm auf die Füße. Noch immer schmerzte sein ganzer Leib von den Prügeln, aber er konnte sich aufrichten.

»Ich muss augenblicklich zurück. Es gibt Verwundete, Matt ...«

Wie zur Antwort schlugen weitere Geschosse berstend in das Schiff ein, verschluckten Albingtons weitere Worte. Der Lärm der Kanonen folgte ihnen.

»Danke, Doc.«

»Verschwinden Sie! Solange Sie noch können.«

Albington drehte sich um und rannte zurück zum Aufgang. Matt folgte ihm langsamer. Er musste nachdenken, bevor er etwas unternahm. Sie durften ihn nicht entdecken, denn in dem Fall ginge es nicht nur ihm, sondern auch Albington an den Kragen. Er spürte, wie sein Herz raste und das Blut in seinen Schläfen pulsierte, seine Finger fühlten sich taub an. Eine schier übermenschliche Aufgabe lag vor ihm: Er musste es nicht nur heimlich von Bord schaffen, sondern auch noch bis an Land schwimmen. Durch die wild schäumende See, und obendrein noch in einem Gefecht!

Die *Ephyra* bäumte sich auf, und Matt schluckte unwillkürlich. Alles an den Bewegungen der Fregatte war falsch. So träge und doch unruhig. Vorsichtig arbeitete er sich weiter vor, schlich von Schatten zu Schatten, spähte den Aufgang hoch, den Albington benutzt hatte.

Nackte Füße klatschten oben auf Holz. Schreie, Rufe, Befehle. Langsam stieg er hoch, streckte vorsichtig den Kopf empor.

Einige Dutzend Seeleute machten sich an den Steuerbordgeschützen zu schaffen. Es waren jedoch viel zu wenige. Die Geschützklappen wurden geöffnet und unter lauten Rufen die tonnenschweren Kanonen ausgefahren.

»Feuer frei!«

Es war keine Salve, nicht einmal eine rollende Serie, sondern ein abgehacktes Donnern voller Lücken. Kanonen flogen nach hinten, zerrten an den Tauen, die sie gefangen hielten. Männer sprangen zur Seite, machten sich gleich eifrig wieder an die Arbeit. Dichte Rauchschwaden durchzogen das Geschützdeck. Es galt nun, rasch die Rohre zu reinigen, damit sich das neue Pulver nicht an glühenden Resten entzünden konnte.

Matt nutzte die Gelegenheit, stieg hoch und schlich vorsichtig zum nächsten Aufgang, wobei er darauf achtete, sich stets im dichten Nebelrauch der Kanonen zu bewegen und den Männern nicht zu nahe zu kommen. Doch er hätte sich die Mühe nicht machen müssen. Alle waren ausschließlich auf ihre Arbeit konzentriert und hatten für nichts anderes einen Blick.

Zwischen ihm und der Freiheit lagen jetzt nur noch ein Aufgang, einige Fuß Deck und ein Sprung über die Reling.

Mit einem Mal ging die Welt unter. Holz barst mit ohrenbetäubendem Dröhnen, und die *Ephyra* sprang regelrecht hoch. Eine Kanone wurde aus ihrer Verankerung gerissen, schlug quer durch das Geschützdeck und zermalmte auf ihrem Weg ein halbes Dutzend Männer. Wasser spritzte durch ein neues Loch in der Bordwand, so groß, dass man den Kopf hätte hindurchstrecken können. Pures Chaos, Schreie. Der Anblick zerfetzter Gliedmaßen, weit aufgerissener Münder. Matt wandte sich ab.

Als er nach oben rannte, troff ihm warme Flüssigkeit auf die Hand – Blut. Er wischte es instinktiv ab und ging vorsichtig so weit hoch, dass er das Deck sehen konnte. Der Anblick ließ ihn innehalten. Die Treffer hatten es wortwörtlich in ein Schlachtfeld verwandelt. Taue hingen herab, Menschen lagen in unnatürlichen Körperhaltungen auf den Planken, hartes Holz war wie dünnes Papier zerfetzt worden.

»Ruhe an Deck!«, brüllte Sir Harold, und im nächsten Augenblick versuchten tatsächlich die meisten der Verletzten, ihre

Schmerzenslaute zu unterdrücken. Der Kapitän stand auf dem Achterdeck, seine Uniformjacke war an der Schulter aufgerissen, und sein Haar hing ihm in wilden Strähnen in die Stirn. Ein roter Faden lief seine Wange herab.

»Die Verwundeten nach unten. Kappt die Taue!«

Matt sah, was er meinte. Die Großuntermarsrah war aus ihrer Befestigung gerissen worden, und das Segel hing fast zur Gänze im Wasser, wurde nur noch von einigen Tauen gehalten. Und wirkte dabei wie ein Treibanker, der die *Ephyra* behinderte, sie zur Seite zwang, weg vom rettenden Kurs, zurück zu den Felsen.

Die unteren Segel wiesen alle Schäden auf, die Franzosen mussten mindestens eine Salve durch sie hindurchgeschossen haben. Matt schluckte. In einem normalen Gefecht wäre das lediglich hinderlich gewesen, denn eine Fregatte wie die *Ephyra* konnte eine Menge einstecken. Doch bei diesem Wind vor der Küste ... Sein Blick fiel auf das Land achteraus. Die Klippen erhoben sich höher als die Masten der Fregatte, die nicht nur gegen den Wind, sondern auch gegen die Wellen ankämpfte.

Es war an der Zeit zu verschwinden.

Er zog sich hoch, den Kopf gesenkt, sorgsam darauf bedacht, dass niemand sein Gesicht deutlich zu erkennen vermochte. Tauchte in das Getümmel der Leiber ein, die versuchten, das Schiff gefechtsbereit zu halten, die Verwundeten nach unten zu bringen, die Segel zu bedienen, die Geschütze zu laden. Zu besseren Zeiten hatte Matt sich gefragt, warum so viele Menschen auf diesem Schiff zusammengepfercht worden waren; jetzt verstand er es, als er sah, dass sie kaum genug Hände für alles Nötige hatten.

Gerade erreichte er die Reling – da bemerkte er, wie wenige

Yards von ihm entfernt zwei Matrosen mühsam einen Verwundeten schleppten. Dunkle Locken …

»George!«

Er sprang an ihre Seite und schaute entsetzt auf seinen Freund. Die nun blasse Haut voller Blut, eine furchtbare Wunde in seiner Seite, aufgerissene Haut, gespalten wie von einem Schwerthieb.

»George!«

Der Angesprochene hob schwach den Kopf, als er seinen Namen hörte, aber seine Augen blickten an Matt vorbei ins Nichts.

»Bringt ihn runter! Los! Los!«

Matt griff nach Georges Beinen und half mit, ihn unter Deck zu schaffen. Jemand brüllte, befahl allen, ihnen aus dem Weg zu gehen, und es dauerte einen Moment, bis Matt begriff, dass diese kaum menschlich klingende Stimme seine eigene war.

Doch sie zeigte Wirkung, und es gelang ihnen, George bis zum Bordlazarett zu bringen.

Dort sah es noch grausamer aus als an Deck. Kein Schlachtfeld – ein Schlachthaus. Dunkelroter Sand bedeckte den Boden; es war hier viel zu viel Blut geflossen, als dass er alles aufnehmen konnte. Albington hatte die Ärmel seines Hemdes hochgekrempelt, aber nicht nur seine Unterarme, sondern auch der weiße Stoff war bis zu den Schultern rot gefärbt. Überhaupt war alles rot.

Der Schiffsarzt sah nicht auf, als sie mit George auf ihn zugingen.

»Legt ihn dort ab.«

Er setzt eine Knochensäge an, direkt über dem Knie eines

Mannes, dessen Fuß nur noch eine zerquetsche Masse war. Als er zu sägen begann, heulte der Mann auf.

»Stehen Sie nicht rum, halten Sie ihn fest!«, blaffte Albington und riss Matt so aus seiner Starre. Er sprang vor, packte die Arme des Verwundeten und legte sich mit all seinem Gewicht halb auf dessen Oberkörper.

Immerhin überdeckten die Schreie fast das furchtbare Geräusch der Säge, als sie sich durch den Knochen fraß. Matt murmelte Beschwichtigungsformeln, redete auf den Mann ein, der wie ein wildes Tier seine Qual herausschrie. Er wusste nicht, was er sagte, es waren eh nur beruhigende Laute ohne wirkliche Bedeutung.

Kanonen donnerten erneut, die *Ephyra* erbebte ein weiteres Mal, der scharfe Geruch von Pulver wehte herein.

Dann erschlaffte der Verwundete, und sein Brüllen erstarb.

»Gott sei Dank«, hauchte Albington und legte die Säge weg. Er nahm eine Klinge in die Hand, durchtrennte die letzten Reste zusammenhängenden Fleischs am Schenkel und warf das amputierte Bein achtlos auf den Boden hinter sich. Mit schnellen, geschickten Fingern packte er die Hautlappen, die er übrig gelassen hatte, und vernähte sie mit einem groben Faden.

Erst dann sah er auf.

»Matt? Was tun Sie hier? Sie sollten doch …«

»George, Doc«, unterbrach Matt ihn und deutete auf seinen bewusstlosen Freund.

Über ihnen traf eine weitere Salve die geschundene Fregatte, und beide zuckten ob der titanischen Einschläge zusammen.

»Helfen Sie mir.«

Gemeinsam hievten sie George auf den Tisch, und Albington

schnitt ihm die Kleider vom Oberkörper. Die Wunde war tief, voller Holzsplitter, die wie Pflanzen wirkten, die aus dem rosa Fleisch wuchsen. Matt wurde übel, alle Wärme schien aus seinen Gliedmaßen zu weichen.

Man musste dem Doktor zugutehalten, dass er George genau untersuchte, bevor er sein Verdikt aussprach. »Matt, das hat keinen Sinn. Wir müssen ...«

»Helfen Sie ihm, Doc. Bitte.«

Albington wischte sich mit den Handrücken über die Stirn, verschmierte sie mit Blut.

»Matt ...«

Matt wollte ihn anschreien, am Kragen packen, schütteln, bis ihm etwas einfiel, um George zu retten. Doch er konnte den Mund nicht öffnen, nichts sagen, sich nicht einmal bewegen. Sein Herz wollte schier zu schlagen aufhören.

Blut pulsierte langsam aus der Wunde.

»Matt, andere, die überleben können, brauchen unsere Hilfe. Verstehen Sie?«

Langsam wachte Matt aus dem Albtraum auf. George lag immer noch leblos vor ihm. Dann nickte Matt. Sein Geist war taub. Er packte George unter den Armen und legte ihn so sanft auf dem Boden ab, wie er nur konnte. Dort würde sein Freund verbluten, mit jedem Herzschlag ein wenig mehr.

Die Geschütze der *Ephyra* hatten schon lange nicht mehr gefeuert. Aber ihr Feind ließ ihnen keine Ruhe. Kanonenkugeln donnerten in die Fregatte hinein, wieder und wieder, bis Matt glaubte, der entsetzliche Beschuss würde niemals enden. Plötzlich ein Moment der Stille. Und dann ein lautes Knarzen, der Peitschenschlag reißender Taue – und diesmal legte sich die *Ephyra* auf die Seite, ohne sich danach wieder aufzurichten.

KAPITEL 10

Ägäis, September 1793

Man musste kein erfahrener Seemann sein, um zu wissen, wie es um die Fregatte stand. Albingtons Augen waren geweitet, helle Flecken im blutroten Gesicht.

»Wir müssen hier raus, Doc!«

»Die Verwundeten ...«

Matt sah sich um. Mehr als ein Dutzend lag noch in Hängematten und auf dem Boden. Tiefe Wunden, rote Verbände, angsterfüllte Mienen.

Schnell trat er an den Schiffsarzt heran.

»Wer von denen hat die besten Chancen?«

»Ich ... ich ...«

»Zwei, Doc. Jetzt.«

Albington deutete auf zwei Männer. Einer hatte einen Verband um den Kopf, der andere um die Wade.

»Auf!«, befahl Matt und packte einen Arm, hob den Verwundeten hoch, stützte ihn an der Seite. Albington nahm den anderen.

»Raus hier, alle raus hier!«, schrie Matt und zog seinen Mann durch die zerfledderten Segeltuchbahnen. Dahinter war das Geschützdeck im Chaos versunken. Im dichten Rauch war kaum etwas deutlich zu sehen, aber Matt konnte erkennen, dass die Seitenlage der *Ephyra* die Geschütze an ihren Tauen zerren ließ und alles durcheinandergeworfen hatte – Eimer und Kugeln, Werkzeuge und Hängematten.

»Helft den Verwundeten«, rief Matt den wenigen Männern

zu, die sich auch einen Weg durch das Durcheinander bahnten. Ob sie ihm zuhörten, konnte er nicht sagen. Er war genug damit beschäftigt, auf dem schrägen Deck vorwärtszukommen und dabei den Verwundeten mitzuschleppen.

Das Auf und Ab der Wellen ließ die Kanonen wie betrunkene Seebären taumeln. Ein Tau riss, und Matt warf sich blitzschnell nach vorne, als das Geschütz von der Seite auf ihn zuraste. Die Lafette touchierte sein Bein, schleuderte ihn herum, und er ging zu Boden. Er schaffte es gerade noch, sich an irgendetwas festzuhalten, sodass er und der von ihm gehaltene Verletzte auf dem schrägen Untergrund nicht weiter hinabglitten und gegen die Bordwand prallten.

Ein Matrose in seiner Nähe hatte weniger Glück. Das Geschütz traf ihn mitten in der Brust und riss ihn mit sich. Er kreischte entsetzt auf, doch sein Schrei verstummte sogleich, als das tonnenschwere Metall ihn an der Bordwand zerquetschte.

»Hier.«

Albington hielt ihm eine Hand hin, die Matt dankbar ergriff. Er zog sich hoch, nahm den Verwundeten auf die Schulter und stapfte weiter. Mit vereinten Kräften hievten sie die Verletzten den Aufstieg hoch.

»He! Hilfe!«, schrie Matt, und einige auf dem Deck kamen tatsächlich zu ihnen gerannt und nahmen ihnen ihre Last ab. Niemand scherte sich darum, wer er war; jetzt ging es für alle nur um das reine Überleben.

»Unten sind noch mehr«, brachte er keuchend hervor.

Die *Ephyra* hob und senkte sich mit der wilden Brandung. Die Marsstenge des Kreuzmasts war abgebrochen und mit der halben Takelage über Bord gegangen. War das Segel vom Großmast schon wie ein Treibanker gewesen – diese Trümmer zogen die *Ephyra* unaufhaltsam in den Untergang.

Es schien, dass die Befehlshaber der französischen Fregatte dies auch wussten, denn anstatt das waidwunde Schiff weiter unter Feuer zu nehmen, hatten die Feinde sich zurückgezogen und betrachteten nun aus sicherer Entfernung den letzten Akt, als seien sie nur Zuschauer und nicht Beteiligte dieses Dramas.

Matt fluchte.

Einige versuchten noch, das Schiff zu retten, aber er wusste, dass es vergeblich war. Selbst unter vollen Segeln wäre es ein schwieriges Unterfangen gewesen, von der gefährlichen Küste wegzukommen, und mit ihren riesigen Schäden war die *Ephyra* unabwendbar dem Untergang geweiht.

»Wir müssen von Bord, Doc. Das Schiff zerschellt an den Klippen, und dann reißt es uns alle mit ins Verderben.«

Albington nickte grimmig, dann riss er die Augen auf.

»Meine Bücher!«

»Vergessen Sie Ihre Bücher! Es geht ums nackte Überleben!«

Es gab keine Boote mehr. Ob sie im Gefecht zerstört oder von der rauen See fortgerissen worden waren, konnte Matt nicht sagen. Wasser leckte über das Deck, umspülte seine nackten Füße.

»Verdammt!«

Hektisch sah er sich um.

»Warten Sie genau hier, Doc.«

»Warten? Worauf?«

Doch Matt gab darauf keine Antwort, sondern rannte los. Er hastete den Abstieg nach unten, der inzwischen so schräg war, dass Matt sich an der Wand entlanghangeln musste. Unten im Chaos suchte er nach etwas, irgendetwas, das sie retten konnte.

Er erblickte ein Enterbeil, ergriff es und steckte es sich in den Hosenbund.

Dann sah er ein Fässchen, das zwischen den Trümmern hin und her rollte. Hastig sprang er zu ihm, hob es hoch. Kaum gefüllt. Das musste genügen.

Er kämpfte sich den Weg zurück an Deck. Albington hielt sich an einem Tau fest, wirkte wie ein höchst unglücklicher Seevogel, der in einen Eimer roter Farbe gefallen war.

»Doc, nehmen Sie das, und springen Sie damit ins Wasser. Was auch passiert, lassen Sie es nicht los, ja?«

Matt hob ein abgerissenes, längeres Stück Tau auf, mit dem er das Fässchen, so gut es ging, an Albingtons Leib band. Dann legte er dem Arzt die Hand auf die Schulter.

»Viel Glück.«

»Was ist mit Ihnen?«

»Ich komme schon nach, Doc«, antwortete er mit mehr Zuversicht, als er tatsächlich empfand. Dann gab er dem Schiffsarzt einen kleinen, freundschaftlichen Stoß und sah zu, wie Albington in das aufgewühlte Wasser fiel. Einen langen Moment verschwand er – schon befürchtete Matt das Schlimmste –, dann tauchte sein Schopf über den Wellen auf.

Sofort wandte Matt sich ab und rannte die Treppe zum Achterdeck hoch.

Die *Ephyra* hatte sich quer gelegt, vom Segel ins Wasser gezogen, und die wütende See schlug gegen ihren wunden Leib, trieb sie mit jeder Welle ihrem Schicksal entgegen.

Das Achterdeck war halb unter den Trümmern des Mastes begraben. Seile spannten sich quer hin und her, die Planken waren gesplittert, Segeltuch war mit Tau zu einem undurchdringlichen Gewirr verschmolzen.

Dennoch kämpfte Matt sich weiter. Bis er eine Gestalt sah. In einem roten Uniformrock, halb begraben unter den Überresten einer Rah.

»Hilfe …«

Ein schwacher, atemloser Ruf. Obwohl die See toste und nach ihrer Beute heulte, obwohl die *Ephyra* in ihrem Todeskampf voller Qual schrie, wurde es einen Moment lang ganz still um Matt herum.

Peter.

Der Blick des Gestürzten fand Matt. Und aus der Hoffnung in seiner Miene wurde Angst. Langsam ging Matt zu ihm und kniete sich neben ihm nieder.

»Du … musst mir … helfen!«

Keine Bitte, ein Befehl.

Matt wurde noch kälter, als ihm ohnehin war. Er blickte sich um. Niemand war in der Nähe, konnte sie sehen. Er zog das Enterbeil aus dem Hosenbund. Peters Augen weiteten sich voller Entsetzen.

»Nein … nicht.«

Mit einem schnellen Schlag durchtrennte Matt Tau und Segeltuch, dann packte er die Rah und schob sie zur Seite.

»Ohne mich wärst du tot«, zischte er, bevor er aufstand und sich abwandte. Seine Hände zitterten. Einen Herzschlag lang nur hatte er dem Mann den Schädel spalten wollen. Einen Herzschlag lang nur, doch es hatte sich wie eine Ewigkeit angefühlt.

In den Trümmern suchte er nach etwas, das ihn retten konnte, und fand ein großes Stück des Mastes, das wie explodiert aussah. Mit kräftigen Hieben löste er es ab, zog es bis zur Reling hinter sich her und warf es ins Wasser.

»Verdammter Amerikaner«, fluchte Peter hinter ihm. Matt wirbelte herum, das Beil gehoben, doch der Marinesoldat lief bereits weg, eilte die Treppe hinunter und verschwand.

Mit einem letzten Blick auf das zerstörte Schiff warf Matt das Beil weg und sprang vom Achterdeck. Kaltes Wasser schlug über seinem Kopf zusammen, und er wurde herumgewirbelt, prallte schmerzhaft gegen harte Trümmerteile, wusste panische Momente lang nicht, wo oben und unten war, bis er Licht sah und mit kräftigen Zügen auftauchte.

Das Stück vom Mast trieb nur wenige Fuß entfernt auf den Wellen, und Matt schwamm zu ihm, schob seinen Oberkörper darüber und begann, mit kräftigen Beinstößen Abstand von der *Ephyra* zu gewinnen.

Es war sinnlos, gegen die See selbst ankämpfen zu wollen, aber es genügte, nicht in den Sog zu geraten, der die Fregatte in die Tiefe ziehen würde.

Überall sprangen Seeleute von Bord, während einige wenige immer noch versuchten, das Schiff zu retten. Matt konnte bei diesem Anblick kaum atmen.

Dann prallte die *Ephyra* gegen einen großen Felsen, der aus dem Wasser ragte. Und zerbrach. Die Masten erbebten, schüttelten schreiende Matrosen von sich, als wären sie lästiges Ungeziefer. Wieder und wieder drückten die Wellen das Schiff gegen den Fels, bis es sich löste, zur Seite umkippte und drehend gegen Stein schlug.

Lange noch blieb der Rumpf der *Ephyra* an der Wasseroberfläche. Unterdessen trieb die Strömung Matt davon, und er musste mit aller Kraft um sein eigenes Überleben kämpfen, sodass er die letzte Fahrt der Fregatte nicht beobachten konnte.

Kapitel 11

Ägäis, September 1793

Wellen schwappten über seinen Kopf, zerrten an seiner Kleidung, wollten ihn vom rettenden Holz reißen. Das Meer brüllte nahe den Klippen noch lauter, war wie ein furchterregendes Raubtier, das ihn verschlingen wollte.

Immer waren da Trümmerstücke im Wasser, die schmerzhaft gegen seinen Leib schlugen. Mühsam strampelte Matt gegen die Macht des Meeres an, versuchte, Abstand von den todbringenden Felsen zu gewinnen, die über ihm aufragten.

Doch so sehr er sich auch anstrengte, der Wind trieb die Wellen und ihn immer wieder auf die Küste zu. Wasser schwappte ihm ins Gesicht, in den aufgerissenen Mund hinein, und der Salzgeschmack ließ ihn würgen. Bevor er Luft schnappen konnte, drückte ihn eine große Welle hinab, und er wurde unter Wasser herumgewirbelt – und das Holz entglitt seinen Fingern!

Etwas traf ihn am Kopf, dann prallte sein Körper gegen rauen Felsen, der ihm die Haut aufschnitt. Seine Brust verkrampfte sich, seine Lunge schrie nach Luft, doch er wurde umhergewirbelt wie ein loses Blatt im Wind.

Gegen diese Mächte war für einen sterblichen Leib kein Ankommen. Der Schmerz war nicht mehr auszuhalten. Er musste atmen, musste den Mund aufreißen, egal, wie sehr ihm ein letzter Teil seines Geistes warnte, dass es sein Tod sein würde. Der Gier nach Luft war alles egal.

Sein Kopf brach durch die Wellen. Instinktiv saugte er Luft in die Lunge, hastig, hustend, Wasser spuckend. Wieder ein

Aufprall. Diesmal krallten sich seine Finger in den porösen Stein, und für einen wunderbaren Moment sank das Meer unter ihm weg, und er entkam der Macht der Wellen.

Er wollte sich auf den Felsen hochziehen, doch seine Muskeln versagten ihm den Dienst. Da war keine Kraft mehr, die auf seinen Kopf hören konnte, nur bleierne Erschöpfung, so schwer und tief, dass ihm seine Gliedmaßen weit weg erschienen, einem anderen Menschen zugehörig.

Wasser umspülte ihn, sog an seiner Kleidung, seiner Haut, umarmte ihn wie eine Geliebte. Zu stark war ihr Verlangen, als dass seine schwachen Finger sich ihr hätten widersetzen können, und so riss sie ihn wieder mit sich, fort vom Felsen, von der schrecklich kurzen Sicherheit, und zurück in den Tumult des grauen Meeres.

Diesmal kämpfte er nicht mehr dagegen an. Die Taubheit kroch aus seinen Muskeln in seinen Geist, und seine Gedanken wanderten fort von hier, von diesem Grauen, das sein Ende sein musste.

Zurück nach Boston, zu dem Hafen, wo er einst sehnsüchtig auf die großen Schiffe mit ihren hohen Masten geschaut hatte, die von hier aus die ganze Welt bereisten. Wo er den Geschichten der alten Matrosen gelauscht hatte, die von ihren gewaltigen Fahrten berichteten – die den Walen bis hoch in den Norden gefolgt waren, wo das Eis sich zu Bergen auftürmte, oder den Ozean überquert und in exotischen Orten wie Liverpool oder Marseille geankert hatten.

Aus den Worten war eine Sehnsucht gewachsen, die Boston nicht mehr hatte stillen können. Die ihn auf die Planken der Schiffe geführt hatte – und schließlich hierher, in sein wässriges Grab.

Immer wieder kam sein Kopf für einige Momente über Wasser, gerade lange genug, dass er einen Atemzug nehmen konnte, bevor die See ihn wieder verschlang.

So trieb er die Küste entlang, von Strömungen gepackt, von Wellen geschleudert, Spielball der Elemente.

Bis ihn Hände packten.

Er fühlte sich gezogen und fragte sich, ob das die Engel waren, die ihn ins Himmelreich geleiten wollten – oder doch Teufel aus der Hölle? Aus dem Wüten der See wurde ein sanfteres Auf und Ab, wie eine Wiege fast. Dann rauer Sand unter seiner Haut, und sein Körper, der so lange wie schwerelos im Wasser dahingetrieben war, wurde wieder schwer. Zu schwer.

Er hatte das Gefühl, unter einer großen Last zu sein, die Luft selbst schien ihn niederzudrücken. Mit Mühe gelang es ihm, ein Auge zu öffnen.

»Nur der Amerikaner«, befand eine unbekannte Stimme zu seiner Rechten. Jemand, der offenbar ein wenig entfernt war, rief etwas, aber Matt konnte keine Worte ausmachen.

Dann erschien Albingtons Gesicht über ihm.

»Matt? Matt, verstehen Sie mich? Matthew?«

Er wollte ihn begrüßen, aber mehr als ein kaum hörbares Keuchen brachte er nicht hervor, und das allein schmerzte so in seiner Kehle, dass er einen Hustenanfall bekam. Warmes, salziges Wasser rann über seine Lippen.

»Alles raus!«

Hätte Matt gekonnt, so hätte er gelacht. Stattdessen schloss er die Augen und begrüßte die gnädige Dunkelheit, die ihn mit sich nahm.

* * *

Die Wirklichkeit hingegen begrüßte ihn mit erbarmungsloser Härte, als er aufwachte. Vor allem mit Schmerzen. Sein ganzer Körper schien eine einzige offene Wunde zu sein, jeder einzelne Knochen gebrochen. Eine Zeitlang lag er mit geschlossenen Lidern nur da und hoffte, irgendwie wieder einschlafen zu können oder ohnmächtig zu werden. Doch sein Geist gönnte ihm keine Ruhe.

Also schlug er nach einer Weile die Augen auf. Und fand sich in einem Trümmerfeld wieder. Nein, in einer Art Lager, geschaffen aus Trümmern. Planken und Segeltuch waren zu provisorischen Zelten zusammengebastelt worden, dazwischen standen Kisten und Fässer und jede Menge Treibgut, von dem Matt auf den ersten Blick nicht sagen konnte, um was es sich einst gehandelt hatte, bevor die See darüber hergefallen war.

Ganz langsam richtete er sich auf. Ein versprengtes Häuflein trauriger Gestalten saß an einem dunkel qualmenden Feuer. Ihre Uniformen waren wenig mehr als Lumpen, und Matt erkannte ihre hohlen Antlitze kaum.

»Ah, der Patient ist erwacht.«

»Doc«, krächzte Matt.

Albington, der neben ihm hockte, schaffte es, sogar an diesem Ort würdevoller als ein normaler Schiffbrüchiger auszusehen. Er hielt Matt einen Becher an die Lippen. Es war einfach nur Wasser, aber in Matts ausgedörrtem, salzigem Mund war es die reinste Labsal. Gierig trank er, bis er wieder husten musste und die Hälfte der heruntergeschluckten Flüssigkeit wieder hervorwürgte.

»Nicht so schnell«, mahnte Albington, als er ihm das Gefäß wieder hinhielt.

Diesmal gelang es Matt, sich zu zügeln. Das kühle, klare Wasser belebte seine Geister.

»Von den Einheimischen«, erklärte der Schiffsarzt. Mit der freien Hand machte er ein weit ausholende Bewegung, um auf das gesamte Lager hinzuweisen. »Sie haben uns Vorräte zukommen lassen.«

Matt drehte den Kopf zur Seite und ließ den letzten Schluck durch seinen Mund wandern, bevor er ihn ausspie. Erschöpft sank sein Oberkörper wieder zu Boden.

»Wie lange …?«

»Anderthalb Tage. Ich habe schon befürchtet, dass eine der Beulen an Ihrem Kopf bleibende Schäden hinterlassen hat.«

»Keine Sorge. Beste Bostoner Eiche.«

Albington lächelte matt. Unter seinen Augen zeichneten sich dunkle Ringe ab.

»Wie viele haben es geschafft?«

»Zu wenige«, murmelte der Schiffsarzt. »Belling sagt, Sir Harold habe sich entschieden, mit der *Ephyra* unterzugehen. Ward haben sie aus dem Wasser gezogen, aber … es war zu spät.«

Matt konnte nicht behaupten, dass er für seine Entführer allzu viel empfand, aber dennoch wünschte er keinem von ihnen ein solches Schicksal.

»Peter?«

Albington schüttelte den Kopf, und Matt atmete unbewusst erleichtert auf, schalt sich dann allerdings dafür, dass der Tod eines Menschen solche Empfindungen bei ihm auslöste. George kam ihm in den Sinn, und er sank wieder auf den Rücken.

»Sechsundzwanzig haben überlebt, Sie eingeschlossen«, stellte Albington leise fest, bevor er lauter fortfuhr: »Immerhin, nach allem, was ich feststellen konnte, haben Sie keine Knochen gebrochen.«

»Fühlt sich anders an.«

Albington gluckste.

»Das glaube ich Ihnen sofort. Ich hatte mehr Glück als Sie, und ich spüre immer noch an etlichen Stellen Schmerzen.« Dann beugte er sich vor. »Warum sind Sie nicht von Bord gesprungen, Matt?«

»Bin ich doch.«

»Ich meine, bevor sich die letzten Akte des Dramas zugetragen haben.«

Eine gute Frage. Auf die es keine einfache Antwort gab. Matt versuchte sich dennoch an einer.

»Weil ich George nicht allein zurücklassen wollte.«

Eine seltsame Mischung aus Pflichtgefühl, Freundschaft und vielleicht auch Sorge hatte ihn von der Flucht abgehalten. Stärker als sein Drang nach Freiheit, nach Überleben. Er konnte noch nicht sagen, was es genau bedeutete, denn es überraschte ihn selbst.

»Jetzt sitzen Sie wieder in der Tinte.«

Überrascht richtete Matt sich auf, musste sich dann jedoch wieder behutsam zurücklehnen, weil ihm schwarz vor Augen wurde.

»Was soll das heißen?«

»Belling sagt, Sie gehören vor ein Kriegsgericht.«

Matt stöhnte auf und erhob sich in eine sitzende Position.

»Meine Güte, das kann doch nicht wahr sein.«

»Das habe ich auch gesagt, aber ich habe das Gefühl, er schätzt meine Meinung nicht allzu sehr.«

Vorsichtig sah Matt sich um. Es gab keine Wachen, und

man hatte ihn nicht gefesselt. Vielleicht konnte er sich in die Dünen davonmachen, bevor die anderen bemerkten, dass er aufgewacht war. Doch seine Beine sagten ihm deutlich, dass das noch keine gute Idee war.

»Belling hat Wachen rund um das Lager postieren lassen«, warnte ihn Albington, der Matts Fluchtgedanken offenbar erraten hatte. »Er traut der Bevölkerung hier nicht. Sagt, das seien alles halbwilde Heiden.«

»Wo sind wir eigentlich?«

»Die nächste größere Ortschaft ist eine Stadt namens Smyrna, kaum drei Meilen die Küste hinab. Heißt es. Belling hat zwei Mann dorthin gesandt, um zu sehen, ob ein englisches Schiff in der Nähe ist. Es gibt noch Fischerdörfer hier in der Gegend, aber Smyrna hat wohl einen richtigen Hafen. Dort könnten britische Schiffe liegen.«

Matt schüttelte langsam den Kopf.

»Ich kenne Smyrna. Ein schöner Hafen. Aber die Franzosen würden alle Engländer aufbringen. Nein, Doc, wir sitzen hier fest.«

»Aber von den beiden Schiffen gab es keine Sichtung mehr«, widersprach Albington leise. »Belling meint, dass sie weitergesegelt sind.«

Matt legte sich abermals hin.

»Die haben hier fette Beute gemacht, Doc. Die fahren nicht weiter, die zelebrieren ihren Sieg.«

Es war zum Haareraufen. Die Engländer wollten ihn einfach nicht loslassen. Gleichzeitig wurde er sich bewusst, welches Glück er gehabt hatte. Die See hatte den Großteil der Besatzung verschlungen. Wie viele mochten auf der *Ephyra* geblieben sein, als sie an den Felsen zerschellte? Und wie viele hatten es zwar ins Wasser, aber nicht mehr an Land geschafft? Keine drei-ßig Überlebende von fast dreihundert Mann. Eine Katastrophe.

»Ich habe das nicht überstanden, um von einem überforder-ten Offizier aufgeknüpft zu werden«, versprach Matt sich selbst leise. Albington hatte das Murmeln gehört und sah ihn fragend an, aber er winkte ab. Besser, den Arzt nicht mit hineinzuzie-hen; er hatte es schwer genug.

»Gibt es Pläne? Also jenseits von …« Er deutete auf das Lager. »Was sagt Belling?«

Albington seufzte. Bevor er jedoch antworten konnte, fiel ein Schatten auf die beiden. Als habe der Leutnant seinen Na-men gehört, war er unvermittelt zu ihnen getreten, neben ihm ein Marinesoldat, dessen roter Rock einige Löcher aufwies. Auch Belling selbst sah mitgenommen aus, trug einen Verband um die Stirn und hatte fahle Haut. Aber er baute sich in seiner zerschlissenen Uniform vor Matt auf, als wäre er ein Admiral.

»Matthew, machen Sie sich keine Hoffnungen. Die Gerech-tigkeit der Royal Navy macht keine Ausnahmen für Schiffbrü-chige.«

»Sir, ich …«

Doch Belling ließ ihn nicht ausreden, sondern wandte sich sogleich an den Marinesoldaten: »Sorgen Sie dafür, dass der Gefangene nicht flieht. Ab jetzt wieder Fesseln und Wachen.«

»Aye, aye, Sir.«

»Als Schiffsarzt muss ich protestieren, Sir«, warf Albington ein. »Die Verletzungen …«

»Zur Kenntnis genommen, Mr Albington. Aber diese Sache liegt nicht in Ihren Händen. Eine Demonstration, dass auch in einer Situation wie dieser schwere Vergehen nicht ungestraft bleiben, wird gut für die Disziplin sein.«

Der Leutnant strich sich fahrig durch die Haare und blickte sich um. Als er die Hände wieder senkte, bemerkte Matt, dass seine Finger stark zitterten.

»Ich verlange ein ordentliches Gericht«, forderte Matt, woraufhin der Leutnant ihn mit empörter Miene anschaute. »Es ist mein Recht als …«

»Fahnenflüchtige haben keine Rechte!«, keifte Belling. »Das wäre ja noch schöner, wenn ich mir von so einem wie Ihnen Vorschriften machen ließe!« Dann nickte er dem Soldaten zu.

Sofort kniete sich der Rotrock neben Matt und packte ihn hart an der Schulter. Er wollte sich wehren, aber seine Arme waren schwer wie Blei, und seine Versuche wirkten wie die eines Kindes gegen einen gestandenen Mann. Dennoch schaffte er es, sich aus dem Griff zu winden, was allerdings nur dazu führte, dass er einen harten Schlag gegen die Schläfe bekam. Halb betäubt blieb er auf dem Boden liegen.

Albington rief etwas, Belling schrie ihn an, aber Matt vermochte die Worte nicht zu verstehen. Wohl aber spürte er, wie er auf den Bauch gedreht und ihm ein Tau um die Handgelenke geschlungen wurde. Die Arme waren schmerzhaft hinter seinen Rücken gezogen worden. Dann fühlte er ein Knie in seinem Rücken, und sein Gesicht wurde in den rauen Sand gedrückt. Lange, zu lange. Seine Lunge schrie nach Luft, er konnte nicht atmen. Sand überall, im Mund, in der Nase, in den Augen. Er musste husten, spürte scharfe Sandkörner in seinem Rachen.

Dann endlich wurde er herumgeworfen und spuckte keuchend Sand aus, sog Luft in die Lunge, musste wieder husten. Die Augen tränten. Minutenlang ging das so.

Als er wieder klar denken und sehen konnte, stellte er fest, dass er allein war, gefesselt an die Stange eines Zeltes. Es war zum wahnsinnig werden! Mit knapper Not war er dem nassen Tod entronnen – nur um in die Hände eines widerlichen englischen Gernegroß zu fallen, der ihn unbedingt hinrichten lassen wollte.

KAPITEL 12

Nahe Smyrna, Oktober 1793

Wäre da nicht Albington gewesen, Matt hätte wohl den Verstand verloren. Aber während der Rest der Gestrandeten ihn wie einen Aussätzigen behandelte, blieb der Arzt stets hilfsbereit an seiner Seite.

Von Belling sah Matt in den nächsten Wochen wenig. Hin und wieder hörte er ihn schreien, manchmal auch die eigenen Leute verfluchen, wenn es Probleme gab oder es einfach nicht so funktionierte, wie er das wollte. Der erste Eindruck verhärtete sich immer mehr: Belling war in zu tiefes Wasser gestürzt und trieb nun davon. Doch anstatt sich Hilfe zu suchen, gestand er sich weder Schwächen noch Fehler ein und plusterte sich auf wie eine Möwe, die sich um Fischabfälle stritt.

Matt hatte gehofft, dass es in dem von Belling angerichteten Chaos eine Möglichkeit geben würde zu entkommen, aber ausgerechnet die Wachen vor seinem kleinen Gefängniszelt ließen sich bislang von dem allgemeinen Wirrwarr nicht anstecken und blieben stets achtsam.

Draußen schrie Belling gerade einige der Einheimischen an, die ihnen Fische und Brot verkaufen wollten, aber wohl mit dem angebotenen Preis nicht zufrieden waren. Immerhin war die Verpflegung halbwegs erträglich, und Albington achtete darauf, dass Matt seinen fairen Anteil bekam. So spürte er, wie Kraft in seine Gliedmaßen zurückkehrte, auch wenn er seine auf dem Rücken gefesselten Arme nur wenig bewegen konnte.

»Bastarde!«, hallte Bellings Stimme zu ihm herüber. »Halsabschneider!«

Matt musste schmunzeln, trotz seiner Situation. Es war unwahrscheinlich, dass eine solche Verhandlungsstrategie erfolgreich sein würde. Er veränderte ein wenig seine Position, sodass er das Geschehen draußen durch die Öffnung seines Gefängniszelts recht gut beobachten konnte. Und ein Blick auf die steinernen Mienen der Einheimischen bestätigte seine Vermutung, was Bellings Erfolgsaussichten anbelangte. Die Männer trugen einfache Kleidung, weite Hosen, schlichte Hemden, die Füße nackt. Bis auf die um den Kopf gebundenen Tücher hätten sie an jeder anderen Küste, die Matt bereist hatte, beheimatet sein können. Fischer, die das örtliche Gewässer wie sonst niemand kannten, mit Respekt vor der See und gutem Geschäftssinn. Mehr als einmal hatte Matt selbst solche Verhandlungen geführt, um frische Vorräte an Bord zu nehmen, und er wusste, wie es enden würde: Belling würde mehr zahlen, als er wollte –vermutlich sogar sehr viel mehr, weil er schrie wie ein Kind, das ein Bonbon wolle.

Doch dann sah Matt hinter der Gruppe einige Männer über den Kamm einer Düne schreiten, die sogleich seine Neugier weckten. Das waren keine Einheimischen, wie sich schon von Weitem an ihrer Kleidung erkennen ließ. Es waren … Engländer!

Ihre Ankunft erregte große Aufmerksamkeit. Unvermittelt war das ganze Lager auf den Beinen, und beinahe alle liefen den Neuankömmlingen entgegen. Matt zog an dem Tau, das ihn jedoch unerbittlich festhielt. Niemand hatte jetzt ein Auge für ihn übrig: der perfekte Moment für eine Flucht. Doch seine Fesseln wollten ihn nicht freigeben.

Er fluchte lauthals, da ihn auch niemand hören konnte, und sah sich aufgeregt um. Doch in seiner unmittelbaren Nähe war nichts, was ihm helfen konnte. Die Fesseln schnitten schmerzhaft in sein Fleisch, und so gab er schließlich jeglichen Versuch auf, sich von ihnen zu befreien.

Die Neuankömmlinge waren inzwischen an Belling herangetreten. Angeführt wurden sie von einem Mann in einer ungewöhnlichen Kleidung, die Aspekte britischer Uniformen mit der hiesigen Tracht verband. Kniehohe schwarze Stiefel und eine helle Hose, darüber ein blaues Hemd und eine kurze Jacke, deren grüner Stoff mit allerlei goldenem Zierrat versehen war.

Kein Bart, aber unter dem grünen Turban sahen dunkle Koteletten hervor, die zu den dichten Augenbrauen passten. Eine kräftige, gerade Nase gab dem ovalen Gesicht eine markante Note.

Trotz der exzentrischen Aufmachung nahm Belling vor ihm Haltung an. Es musste ein Mann von Rang sein, zumal auch die englischen Seeleute, die ihn begleiteten, offensichtlich seine Untergebenen waren. Dann versammelten sich die Schiffbrüchigen um die Neuankömmlinge und nahmen Matt die Sicht auf sie.

Wer mochte dieser Mann sein? Und brachte er gute oder schlechte Neuigkeiten für Matt?

Für die Engländer jedenfalls schien seine Ankunft ein Grund zum Jubeln zu sein. Einige fielen sich in die Arme, andere vollführten ein paar Tanzschritte und warfen ihre Mützen in die Luft.

Zwischen all dem Gewimmel konnte Matt nicht viel sehen, aber dann schritten die Einheimischen mit dem Anführer der Neuankömmlinge zur Seite, er überreichte ihnen etwas, und sie nickten.

Anschließend geleiteten ihn die Matrosen ins Lager. Während er sich an das Feuer setzte, liefen die Schiffbrüchigen wie aufgeregte Hühner umher und suchten aus ihren spärlichen Habseligkeiten Essen und Getränke, die sie ihm anbieten konnten.

Noch immer war Matt von der seltsamen Aufmachung des Mannes verwirrt. Er wirkte nicht wie ein Osmane, trug aber teilweise eine einheimische Kleidung. Ohne Zweifel wurde ihm großer Respekt entgegengebracht, aber gleichzeitig wirkte Belling keineswegs glücklich über seine Ankunft und die ausgelassene Freude der anderen Schiffbrüchigen. Der Leutnant stand stocksteif hinter dem Mann, mit einer Miene, als habe er erfahren, dass er bei halber Bezahlung ohne Kommando an Land beordert worden war.

Albington hingegen hatte dem Neuankömmling gegenüber Platz genommen, und die beiden redeten lebhaft miteinander, beinahe so, als seien sie alte Freunde. Hoffnung keimte erneut in Matt auf. Sollte dieser Mann auch hier im provisorischen Lager etwas zu sagen haben, war sein Schicksal vielleicht doch noch nicht besiegelt.

Nach einer Weile drehte Albington sich in Matts Richtung um und wies auf ihn, woraufhin der Neuankömmling freundlich nickte. Ein Gewitter zog über Bellings Antlitz.

Der Mann stand auf und kam in schnellen Schritten zu Matts flatternder Zelle.

»Sie sind also dieser Deserteur?«

Matt blinzelte. Der Mann war kleiner als er, und seine Aussprache wies ihn als gebildeten Engländer aus. Sein Tonfall brachte eine Selbstsicherheit zum Ausdruck, wie sie nur jemand besaß, der aus gutem Hause stammte. Von Nahem betrachtet, war seine Kleidung noch verwirrender. Zu englischen Stiefeln und Hosen trug er ein reich verziertes Hemd, das jedoch im Vergleich zu der mit goldenen Fäden bestickten Jacke geradezu schlicht wirkte. Es waren verschlungene Muster, die entfernt an die Rundungen von Wellen bei gutem Wind erinnerten. Auf seiner Brust prangte ein großer Orden: hellblau in der Mitte, mit goldenem Schwert und zwei Kronen, umgeben von einem ebenfalls goldenen Strahlenkranz.

»Matthew Dankworth, Sir. Und kein Deserteur. Mit wem habe ich die Ehre?«

Der Mann lächelte ob der Antwort fein. Sein Gesicht war frisch rasiert und seine Haut gebräunt, was vermuten ließ, dass er sich schon seit einiger Zeit in dieser von der Sonne verwöhnten Gegend befand.

»Sidney Smith.«

»Sir Sidney Smith«, betonte Albington hinter ihm, der auch herbeigekommen war.

Aber Sir Sidney winkte ab. Dann fixierte er Matt mit einem langen Blick.

»Mr Albington hat mir versichert, dass Sie an Ihrer prekären Lage unschuldig sind«, sagte er schließlich.

Belling, der den beiden gefolgt war, rief entrüstet: »Und ich versichere Euch, Sir Sidney, dass dieser Mann ein Fahnenflüchtiger ist. Wenn er nicht sogar Schuld am Untergang der *Ephyra* trägt!«

Matt keuchte empört auf.

»Das ist Unsinn, Belling, und das wissen Sie auch!«

»Ich weiß nur, dass dieser Jonas uns nur Unglück gebracht hat, seit er an Bord gekommen ist«, zischte der Leutnant.

»Dann hätten Ihre Leute mich wohl besser einfach auf meinem Schiff lassen sollen. Dann wäre ich jetzt fast wieder in meiner Heimat.«

»Er ist aus den Kolonien«, spie Belling verächtlich aus, als sei dies allein schon Beweis genug für seine Fahnenflucht.

»Das ist wohl kaum ein Verbrechen«, stellte Albington fest.

Belling holte wieder tief Luft, um eine emotionale Entgegnung zu äußern; aber Sir Sidney hob die Hand. Die ganze Zeit über hatte er seinen Blick nicht von Matt abgewandt.

»Was sagen Sie, Mr Dankworth? Sind Sie ein Jonas?«

Matt seufzte und schüttelte den Kopf.

»Nein, das war mein erster Schiffbruch, aber keineswegs meine erste Fahrt. Und hätte der Kapitän sich nicht bei solchem Wetter in die Enge treiben lassen – noch dazu in den Golf von Smyrna! –, dann wäre die *Ephyra* vielleicht nicht gesunken.«

»Sei still, du Hund!«, schrie Belling empört. »Wie kannst du es wagen, so über Sir Harold zu sprechen? Er war ein …«

»Nun, sein Schiff ist gesunken«, unterbrach Sir Sidney den Leutnant kalt. »Gibt es nicht gewichtige Angelegenheiten, um die Sie sich kümmern sollten, Mr Belling?«

Einige Sekunden senkte sich Schweigen über die kleine Gruppe. Matt konnte sich ein Feixen nicht verkneifen.

»Sir?«, fragte der Leutnant nach.

»Sorgen Sie dafür, dass Ihre Männer ordentlich Essen fassen. Ich habe für sie heute genug Vorräte gekauft.«

Belling blieb stehen, offenbar unsicher, was er tun oder sagen sollte. Bis Sir Sidney ihm einen strengen Blick zuwarf … Daraufhin nickte der Leutnant mit mürrischer Miene und stapfte davon.

»Doktor, wären Sie so gütig, uns einen Schluck zu trinken zu holen?«

Albington nickte freudestrahlend und folgte Belling, während Sir Sidney sich entspannt in den Sand vor Matt hockte. Er wirkte wie zu Hause, als säße er am Esstisch seiner Mutter, und nicht an einem windigen Strand nahe Smyrna.

»Ich muss gestehen, dass mich Ihre Geschichte fasziniert, Mr Dankworth ... Matthew? Darf ich Sie Matthew nennen?«

Verwirrt nickte Matt.

»Ihr Arzt singt Ihr Loblied in den höchsten Tönen, während der Leutnant sie geradezu verteufelt.«

»Belling ist ...«

»Ihnen nicht wohlgesinnt. Angesichts seines Verhaltens und seiner Unfähigkeit, die Männer unter seinem Kommando ordentlich zu führen, bin ich geneigt, das zu Ihren Gunsten auszulegen.«

Die Welt drehte sich gerade um sich selbst, und Matt war noch nicht sicher, wohin die Reise gehen würde.

»Wer seid Ihr, Sir Sidney? Ich muss gestehen, dass ich Euren Namen noch nie gehört habe.«

Es fiel Matt schwer, das Alter seines Gegenübers einzuschätzen. Da waren jugendliche Züge, jedoch auch einige tiefe Falten in seinem Gesicht. Auffallend war das manchmal übermütige Funkeln in den blauen Augen unter den schweren Lidern, das auf eine gewisse Tollkühnheit schließen ließ, die aber vermutlich von einer durchaus gefährlichen Intelligenz im Schach gehalten wurde, wie seine zumeist nachdenkliche Miene verriet.

Jetzt lachte Sir Sidney auf.

»Das hätte mich auch gewundert. Obwohl ...« Er strich

über sein Kinn. »Sagt Ihnen die Schlacht bei Kap St. Vincent etwas? Oder die Schlacht vor der Chesapeake Bay?«

Darüber musste Matt nicht lange nachdenken. Zwei bedeutende Seeschlachten während des Krieges um die Unabhängigkeit: In der ersten hatten die Engländer eine spanische Flotte vor sich her getrieben wie ein Rudel Wölfe eine Herde Rehe, bei der zweiten hatte eine Flotte der französischen Alliierten unter de Grasse die englischen Schiffe daran gehindert, Yorktown zu entsetzen, und so entscheidend dabei geholfen, die britische Armee zur Kapitulation zu bewegen.

»Wollt Ihr etwa damit andeuten, dass wir Feinde sind?«

Sir Sidney schüttelte leicht den Kopf.

»Nein, der Krieg ist vorbei, oder nicht?«

Matt nickte vorsichtig.

»Aber ich weiß, was ihr Amerikaner zu leisten vermögt. Ich war gerade einmal dreizehn Jahre alt und kurz zuvor in die Royal Navy eingetreten, als wir die *Raleigh* aufgebracht haben. Mehr als sieben Stunden – ganz allein gegen zwei britische Schiffe! Ihre Besatzung hat bis zuletzt gekämpft, selbst als die *Raleigh* schon auf Grund gelaufen war.«

Ein beinahe schwärmerischer Glanz lag in Sir Sidneys Augen, und er sah an Matt vorbei in die Vergangenheit.

»Falls Ihr denkt, dass ich Euren Heldenmut beim Kampf gegen meine Landsleute ebenfalls bewundern werde …«

Das holte Sir Sidney zurück in die Gegenwart.

»Kennen Sie die *Raleigh*, Matthew?«

Er schüttelte den Kopf. Die Fregatte war an die Engländer gefallen, als er noch ein kleines Kind gewesen war.

»Was für ein Schiff! Wussten Sie, dass sie genau studiert wurde, weil man ihren Bau so bewundert hat? Einige Ideen sind übernommen worden. Ich war todunglücklich, als ich hörte, dass sie verkauft wurde. Wann war das … '82? Oder '83?«

»Worauf wollt Ihr hinaus?«

»Wie Sie sich aufgrund meiner Äußerungen denken können, Matthew, weiß ich die Tatkraft und den Erfindergeist der Amerikaner zu schätzen. Deshalb mache ich Ihnen ein Angebot: Schließen Sie sich mir an. Ich habe hier ein Schiff gekauft und Matrosen angeworben, um nach Westen zur britischen Flotte unter Vizeadmiral Samuel Hood zu segeln und sie im Kampf gegen die Truppen der französischen Revolutionäre zu unterstützen. Nach allem, was ich weiß, verteidigen Hood und die seinen immer noch Toulon. Treten Sie meinem Unternehmen bei – und ich werde dafür sorgen, dass man Ihren Fall fair beurteilt.«

»Meinen Fall?« Matt schniefte. »Ich sagte doch, ich bin kein Deserteur.«

Sir Sidney nickte.

»Korrekt, das sagten Sie, und ich glaube Ihnen. Ich meinte etwas anderes – ob es rechtmäßig gewesen ist, dass man Sie in den Dienst gepresst hat. Oder dass man sie wie einen Gefangenen an Bord der *Ephyra* geholt hat. Wir befinden uns schließlich nicht im Krieg mit den Vereinigten Staaten. Das alles klingt für mich, als ob es ein Fehler war.«

Misstrauisch beäugte Matt den seltsamen Mann.

»Und wenn ich nein sage?«

Sir Sidney hob die Schultern.

»Ich zwinge Sie nicht. Dann bleiben Sie hier. Ich habe auch den anderen Schiffbrüchigen angeboten, sie auf meiner *Swallow* mitzunehmen, aber ich weiß nicht, ob Belling sich dafür entscheidet.« Er setzte ein entschuldigendes Lächeln auf. »Ich habe das Gefühl, er schätzt mich nicht besonders.«

Matt hob die Augenbrauen und sah betont auf die seltsame Uniformjacke, was Sir Sidney ein Lachen entlockte.

»Nun, ich habe mich freiwillig bei der Marine des Sultans gemeldet. Ich will Ihnen erzählen, wie es dazu gekommen ist, dass ich nicht nur meinem Heimatland diene. Nach dem Ende des Krieges in Amerika bin ich vom Dienst freigestellt worden, obwohl ich mich durch besondere Tapferkeit ausgezeichnet habe und bereits mit achtzehn Jahren zum Kapitän befördert wurde. Doch die Royal Navy sah es als richtig an, mich bei halbem Sold an Land verrotten zu lassen. Ich habe mich natürlich in den folgenden Jahren furchtbar gelangweilt ... Als dann Russen und Schweden einen Krieg begannen, habe ich die Gelegenheit beim Schopfe gepackt und bin als Marineberater in schwedische Dienste getreten. Nach dem Friedensschluss bin ich nach England zurückgekehrt. Und im letzten Jahr habe ich den Entschluss gefasst, ins Osmanische Reich zu reisen, weil mein jüngerer Bruder hier als Assistent des britischen Botschafters arbeitet.«

In diesem Moment kehrte Albington mit zwei Krügen in den Händen zurück. Sir Sidney nahm einen entgegen und nahm sogleich einen kräftigen Schluck.

»Aber jetzt herrscht Krieg. Und mein Heimatland kämpft. Da kann ich nicht in der Ferne anderen Potentaten zu Diensten sein, sondern muss zurück zur Flotte. Und wie es Fortuna will, kann ich einigen anderen Gestrandeten Passage anbieten.«

Ganz offensichtlich war er recht zufrieden mit dieser Situation, ja, schien sich sogar auf den Krieg zu freuen.

»Sie sehen, ich weiß, wie es ist, unter fremden Flaggen zu fahren. Man muss sich nicht jede Loyalität zu eigen machen, aber die Winde wehen uns nun einmal an seltsame Gestade.«

Unsicher, was er darauf erwidern sollte, nickte Matt einfach. Die Winde hatten ihn definitiv vom geplanten Kurs abgebracht.

»Nun, was sagen Sie, Matt?«

Albington sah ihn auffordernd an. Matt richtete sich auf, so gut es die Fesseln zuließen.

»Worin liegt Ihr Interesse an mir begründet?«

Sir Sidney zögerte keine Sekunde.

»Ich dulde keine Ungerechtigkeit. Ich ertrage sie nicht. Zudem verriet mir Mr Albington, dass Sie an Bord der *Ephyra* geblieben sind, um Ihren Kameraden zu helfen, obwohl Sie hätten fliehen können. Loyalität schätze ich als hohes Gut.«

Matt brauchte einen Augenblick, um sich zu entscheiden. Ein tiefer Atemzug. Wieder unter englischer Flagge segeln … Aber besser, als hier gestrandet und gefangen zu bleiben. Unter dem Kommando eines Mistkerls, der ihn hasste.

»Eine faire Untersuchung?«

»Bei meinem Ehrenwort.«

»Dann bin ich dabei.«

Sir Sidney strahlte.

»Wunderbar.« Er blickte zu Albington hoch. »Besorgen Sie doch jemanden, der diese barbarischen Fesseln entfernt, ja, mein Guter?«

KAPITEL 13

Smyrna, Oktober 1793

Die Straße nach Smyrna war zum Glück in einem guten Zustand, sodass sich die kurze Reise dorthin als recht angenehm erwies, die Matt und viele andere zu Fuß unternehmen mussten, da Sir Sidney nur zwei Wagen dabeihatte. Alle Schiffbrüchigen waren zusammen mit ihm aufgebrochen – sogar Belling, der nicht mutterseelenallein im provisorischen Lager hatte zurückbleiben wollen. Nun musste er sich wohl oder übel mit der Tatsache abfinden, dass er nicht mehr das Kommando über die anderen hatte, denn Sir Sidney hatte einen höheren Offiziersrang bei der Royal Navy als der Leutnant. Gleichwohl ließen sich viele Männer immer noch Befehle von Belling geben und kamen ihnen bereitwillig nach, wie Matt auffiel.

Smyrna selbst war eine klassische Hafenstadt, gelegen an einer Bucht, die von Hügeln umgeben war und vor Wind und Wetter schützte. Schon aus einiger Entfernung konnte Matt die Stadt in Augenschein nehmen und die Umrisse zahlreicher Gebäude erkennen; außerdem tauchten immer wieder Erinnerungsbilder von diesem Ort in seinem Bewusstsein auf, da er ja erst vor einigen Monaten mit dem Handelsschiff *Lucy Belle* hergekommen war. Besonders markant war die Festung mit runden Türmen, die auf einer der Hügel thronte. Auffällig waren auch die Windmühlen, deren Räder sich behäbig im Wind drehten. Das Weiß der Häuser strahlte im hellen Sonnenlicht, ihre roten Dächer leuchteten regelrecht, hoben sich vor dem spiegelnden Tiefblau des Meeres ab.

Fasziniert richtete Matt seinen Blick auf den Hafen, wo zahlreiche Schiffe vor Anker lagen. Dort gab es eine ganze Flotte kleinerer Boote, vermutlich Fischer, und einige größere Handelsschiffe. Auch konnte er ein paar osmanische Kriegsschiffe mit zwei hohen Masten ausmachen. Die Bucht war voller heller Segel in allen Größen und Formen.

Es fiel Matt schwer abzuschätzen, wie viele Einwohner Smyrna haben mochte, aber es waren sicher hunderttausend oder sogar mehr. Als er vor wenigen Monaten, die sich aber wie Jahre anfühlten, mit der *Lucy Belle* hier gewesen war, hatte er nicht die ganze Stadt, sondern nur den Bereich rund um den Hafen erkundet, der allerlei Interessantes für Seeleute bereithielt.

Unterwegs nach Smyrna war es sehr heiß, und Sir Sidney hatte seinen Turban gegen einen Hut mit breiter Krempe getauscht. Er saß oben auf einem schaukelnden Wagen und sprach angeregt mit Albington, der sehr interessiert an der Geschichte der Gegend war. Mit halbem Ohr hörte Matt zu, erfuhr so von den griechischen Wurzeln der Stadt unter dem Berg Pagos.

Hauptsächlich aber genoss er seine relative Freiheit. Seine Handgelenke schmerzten noch, die Haut dort war gerötet, und in den Armen spürte er bis in die Schultern hinauf die Verrenkungen, die ihm die Fesseln tagelang aufgezwungen hatten. Aber jetzt schritt er so frei neben dem Karren her, wie man es sein konnte, wenn man in Diensten eines Offiziers der Royal Navy stand.

»Wie finden Sie das, Matt?«, fragte Albington unvermittelt und riss ihn aus seinen eigenen Gedanken. Als er Matts fragenden Blick bemerkte, erklärte er: »Wir haben gerade darüber gesprochen, dass Sir Sidney bei der osmanischen Flotte als Freiwilliger angeheuert hat.«

»Das hat er mir erzählt, ja.«

»Und davor hat er für den König von Schweden gekämpft.«

»Mhm.«

Matt war nicht allzu sehr daran interessiert, weitere Einzelheiten aus der Vergangenheit von Sir Sidney zu erfahren. Ihm ging es vielmehr um die Zukunft, insbesondere um die eigene.

»Wann segeln wir los?«, fragte er.

Sir Sidney legte seine beiden Zeigefinger ans Kinn.

»Es müssen noch Vorräte aufgenommen werden. Aber die Besatzung habe ich jetzt zusammen, wo sich so viele Ihrer Schicksalsgenossen von der *Ephyra* mir angeschlossen haben.« Er sah zur Sonne hoch, als hinge seine Entscheidung von ihrem Stand ab. »Bei nächster Gelegenheit, Matthew. Vermutlich noch heute Nacht.«

Matt nickte zufrieden. Doch im nächsten Moment überkam ihn ein Gefühl der Besorgnis.

»Was ist mit den Schiffen der Franzosen, die hier in der Region sind? Wir müssen damit rechnen, dass die Ausfahrt aus dem Golf nicht sicher ist.«

»Ich bin sicher, die französischen Habichte haben wichtigeres im Sinn, als auf unsere kleine Schwalbe zu warten, um sich auf sie zu stürzen.«

»Schwalbe? Nicht Taube?«

Verwirrt blickte Matt zu Sir Sidney, der sich köstlich über seinen Gesichtsausdruck zu amüsieren schien.

»Nur ein kleines Wortspiel. Ich habe mein Schiff *Swallow* getauft. Möge sie uns so schnell ans Ziel tragen wie auf den

Flügeln einer Schwalbe. Und Taube erschien mir unpassend, fahren wir doch in den Krieg.«

Matt hob wie zum Prost die Hand.

»Darauf würde ich anstoßen, wenn ich etwas zu trinken hätte.«

Wieder lachte Sir Sidney auf, wandte sich dann Albington zu und unterhielt ihn mit weiteren Räuberpistolen aus seiner äußerst bewegten militärischen Vergangenheit. Matt, der an der Vergangenheit seines neuen Dienstherrn kein großes Interesse hatte, hörte nicht zu, sondern richtete sein Augenmerk wieder auf die Umgebung.

Inzwischen hatten sie die äußeren Bezirke der Stadt erreicht, und viele neugierige Blicke waren auf sie gerichtet – neugierig, aber nicht feindselig. Die Bewohner von Smyrna waren fremde Gesichter gewöhnt. Nur, dass die Ausländer für gewöhnlich von den Schiffen oder hoch zu Ross kamen, statt zu Fuß die Straße herab. Vermutlich hatte sich auch in den letzten Wochen die Kunde von dem gesunkenen Schiff und dem Lager der Schiffbrüchigen in der Nähe herumgesprochen.

Zu ihrem Glück hatte Sir Sidney sich darum gekümmert, die Offiziellen der Stadt und der osmanischen Marine über die Gestrandeten zu informieren, und offenbar versichert, dass sie bald schon wieder verschwunden sein würden. Niemand mochte eine Bande abgerissener, hungriger und verzweifelter Matrosen und Soldaten vor seiner Haustür, was Matt nur allzu gut verstand. Aber Sir Sidney kannte die Gepflogenheiten hier und hatte wohl bei den Einheimischen einen guten Namen, auch wenn Matt nicht wusste, woran das lag.

Ihr Weg führte sie zwischen den Häusern zum Hafen hin.

Zuerst waren sie noch von kleinen Gärten oder gar Feldern umgeben, von Zitrus- und Olivenbäumen. Doch je tiefer sie in die alte Stadt vordrangen, desto dichter drängten sich die Gebäude aneinander, wuchsen in die Höhe, bildeten abseits der breiten Hafenstraße nur schmale Gassen.

Einige Kinder folgten ihnen, bis Sir Sidney ihnen etwas zurief, das sie aufgeregt davonstieben ließ. Hier und da versuchten Händler und Ladeninhaberinnen, ihre Waren anzupreisen, aber niemand von ihnen beherrschte die englische Sprache, und obendrein waren die Schiffbrüchigen bettelarm – beinahe all ihre Habe war mit der *Ephyra* versunken.

Die Stadt war groß und laut, und je näher sie dem Hafen kamen, desto mehr verstärkte sich das. Bis sich die Straße mit einem Mal vor ihnen öffnete und den Blick auf eine Kaimauer freigab, an der mehr als ein Dutzend Schiffe verzurrt war.

Sir Sidney gab dem Fahrer seines Wagens eine letzte Anweisung und wies dann auf einen Einmaster, der direkt vorn vertäut und lateinisch getakelt war. Kein großes Schiff ... Matt schätzte, dass der Kiel zwischen dreißig und vierzig Fuß lang sein mochte. Aber immerhin groß genug, um sie alle nach Toulon zu bringen.

Der Marsch war nicht lang gewesen, trotzdem waren alle erschöpft. Der Abbau des Lagers in aller Herrgottsfrühe war recht mühsam gewesen, und die Strapazen der vergangenen Wochen – insbesondere der Überlebenskampf beim Untergang ihres Schiffes – steckten ihnen allen noch in den Knochen. Aber Sir Sidney ließ keine Ausreden gelten, sondern befahl den Männern, sofort mit dem Beladen der *Swallow* zu beginnen, das er sorgfältig koordinierte.

So fand sich Matt gleich bei der Arbeit wieder und schleppte

Kisten an Bord, rollte Fässer die Gangway hoch und half dabei, alles im kleinen Laderaum zu verstauen, der auch gleichzeitig als ihr Heim während der anstehenden Seereise dienen würde.

Das Schiff stammte aus Smyrna, und Sir Sidney hatte es hier erworben. Offenbar verfügte er über einen gewissen Reichtum – oder einen so guten Leumund, dass man ihm selbst hier Kredit einräumte.

Matt hingegen besaß nicht einmal mehr das Hemd, das er am Leib trug. Und trotz aller Bemühungen auf der *Ephyra*, von den anderen als normales Mitglied der Besatzung akzeptiert zu werden, bemerkte er wieder misstrauische Blicke.

»He, Matt, pack mal mit an!«, rief ihm jemand zu.

Matt blickte auf. Es war Jaime – der junge Matrose, der ihm einst auf Peters Veranlassung übel mitgespielt hatte. Dennoch tat er, wie ihm geheißen, und hievte eine Kiste an Backbord auf einen Stapel. Dann half er dabei, sie zu vertäuen, damit sie bei Seegang nicht wild durch den Frachtraum flog.

Dankbar nickte ihm Jaime zu. Er hatte den Untergang der *Ephyra* ohne Blessuren überlebt, vermutlich durch reines Glück, denn Können hatte so gut wie keinerlei Bedeutung, wenn man vom Zorn der See heimgesucht wurde.

Nachdem er sich vergewissert hatte, dass sie allein waren, trat Matt nahe an den Jungen heran.

»Was ist los?«, fragte er leise. »Wieso hören alle bereitwillig auf Belling, obwohl wir inzwischen einem höherrangigen Offizier unterstehen?«

Der Matrose kniff die Augen zusammen.

»Was meinst du?«

»Komm schon. Du kannst offen zu mir sein; dir ist doch

sicherlich klar, dass der Unsinn nicht stimmt, den man über mich erzählt. Ich bin nicht desertiert«, erwiderte Matt, der es unerwähnt ließ, dass er mit dem Gedanken gespielt hatte, von Bord zu fliehen. Er hatte einfach keine Lust, wieder wie ein Aussätziger behandelt zu werden.

In Jaimes Zügen zeigte sich ein Konflikt, doch er schwieg.

»Du schuldest mir was«, zischte Matt. »Für die Sache mit Peter.«

Schuldbewusst blickte Jaime nach unten und zuckte mit den Schultern.

»Leutnant Belling sagt, Sir Sidney sei kein Ritter. Also, kein echter. Er nennt ihn den ›Schwedischen Ritter‹, weil er seinen Orden vom schwedischen König hat – und nicht von König George III., möge Gott ihn beschützen.«

Matt seufzte. Jetzt stritten sich die Menschen der Alten Welt schon darüber, welcher König maßgeblich war, wenn es um Auszeichnungen ging. Ein Glück, dass seine Heimat das hinter sich gelassen hatte.

»Und?«

»Er hat behauptet, dass Sir Sidney nicht der Krone treu sei. Er wäre fast schon ein Verräter, weil er für andere Länder gekämpft hat. Ein Söldner, ein Hesse – nicht mehr.«

»Und ich?«

»Du bist ein Deserteur. Sagt der Leutnant.«

Offensichtlich war es ihm nicht vergönnt, sein Schicksal zu wenden. Für einen Moment zuckte der Gedanke durch seinen Geist, dass er den Vorwurf ja einfach wahr machen konnte. Er könnte jetzt einfach von Bord gehen, als wolle er weiter beim Beladen helfen, sich dann in einem unbeobachteten Moment in das Gedränge am Hafen schmuggeln und im Straßengewirr von Smyrna verschwinden. Matt bezweifelte, dass die *Swallow* allein wegen ihm ihre Abreise verzögern würde.

Aber ein seltsamer Stolz stieg in ihm auf. Seit sie ihn in den Dienst gepresst hatten, war er von den Engländern wie ein Mann ohne Ehre behandelt worden. Geschlagen, beschimpft, auf das Schändlichste entehrt. Schluss damit!

»Und was denkst du von mir?«, fragte er kalt.

Jaime sah ihn an. Seine Augen waren hell.

»Ich habe gesehen, wie du George unter Deck gebracht hast.«

Mehr musste er nicht sagen. Matt verstand die Kameradschaft, die in diesen Worten lag. Er nickte Jaime freundlich zu.

Aber auf die Meinung des jungen Mannes würden nur wenige etwas geben. Also musste er sich entweder erneut beweisen oder darauf hoffen, dass ihn am Ende dieser Fahrt die wahre Freiheit erwartete und er all diese dunklen Blicke hinter sich lassen konnte.

* * *

In der Taverne herrschte eine ausgelassene Stimmung. Weiter hinten wurden Lieder gegrölt, vorn tanzte eine junge Frau auf einer kleinen Empore mit fliegendem Rock. Zwar mochte den Türken Alkohol verpönt sein, aber für die Besatzungen der hier ankernden Schiffe gab es immer Orte, wo es gegen Bezahlung auch Wein gab. Matt vermutete, dass dies für jeden Hafen der Welt galt.

In der kleinen Nische, in der Matt mit seinen beiden Begleitern saß, war es ruhiger. Er nippte an seinem Krug mit dem verdünnten Wein und versuchte, sich seine Müdigkeit nicht allzu sehr anmerken zu lassen. Ihm gegenüber aß Albington gerade den Rest seiner Fischsuppe, während Sir Sidney einige Positionen in eine Kladde eintrug. Schließlich seufzte er und sah auf.

»Als Kapitän hat man Untergebene und kann das eigentlich delegieren«, beschwerte er sich und schob das dünne Buch von sich weg.

»Wir werden doch hoffentlich nur einige Wochen auf See sein«, meinte Albington. »Muss da denn so penibel Buch geführt werden?«

Sir Sidney und Matt sahen sich an und verstanden einander auch ohne Worte.

»Die See kann eine unbarmherzige Herrin sein, Doc«, gab Matt zu bedenken. »Die keinen Fehler verzeiht.«

»Matthew hat recht, Mr Albington. Es mag nur eine vergleichsweise kurze Fahrt sein, aber schnell kann man in Gefahren geraten, die umso größer werden, je schlechter man vorbereitet ist.«

»Wenn zwei erfahrene Seebären das sagen, will ich es wohl glauben«, erwiderte der Schiffsarzt und legte seinen hölzernen Löffel in die Tonschüssel. Sorgfältig tupfte er mit einem Tuch die Mundwinkel ab und atmete dann hörbar aus. »Ein einfaches Mahl, aber nach unseren Abenteuern auf See und am Strand schmeckte es besser als jedes Menü in London.«

Matt nickte ihm lächelnd zu.

»Man lernt die einfachen Dinge zu schätzen, wenn sie einem genommen werden, wie ich aus eigener Erfahrung nur zu gut weiß.«

Auch wenn er die entspannte Gesprächsatmosphäre nicht hatte zerstören wollen, so war seine Anspielung auf das eigene, durch Engländer verursachte Schicksal doch dazu geeignet, und Albington sah verlegen zur Seite. Sir Sidney hingegen tippte sich an die Schläfe.

»Nun, Matthew, seien Sie noch nicht so düster. Ihre Aussichten stehen doch recht gut derzeit.«

»Ich bitte um Verzeihung, Sir Sidney, ich wollte keinesfalls …«

»Schon gut. Ich verstehe das.« Er lehnte sich vor. »Hören Sie, ich überlege, Sie zu meinem Bootsmann zu machen und …«

»Bootsmann?«

Matt ließ erstaunt seinen Weinkrug sinken.

»Ja, Sie haben doch Erfahrung als Seemann, nicht wahr?«

Das konnte Matt schlecht verneinen. Vermutlich mehr als die Matrosen, die Sir Sidney sonst angeheuert hatte.

»Durchaus. Aber ich halte das dennoch für keine gute Idee«, erwiderte er zögerlich. Als Sir Sidney überrascht eine Augenbraue hochzog, nahm Matt erst einmal einen weiteren Schluck Wein, bevor er erklärte: »Die Männer vertrauen mir nicht. Für sie bin ich der Fremde, der Fahnenflüchtige.«

»Sie sollen Ihnen nicht vertrauen. Sie sollen Ihnen gehorchen.«

Matt schüttelte das Haupt.

»Ihr wisst, dass das zusammenhängt, Sir Sidney.« Hilfesuchend blickte er zu Albington. »Es sind ja nur wenige Wochen; da werde ich schon mit meiner Rolle als Außenseiter klarkommen.«

Sir Sidney schnalzte mit der Zunge.

»Nun gut, wenn das Ihre Meinung ist. Dann frage ich Belling, wen er für diese Aufgabe vorschlägt.«

»Wenn man vom Teufel spricht«, murmelte Matt in seinen Krug, als er den Leutnant auf sie zukommen sah, gefolgt von einer Handvoll Seeleute und dem verbliebenen Rotrock.

»Leutnant!«, begrüßte ihn Sir Sidney. »Gerade wollte ich nach Ihnen schicken lassen. Es gibt vor dem Auslaufen noch einige Fragen zu klären.«

»Die müsst Ihr allein klären, Sir«, erwiderte Belling frostig. »Es tut mir leid, Euch mitteilen zu müssen, dass ich und einige der Männer uns entschieden haben, hier im Hafen auf das nächste richtige Kriegsschiff zu warten.«

Sein feixender Gesichtsausdruck zeigte, dass es ihm keinesfalls leidtat, aber Sir Sidney fand sogleich eine passende Antwort.

»Wie schade! Sind Sie sicher?«, fragte er und schenkte Belling ein wenig ernst gemeintes Lächeln. »Es kann viele Wochen dauern, wenn nicht mehrere Monate, bis das nächste britische Kriegsschiff herkommt. Wollen Sie Ihrem Land wirklich so lange Ihre Kampfkraft vorenthalten?«

Matt sah zum Leutnant auf, dessen Miene sich sofort verfinsterte.

»Es ist unsere Entscheidung«, brachte er lahm hervor. Es war offensichtlich, dass er mehr sagen wollte, aber es nicht wagte.

Vorgespieltes Draufgängertum – und dahinter wenig, befand Matt für sich, schwieg aber mit sorgsam neutralem Antlitz.

»Selbstverständlich. Sollte sich die noch einmal ändern, bis wir ablegen, ist Ihnen ein Platz auf meinem Schiff gewiss.« Bevor Belling antworten konnte, fügte Sir Sidney rasch hinzu: »Viel Glück, Leutnant.«

»Danke. Euch auch.«

Nachdem Belling sich mit seinen Leuten entfernt hatte, wandte Sir Sidney sich wieder an Matt: »Und, hat sich Ihre Einschätzung jetzt geändert, Matthew?«

Einige Momente lang musste er tatsächlich darüber nachdenken, ob er seine Entscheidung revidieren sollte, da Belling nicht an Bord sein würde. Doch schließlich blieb er bei seiner Meinung.

»Ich habe nicht vor, eine Karriere in der Royal Navy zu machen. Und für Ihr Kommando ist das sicherlich zuträglicher, wenn ein anderer Bootsmann wird.«

»Eine Schande, aber selbstverständlich respektiere ich Ihre Entscheidung.« Sir Sidney zog eine Taschenuhr aus seiner Weste, klappte den Deckel auf und sah auf das Ziffernblatt. »Meine Herren, ich ziehe mich jetzt zurück, und ich empfehle Ihnen, dies ebenfalls zu tun. Wir haben nur mehr knapp vier Stunden, bevor die *Swallow* auslaufen wird.«

Matt hob den Krug.

»Möge diese Reise besser enden als die letzte.«

Er kippte den letzten Schluck Wein hinunter und erhob sich.

Albington tat es ihm gleich.

»Amen.«

KAPITEL 14

Straße von Mytilini, November 1793

Der Morgen dämmerte im Osten als eine verschwommene silberne Linie über dem Osmanischen Reich. Aber es benötigte nicht viel Licht, damit Matt erkennen konnte, dass ihr Glück nicht hielt – der Nebel, in dessen Schutz sie unbemerkt aus den Gewässern vor der Küste Kleinasiens wegzukommen gedachten, war bereits in einzelne Bänke aufgerissen, zwischen denen die ruhige See nur allzu gut zu erkennen war.

Sir Sidney war auch längst auf den Beinen, oder vielleicht hatte er, anders als Matt, sich gar nicht erst zum Schlafen hingelegt. Auf dem niedrigen Achterdeck der *Swallow* gab es eine kleine Traube von Seeleuten um den Kapitän, mit denen er seine Pläne besprach. Albington war hingegen in seiner Hängematte geblieben: Er hatte erzählt, dass er sich unwohl fühlte, und da er als Schiffsarzt sowieso nicht an Deck helfen konnte, war ihm erlaubt worden, sich im Laderaum auszuruhen, so lange er es für nötig hielt.

Kurz überlegte Matt, sich zu Sir Sidney zu begeben, aber dann blickte er den Mast empor und traf eine andere Entscheidung. Mit einigen schnellen Armschlägen um den Körper trieb er Müdigkeit und Kälte aus sich heraus; anschließend kletterte er geschwind in die Wanten. Während er nach oben stieg, spürte er die sanften Bewegungen des kleinen Schiffes auf dem Meer als ein immer stärker werdendes Schaukeln. Doch Schwindel konnte sich ein Matrose nicht erlauben. Dann erreichte er das winzige Krähennest, eine kaum mehr als zwei, drei Fuß große hölzerne Platte, die sich ein Dutzend Yard über dem Deck befand und auf die sich einer der Matrosen gesetzt hatte. Matt nickte ihm zu und wartete, bis der Mann ihm genügend Platz machte, um sich neben ihn zu zwängen.

»Und?«

»Alles ruhig«, erwiderte der Ausguck. »Kein Licht, außer an Land.«

Trotz der guten Nachricht wollte das mulmige Gefühl nicht aus Matts Magengrube weichen. Er ließ den Blick über den Horizont schweifen, auch dort, wo der Nebel ihn verschluckte. Der Mann hatte recht; es war nichts Beunruhigendes zu sehen.

Vielleicht war es ihnen ja tatsächlich gelungen, die Gewässer vor Smyrna zu verlassen, ohne von einem feindlichen Schiff entdeckt zu werden …

Doch dann sah er sie. Segel, die sich hinter einer Landzunge im Norden hervorschoben. Drei Masten, genug Segelfläche für den schwachen Wind – eine Fregatte!

Sofort meldete er seine Entdeckung mit einem lauten Alarmruf: »Segel! Segel voraus!«

Schon beim ersten Laut kam Leben in die Besatzung. Sir Sidney rannte zum Bug und ließ sich ein Fernrohr reichen. Andere lehnten sich gefährlich über die Reling und starrten in das Dämmerlicht.

Von seiner Position im Krähennest aus konnte Matt auch ohne Fernrohr gut sehen. Langsam kamen die eleganten Linien des Schiffs in Sicht. Seine erste Vermutung erwies sich als wahr: Es war eine Fregatte, sicher hundertdreißig, hundertvierzig Fuß lang, mit – Matt zählte hastig – mindestens dreißig Geschützen!

Er musste nicht darauf warten, weitere Einzelheiten erkennen zu können, um zu wissen, dass es eben jenes Schiff war, das schon die *Ephyra* zuvor so gnadenlos ins Verderben gejagt hatte. Die stolz wehende Trikolore zeigte es allen anderen einstigen Schiffbrüchigen ebenfalls.

»Gefechtsstationen!«

Sir Sidneys Ruf hallte über das Deck.

Matt begann, den Mast herabzuklettern. Ein Kampf konnte nicht ihr Ziel sein; die Fregatte war ihnen um ein Vielfaches überlegen. Blieb nur die Flucht. Etwas störte ihn – ein ferner, undefinierter Gedanke, den er nicht richtig fassen konnte.

Behände erreichte er das Deck und lief zu Sir Sidney, der Befehle rief, bis die *Swallow* sich auf die Seite neigte und dem Feind auszuweichen versuchte.

»Wir kommen niemals an ihr vorbei«, murmelte Matt mehr zu sich selbst, was Sir Sidney mitbekam und zu einer Antwort veranlasste.

»Nein, Matthew, mein amerikanischer Freund, keineswegs. Aber wir ziehen uns in die Nebelbank dort drüben zurück und schleichen uns fort von diesen Lauerjägern.« Er deutete nach Steuerbord, wo sich tatsächlich dichter Nebel hielt. »Sie haben ihr Blatt zu früh gezeigt!«

Fast schien es Matt, als freue sich Sir Sidney über die Situation. Als wäre dies ein Wettkampf, eine Herausforderung, der er sich nur allzu gern stellte. Matt hingegen zweifelte sehr an ihren Erfolgsaussichten.

Die Fregatte dürfte in der Tat auf der Lauer gelegen haben. Vermutlich gab es sogar Späher auf der Landzunge, um sich nähernde Schiffe zu beobachten und dem französischen Schiff Zeichen zu geben. Wenn dem so war – warum sollte die Fregatte dann zu früh aus der Deckung gekommen sein?

Die *Swallow* hatte ihre Halse fast vollzogen und segelte nun schneller – vor dem Wind, fast genau dorthin zurück, von wo sie langsam nach Norden gekreuzt war.

Matt musste Sir Sidney recht geben, als er sah, wie rasch ihr Schiff vorankam. Mit seiner Ungeduld hatte der französische Kapitän seine Chance verspielt. Seine Beute würde den sicheren Nebel erreichen, bevor sie in Reichweite seiner Kanonen war.

Feuer blitzte am Bug der Fregatte auf, gefolgt von Rauch. Ein Geschoss schlug weit hinter ihnen ins Wasser, sandte Fontänen in den Himmel. Einige Matrosen lachten gehässig.

Ein verzweifelter Angriff? Matt dachte fieberhaft nach. Bei der ersten Verfolgungsjagd hatte ihr Feind weder Ungeduld noch Verzweiflung gezeigt; im Gegenteil, er war eiskalt berechnend erschienen, mit einer geradezu angsteinflößenden Kompetenz.

Und zudem …

»Es sind zwei!«, brüllte Matt.

Sir Sidney wirbelte herum.

»Was?«

»Die *Ephyra* wurde von zwei Schiffen verfolgt, Kapitän. Von dieser Fregatte und einer *Sloop-of-War*.«

Sir Sidney verzog keine Miene, aber Matt konnte das Verstehen in seinen Augen aufschimmern sehen. Jedes Kriegsschiff unterhalb der sechs offiziellen Ränge der Royal Navy wurde als *Sloop-of-War* bezeichnet, und damit deckte dieser Begriff eine große Ansammlung unterschiedlichster Schiffe ab. Aber selbst eine kleine dieser Kriegsschaluppen besaß ein Kanonendeck und konnte die *Swallow* mit Leichtigkeit überwältigen. Schon rannten beide Männer zum Bug. Besorgt versuchte Matt, den dichten

Nebel voraus mit seinen Blicken zu durchdringen. Doch da war nichts. Oder … Ein Schemen. Rumpf, Segel, nah, viel zu nah.

»Hart Backbord!«

Im Nebel blitzte es auf. Eine Kanonenkugel surrte durch die Luft, dann kam das Donnern.

Das war ein einzelner Kanonenschuss der Fregatte gewesen … ein Signal. Zwei Jäger, eine Beute. Und die *Swallow* steckte in der Falle, in die Zange genommen wie ein Hirsch von einem Rudel Wölfe, das sich aufgeteilt und von zwei unterschiedlichen Seiten angeschlichen hatte.

Ob es am Nebel oder der Entfernung lag, die erste Salve der zwei Jagdgeschütze im Bug verfehlte die *Swallow* um ein gutes Stück. Doch das würde nicht so bleiben.

Jetzt war die Kriegsschaluppe ganz aus dem Nebel herausgekommen, und Matt konnte nun genau erkennen, mit welchen Gegnern sie es zu tun hatten. Die *Sloop-of-War* war eine Kriegsbrigg mit zwei rahgetakelten Masten und acht Geschützen, sodass sie allein schon der *Swallow* weit überlegen war. Dazu noch die Fregatte … Somit würden sie es mit zwei Kriegsschiffen, fast vierzig Kanonen, darunter 12-Pfünder, und mit über vierhundert Seeleuten und Marinesoldaten aufnehmen müssen – das war kein fairer Kampf.

Um sich herum konnte Matt ähnliche Gedanken in den ängstlichen Gesichtern der zusammengewürfelten Mannschaft der *Swallow* sehen. Alle blickten zu ihrem neuen Kapitän, der schon wieder auf das Achterdeck hastete und dabei Befehle rief.

Für einen Moment dachte Matt, dass Sir Sidney sie tatsächlich in die Schlacht werfen wollte, aber dann verstand er die Order: Sie würden fliehen.

Doch das war einfacher gesagt als getan. Die Fregatte schob

sich im lauen Wind des Morgens behäbig, aber unerbittlich an sie heran, um ihnen jede Passage nach Norden abzuschneiden. Sie konnten es auf keinen Fall riskieren, allzu nah an die 12-Pfünder heranzukommen. Währenddessen näherte sich ihnen die *Sloop-of-War* unbeirrt. Sie mochte das kleinere der beiden Kriegsschiffe sein, aber gegen eine Nussschale wie die *Swallow* spielte das keine Rolle.

Wieder flammten die Mündungen der Kanonen auf. Etwas sirrte über Matts Kopf hinweg, schlug durch Segeltuch und hinterließ ein großes Loch.

»Verdammt«, entfuhr es ihm. »Die schießen sich ein!«

Er rannte Richtung Heck, sprang auf die Reling und hielt sich mit nur einer Hand am stehenden Gut fest. Der Weg in die Nebelbank wurde ihnen von der Kriegsbrigg verwehrt, die Straße von Mytilini von der Fregatte. Im Westen war im diesigen Morgen die Insel Lesbos zu sehen, das Festland im Osten wurde noch von Nebelschwaden verborgen.

Vielleicht konnten sie sich dort kurz verstecken. Aber die Sonne würde früher oder später den Nebel auflösen und enthüllen, wo sie sich befanden. Und wer konnte schon ahnen, wie die Franzosen reagierten, wenn man sie zu einer Verfolgungsjagd aufforderte? Die Erfahrung an Bord der *Ephyra* ließ Matt nichts Gutes erhoffen.

Doch genau das schien der Plan von Sir Sidney zu sein, der mittlerweile den Befehl gegeben hatte, dass die *Swallow* auf die Nebelschwaden zusteuerte. Matt gesellte sich zu ihm.

»Der Nebel wird sich nicht halten«, hob er hervor.

»Nein, aber er erkauft uns Zeit«, erwiderte Sir Sidney, der mit dem Fernrohr zur Fregatte sah. »Zwei Strich Steuerbord. Wir müssen den Abstand halten.«

»Aye, aye«, kam die Bestätigung des Rudergängers. Der Wind spielte ihnen noch in die Hände, ließ er die Fregatte doch behäbig werden.

»Es ist die *Judicieuse*«, bemerkte Sir Sidney. »*Magicienne*-Klasse.« Er wandte sich Matt zu. »Die *Magicienne* wurde vor über zehn Jahren von der *HMS Chatham* gekapert. Ich kenne einige gute Männer, die auf ihr gedient haben. Ein feines Schiff. In Toulon gebaut, wenn ich mich nicht irre.«

Da war wieder dieser besondere Tonfall, so als würde er sich über die äußerst gefährliche Situation, in der sie steckten, geradezu freuen. Als ob es das ungleiche Duell besonders spannend machte, dass ihr weit überlegener Feind auch noch ein gutes Schiff besaß.

»Ihr könnt *le capitaine* ja zu seinem Kommando gratulieren, wenn Ihr ihm Euer Schwert überreicht«, hörte Matt sich sagen.

Einen Moment lang war Sir Sidney zu überrascht, um darauf etwas zu erwidern, dann lachte er auf.

»Ihr Amerikaner! Zu jeder unpassenden Gelegenheit müsst ihr ganz aufrichtig eure Meinung sagen!«

Kanonendonner ließ sie herumfahren. Die Geschosse verfehlten zum Glück die *Swallow* knapp.

»Habt Ihr einen Plan?«

»In den Nebel hinein.«

»Und dann?«

»Hoffen, dass uns etwas einfällt. Oder dass die Franzosen einen Fehler machen.«

Matt schüttelte den Kopf.

»Das werden sie nicht. Ich habe erlebt, wie dieser *Capitaine*«, er wies auf die *Judicieuse*, »wie ein Bluthund die *Ephyra* gejagt hat. Auf einen Fehler können wir nicht hoffen; dafür ist er zu gut.«

»Dann müssen wir besser sein«, stellte Sir Sidney das Offensichtliche fest und korrigierte den Kurs der *Swallow* wieder leicht.

Er wusste, was er tat; das musste Matt ihm zugestehen. Bislang schaffte er es, beide Verfolger auf genügend Abstand zu halten, indem er geschickt jedes noch so leichte Lüftchen ausnutzte. Sein Ruf schien nicht gänzlich unberechtigt zu sein.

Aber damit zögerten sie das Unvermeidliche nur heraus, wie Matt glaubte.

»Ich kenne diese Gewässer, war das erste Mal vor sehr langer Zeit hier. Und dann mit der *Lucy Belle*. Wir können hier nicht …«

Er verstummte. Die Ahnung einer Idee stieg in ihm auf. Sir Sidney sah ihn fragend an, doch sagte nichts, als wisse er, dass er Matts Gedankengänge nicht unterbrechen durfte, da sie sehr wertvoll sein könnten.

»Moschonisia«, hauchte Matt.

»Wie bitte?«

Matt riss seinem Kapitän das Fernrohr aus der Hand und suchte im Nordosten den Horizont ab. Im Grau konnte er so gerade eben einen dunklen Strich erkennen.

»Die Insel.« Er reichte Sir Sidney das Fernrohr zurück und wies mit dem Zeigefinger auf sie hin. »Dort.«

»Ich höre?«

Matts Gedanken rasten. Bilder, Fetzen von Erinnerungen.

»Wir haben dort geankert.« Er zögerte kurz. »Und Wasser aufgenommen.«

Sir Sidney war die Zurückhaltung in seiner Stimme nicht entgangen.

»Wasser?«

»Und Fracht«, gestand Matt. Es war nur ein wenig illegaler Schmuggel gewesen, kaum der Rede wert. Aber es war besser, die Royal Navy nicht mit der Nase darauf zu stoßen, auch wenn Sir Sidney derzeit sicherlich andere Probleme hatte.

»Wir haben Wasser und keinen Bedarf an Fracht.«

»Ja. Nein. Ich meine, dort gibt es eine Handvoll kleiner Inseln um Moschonisia herum. Es dürften sogar an die zwei Dutzend sein. Wasserstraßen, Untiefen.«

Der Plan nahm Gestalt an. Das Einzige, was ihnen unter ganz bestimmten Umständen zum Vorteil gereichte, war die geringe Größe der *Swallow*. Es gab keinen Wind, bei dem sie einer Fregatte wie der *Judicieuse* entkommen konnten, weder bei rauer noch bei spiegelglatter See. Aber ihr Tiefgang war deutlich geringer. Und selbst die *Sloop-of-War* war deutlich größer als die kleine *Swallow*.

»Kennen Sie diese Untiefen?«

Matt überlegte hastig. Sein Besuch der Insel Moschonisia lag schon Jahre zurück. Er war damals kaum mehr als ein Schiffsjunge gewesen – auf seiner ersten großen Fahrt über den Atlantik. In seinem Kopf tanzten Bilder von Felsen, die aus grüner See ragten, von alten Männern und Ziegen, die zu ihnen herüberstarrten.

Doch da waren auch noch mehr Erinnerungen: sein damaliger Kapitän, die langsame Fahrt zwischen den Klippen hindurch, das Gefühl des Windes, die Bewegungen des Schiffes, der Wellen, der Strömungen. Es war, als könne er das Meer immer noch in seinen Knochen spüren.

»Ja«, wagte er zu antworten.

»So gut, dass wir alles riskieren können?«

Matt sah ihm in die Augen.

»Ja.«

Es war nur eine kleine Lüge. Und was sollte schon passieren? Schlimmstenfalls ein weiterer Schiffbruch vor der Küste des Osmanischen Reiches. Sein zweiter in recht kurzer Zeit.

Sir Sidney glaubte ihm.

»Dann ist es unsere beste Chance«, sagte er, lief zurück zum Ruder und rief dabei anderen Seeleuten zu: »Kommt her. Wir haben keine Zeit zu verlieren.«

Er gab Anweisungen, Kurs auf die kleine Inselgruppe vor dem Festland zu nehmen.

Während sie darauf zuhielten, blickte Matt ein ums andere Mal besorgt zur *Judicieuse*. Die Fregatte hatte schon recht schnell erkannt, dass sie auf einem geänderten Kurs waren, und beeilte sich, ihnen den Weg zu den Inseln abzuschneiden.

»Das wird eng«, befand Matt nach einer Weile.

Diesmal antwortete Sir Sidney nicht. Die Anspannung stand ihm jetzt ins Antlitz geschrieben. So sehr Draufgänger, dass er aus kurzer Distanz in die Mündungen von dreizehn 12-Pfündern starren wollte, war er nun doch nicht. Doch Anzeichen von Angst bemerkte Matt bei ihm nicht, während er sie bei sich selbst körperlich fühlen konnte: Seine Finger kribbelten unangenehm.

Die Fregatte war mittlerweile viel zu nah. Selbst mit bloßem Auge konnte er jedes Detail an ihr ausmachen. Bei dem wenigen Seegang hatten sie längst die Kanonenluken geöffnet, und die schwarzen Eisenrohre ragten über die See hinaus.

»Jetzt werden wir sehen, was ihr *Capitaine* kann«, stellte Sir Sidney leise fest.

Matt wusste nicht, worauf er hoffen sollte. Würde die *Judicieuse* beidrehen und versuchen, sie mit einer Breitseite zur

Kapitulation zu zwingen? Oder gleich zum Entern ansetzen? Letzteres war riskanter …

»Sie wird feuern«, murmelte er.

»Wie bitte?«

»Sie wird feuern«, wiederholte er lauter, jetzt noch sicherer in seiner Einschätzung, die auf seiner Erfahrung bei der ersten Begegnung mit der Fregatte beruhte. »Der *Capitaine* glaubt, wir können nicht entkommen. Zu versuchen, uns jetzt zu entern, bringt sein Schiff und seine Mannschaft in Gefahr. Aber eine gute Breitseite zerschießt uns vielleicht Segelwerk, Takelage. Oder gar den Rumpf. Zwingt uns zur Aufgabe, ohne dass Blut von seinen Leuten fließen muss.«

Sir Sidney hob das Fernrohr wieder ans Auge, studierte ihren Feind genau, dann nickte er.

»Genau so würde ich es halten, wenn ich an seiner Stelle wäre. Englisches Blut für französisches.«

Und amerikanisches, dachte Matt im Stillen für sich.

»Sie haben ein bemerkenswertes Gespür für den Krieg zur See«, lobte Sir Sidney, dann wandte er sich an den Matrosen, den er noch in der Nacht zum Bootsmann befördert hatte: »Alles klar zur Wende. Aber keinen Ton, verstanden? Leise …«

Der graubärtige Seemann nickte und begann, den Befehl geflüstert an die Matrosen weiterzugeben.

»Wenn wir doch nur ein ordentliches Kriegsschiff hätten.« Sir Sidney seufzte theatralisch und lächelte dann Matt an. »Mit Ihnen an meiner Seite würden wir denen so richtig einheizen!«

Es fiel Matt schwer, das Lächeln zu erwidern. Zu groß waren die Umrisse der *Judicieuse* geworden, zu deutlich sah er ihre Bewaffnung. Und erinnerte sich daran, wie zielsicher sie bei ihrem letzten Aufeinandertreffen den Tod gesät hatte.

Alle schienen den Atem anzuhalten. Die Matrosen verharrten an ihren Positionen. Ihr Vertrauen in ihren Kapitän musste gewaltig sein, dass sie angesichts eines solchen Feindes nicht in Panik verfielen.

Aber selbst die See schien nur noch auf den nächsten Moment zu warten – so still war sie geworden. Die Welt fiel von Matt zurück. *Er wird nach Steuerbord abfallen lassen*, erkannte er. Backbord würde den Geschützmannschaften mehr Zeit zum Zielen geben, aber die Wende dauerte länger und war das riskantere Manöver. Wozu komplex, wenn es auch einfach ging?

Näher und näher kam die *Judicieuse*. Und Matt stellte seine Annahme infrage: Würde die Fregatte doch versuchen, sie zu entern? Sir Sidney leckte sich die Lippen. Schon konnte man die Gesichter der Franzosen erkennen. Und natürlich die Mündungen der 12-Pfünder.

Matt vergaß zu atmen. Alles hing von den nächsten Momenten ab: seine Zukunft, die der Mannschaft und des Kapitäns. Die Aufmerksamkeit des ganzen Universums schien auf die beiden Schiffe gerichtet zu sein.

Ein Befehl wehte zu ihnen herüber. Die *Judicieuse* drehte das Heck in den Wind.

»Jetzt!«, donnerte Sir Sidney.

Die *Swallow* neigte sich abrupt zur Seite. Holz knarzte, Männer riefen sich aus rauen Kehlen Kommandos zu.

Dann blühten feurige Blumen entlang der gesamten Flanke der *Judicieuse* auf. Diesmal waren sie so nah, dass Geschützdonner und Geschosse gleichzeitig über sie hereinbrachen.

Von einem Herzschlag zum nächsten wurde die *Swallow* in die Hölle gerissen.

Das Schiff erbebte unter den Einschlägen. Holz wurde unter lautem Krachen zerfetzt. Splitter schossen durch die Luft. Matt wurde herumgewirbelt, als etwas ihn in die Seite traf. Er taumelte, stürzte hart auf das Deck. Dann zogen sich der Lärm und das Chaos von ihm zurück. Er lag auf dem Rücken, blickte hoch durch die Takelage zum blauen Himmel. Eine Möwe schwebte auf ungesehenen Winden. Taue zuckten umher, das große Lateinersegel blähte sich trotz etlicher Löcher.

Dann kehrte die Welt schmerzhaft zurück. Feuer brandete seinen rechten Arm und die Schulter entlang, zog sich bis in den Hals und Kopf. Ein Stöhnen entrang sich seiner Kehle.

Andere schrien. Matt versuchte, sich aufzurichten, aber seine Hand rutschte im warmen Nass weg. Er hob sie hoch. Sie glänzte feucht-rot. Blut.

Angst durchzuckte ihn, ließ sogar den Schmerz verschwinden. *Mein Blut?*

Seine Hände tasteten seinen Leib ab. Dabei wandte er den Kopf zur Seite und sah den Bootsmann neben sich liegen. Die Augen entsetzt aufgerissen, das Gesicht mit der Wange auf den Planken. Ein roter Abgrund, wo seine Brust hätte sein sollen, darin weiße Knochenfragmente und Fleisch, von Blut benetzt. Blut, das sich über das Deck um ihn herum ergoss. In den Augen war kein Leben mehr, kein Gefühl, gar nichts. Matt kämpfte gegen die aufsteigende Übelkeit.

Eine Hand berührte ihn an der Schulter. Benommen sah er auf. Sir Sidney stand neben ihm, blutete aus einer Wunde an der Schläfe.

»Hoch mit Ihnen!«

Ohne nachzudenken, packte Matt die dargereichte Rechte und wurde mit Schwung wieder auf die Beine gezogen. Kaum stand er auf eigenen Füßen, klarte sich sein Geist auf wie die See an einem nebligen Frühlingsmorgen.

Die Treffer konzentrierten sich auf das Achterdeck – dank Sir Sidneys Manöver in allerletzter Sekunde. Dennoch war auch das Hauptdeck beschädigt, und dort lagen ebenfalls verletzte Matrosen in Lachen von Blut. Matt mochte sich nicht ausmalen, was geschehen wäre, wenn die *Judicieuse* sie mit der vollen Breitseite eingedeckt hätte.

Schmerzensschreie drangen an sein Ohr.

»Ruhe an Deck!«

Sir Sidneys Stimme schnitt durch die Kakophonie hindurch. Matt sah ihn ob des grausamen Befehls an, aber in der Miene des Kapitäns zeigte sich nur Mitgefühl. *Es ist noch nicht vorbei*, fuhr es Matt durch den Kopf.

»Bringt die Verwundeten unter Deck!«, befahl zur Sidney. »Zum Schiffsarzt. Die Trümmer gehen über Bord. Dann zurück auf eure Positionen!«

Sein Blick huschte kurz zu der Leiche zu ihren Füßen.

»Ich benötige einen neuen Bootsmann«, sagte er zu Matt. »Und das Schiff einen zuverlässigen Lotsen. Sind Sie bereit dazu?«

Matt presste die Lippen zusammen. Und mit einem Mal sprang die Entschlossenheit seines Kapitäns auf ihn über. Er war zum Kriegsdienst für eine andere Nation gepresst und mit der Lederpeitsche geschlagen worden, man hatte ihn gejagt und zum Schiffbrüchigen gemacht, der mit knapper Not dem Tod entronnen war. Es war an der Zeit, wieder Herr seines eigenen Schicksals zu werden. Matt kniff die Augen zusammen und nickte entschieden.

»Gut. Denn jetzt hängt alles von Ihnen ab.«

Matt holte tief Luft und trat vorn an die Reling des Achterdecks. Er bemühte sich, nicht auf die Schneisen zu achten, die quer über das Deck gerissen worden waren, auch nicht auf die Lachen von Blut auf den zersplitterten Planken.

Sie hatten nun beide Jäger hinter sich. Dank Sir Sidneys Seekriegskunst vergrößerte sich nun der Abstand, doch das würde nicht lange so bleiben. Vermutlich konnten beide Kriegsschiffe die *Swallow* bei diesem leichten Wind einholen – vermutlich sogar bei jedem Wind. Es war, als seien sie ein verletzter Hase und die französischen Schiffe die Jagdhunde, die sie hetzten.

Matt wusste, dass im Nordwesten der Muselimkanal lag. Dieser führte nördlich an Lesbos vorbei und auf die offene See. Das Verlangen, dorthin zu segeln, brannte in Matts Brust. Aber das würde eine Verfolgungsjagd bedeute, die sie nicht überleben könnten – es wäre purer Wahnsinn. Nein, ihr Ziel musste im Nordosten liegen, zwischen den Inseln im Golf von Edremit. Sein Herz schlug laut, als er nun Sir Sidney die Einfahrt in das Gewirr der Wasserstraßen anzeigte.

Die *Swallow* folgte den Befehlen ihres Kapitäns. Matt kam nicht umhin, das Zusammenspiel der Matrosen zu bewundern. Obwohl es ein kunterbunt zusammengewürfelter Haufen von verschiedenen Schiffen der Royal Navy war, schien es, als würden sie schon ihr ganzes Leben unter Sir Sidney auf diesem Schiff dienen. Ihre Disziplin angesichts weit überlegener Feinde und nach den schweren Einschlägen der Kanonenkugeln war bemerkenswert.

»Ich kenne die Inseln«, entfuhr es Sir Sidney.

Matt drehte sich überrascht zu ihm um.

»Ja?«

»In der Tat. Ich habe über sie gelesen.«

Nur gelesen? Matt bemühte sich, keine Miene zu verziehen.

»Im Süden gab es vor über zwanzig Jahren eine große Seeschlacht«, wusste Sir Sidney zu berichten. »Bei Çeşme. Anfang Juli 1770 stellten zwei Schwadronen der russischen Ostseeflotte eine osmanische Flotte und versenkten sie komplett.«

Er lachte beim Gedanken daran, was Matt zu der Frage veranlasste: »Was ist daran so amüsant?«

»Die russischen Gefangenen, die wir 1790 in der Seeschlacht am Svensksund gemacht haben, wollten einfach nicht aufhören, davon zu erzählen. Dabei hatten sie vor drei Jahren die Rolle der Osmanen übernommen und eine katastrophale Niederlage erlitten!«

Matt nickte. Ihn interessierten alte Kriegsgeschichten in ihrer aktuellen Lage nicht wirklich, aber es war gut, sich ein wenig abzulenken, während die französischen Schiffe langsam mit der Aufholjagd begannen.

»Was hat das mit den Inseln zu tun?«

»Ich hatte die russische Flotte und ihre Siege studiert, bevor wir in die Schlacht gefahren sind. Daher erinnerte ich mich, dass die Russen einen der osmanischen Offiziere bis hierher gejagt haben. Er hat sich auf den Inseln versteckt.«

»Ist er entkommen?«

»Nicht nur das. Er wurde *Kapudan Pascha* – so nennen die Osmanen ihren *First Admiral.*«

»Dann werte ich das mal als gutes Omen«, merkte Matt dazu an, was Sir Sidney wieder auflachen ließ.

»In der Tat. So sollten wir das sehen.«

Die *Swallow* glitt durch die Wasserwege zwischen den Inseln und Felsen. Matt konzentrierte sich, klaubte jeden Rest

Erinnerung aus seinem Hirn zusammen, um sich an die befahrbaren Engen zu erinnern.

Sir Sidney schritt zum Heck, wo er sich das Fernrohr ans Auge presste.

»Die *Judicieuse* fällt ab!«, rief er laut. »Sie wird wohl versuchen, uns im Norden den Weg abzuschneiden.« Mit federnden Schritten kam er zurück zu Matt. Es schien, als sei in seinem schlanken Leib zu viel Energie gefangen, die sich jetzt einen Ausweg suchte.

»Wir kommen dort nicht an ihr vorbei«, bemerkte Matt.

»Nein, unter normalen Bedingungen nicht. Aber wenn Sie uns hier im Labyrinth rund um Moschonisia ein Versteck suchen können, werden wir irgendwann eine Chance haben. Nachts oder bei schlechter Sicht können wir unbemerkt davonsegeln. Oder vielleicht ziehen andere Schiffe die Aufmerksamkeit der Franzosen auf sich …«

Es waren nicht die besten Aussichten, aber deutlich angenehmere, als auf offener See versenkt oder gekapert zu werden.

Die *Sloop-of-War* ließ jedoch nicht von ihnen ab. Als er das Donnern von Kanonen hörte, fuhr Matt erschrocken herum. Aber die Geschosse waren ein gutes Stück hinter ihnen ins Meer gestürzt, und er sah nur noch die Fontänen spritzen.

»Ganz schon hartnäckig«, murmelte er vor sich hin. Egal, was geschehen würde, es dürfte eine knappe Sache sein, so wie bei Ebbe über eine Sandbank zu rutschen … Er stutzte. Sein Mund wurde trocken.

»Backbord!«, rief er. »Ein Mann an den Bug, Lot in der Hand!«

»Was ist? Haben Sie sich vertan?«, fragte Sir Sidney sofort.

»Nein, ich habe eine Idee.« Er deutete auf die Wasserstraße, die seitlich von ihnen lag und aus der Felsen wie gierige Reißzähne ragten. »Dort hindurch!«

»Sind Sie des Wahnsinns, Mann? Da sieht man doch ...«

»Wollt Ihr den Franzosen entkommen oder nicht? Die *Swallow* hat dort eine Chance. Aber die ...«

Weiter musste er nicht sprechen. Sir Sidneys Augenausdruck zeigte an, dass er verstand, was Matt im Sinn hatte, und seine Miene war grimmig, als er zustimmend nickte.

»Also gut.« Er trat vor. »Ich will ständige Tiefenmessung!«

Anders als bei Matts Aufforderung wurde der Befehl des Kapitäns sofort weitergegeben. Einen Moment später trat ein junger, rothaariger Mann an den Bug und ließ ein Lot ins Wasser gleiten.

Als Nächstes ließ Sir Sidney noch mehr Segel setzen, um auch den letzten Lufthauch auszunutzen. Die felsenfreie Fläche Wasser zwischen den Inseln, deren Namen niemand an Bord kannte, war so schmal, dass sich Matts Kehle zusammenzog. Bei ihrer Schmugglerfahrt vor vielen Jahren wären sie nie auf die Idee gekommen, ihr Glück in der Weise aufs Spiel zu setzen. Aber die jetzigen Zeiten waren verzweifelter.

»Dreizehn Faden!«, meldete der Mann mit dem Lot.

Noch genug Wasser unter dem Kiel. Matt versuchte, den Tiefgang der *Swallow* zu schätzen. Ein Faden vielleicht, also etwa so groß wie er selbst. Die *Sloop-of-War* würde allein schon wegen ihrer Kanonen tiefer im Wasser liegen.

»Zehn Faden!«, kam der Ruf vom Bug.

Aber wie viel mehr Tiefgang das Kriegsschiff hatte, konnte Matt nur vermuten. Genug entsprechend seinem Plan, aber die See hatte oftmals die Angewohnheit, die Pläne von Menschen sehr töricht wirken zu lassen.

»Sieben Faden!«

Jetzt ging es mit den Tiefenmessungen rasch weiter. Matt achtete mit größter Konzentration auf die Meldungen, und so bemerkte er kaum, dass sie wieder unter Feuer genommen wurden. Wieder gab es keine Treffer, aber die Einschläge waren deutlich näher.

»Fünf Faden!«

Die Farbe des Wassers vor ihrem Bug veränderte sich von einem angenehmen, tiefen Blau zu einem hellen Grün. Matt beugte sich an Steuerbord weit über die Reling und schaute nach unten. Er konnte im klaren Sonnenlicht den Grund erkennen.

»Drei Faden!«

Noch immer hielt die *Sloop-of-War* unbeirrt Kurs auf sie. In Matt regten sich Zweifel. Wusste der Kapitän des feindlichen Schiffs mehr als er? Hatten die Franzosen genaue Karten an Bord?

»Zwei Faden!«

Zwischen den Inseln und Felsen würde die *Swallow* nicht manövrieren können. Der letzte Rest Vorteil war ihnen hier genommen. Auch wenn es ohnehin nicht viel bedeutete – Briggs waren berühmt dafür, fast auf der Stelle wenden zu können.

»Anderthalb Faden!«

Matt warf einen Blick über die Schulter, gerade rechtzeitig, um das Feuern der Geschütze ihrer Verfolger zu sehen. Diesmal waren sie nah genug heran. Eine Kugel raste über sie hinweg, die andere schlug so nah neben der *Swallow* ein, dass Matt von Gischt benetzt wurde.

»Ein Faden!«

In der Stimme des Mannes klang Angst mit. Er war noch jünger als Matt, was aber nicht viel bedeuten musste, konnten Seeleute doch schon von Kindesbeinen an auf Schiffen leben. Doch als er sich kurz umdrehte, war seinem Blick unter dem wilden Büschel roter Haare eine Unerfahrenheit zu entnehmen, die Matt einen Stich ins Herz versetzte.

Sir Sidney hingegen zeigte sich nach wie vor höchst selbstbewusst. Er hatte sich breitbeinig hingestellt, die Arme hinter dem Rücken, ein Handgelenk im Griff der anderen Hand. Er gab ein beeindruckendes Bild ab, als sei er der Stolz des Empire persönlich. Aber wenn sie auf Grund liefen, war das ohne Bedeutung.

Noch hoffte Matt jedoch ...

Ein Ruck fuhr durch das Schiff: ein Knirschen, das durch Mark und Bein ging. Matt taumelte, hielt sich am stehenden Gut fest. Einen schrecklichen Atemzug lang dachte er, nun sei es vorbei, doch die *Swallow* segelte noch.

Kratzen von Holz auf Stein, ein mehrmaliges Splittern, doch sie glitt weiter durchs Wasser.

»Drei Mann in den Laderaum!«, befahl Sir Sidney. »Schäden inspizieren!«

Ihr provisorisch eingesetzter Schiffszimmermann hob zur Bestätigung salutierend Zeigefinger und Daumen an die Stirn und stieg mit zwei anderen Matrosen hinab.

»Wir sollten eine Eimerkette bilden«, schlug Matt vor, was der Kapitän mit einem Nicken quittierte.

»Bald. Noch sind wir nicht ...«

Wieder ein Ruck. Einen Herzschlag lang verharrte die *Swallow*, dann schob sie sich mit einem Ächzen über das unsichtbare Hindernis und segelte abermals weiter. Matt konnte es an ihren Bewegungen spüren, wie die Wellen sich an sie schmiegten. Sie war frei.

Holz splitterte, Taue rissen mit lauten Schlägen. Kanonen donnerten – nah, viel zu nah.

»Runter damit«, brüllte Sir Sidney und wies auf ein Gewirr von Tauen und zerborstenem Holz, das auf das Hauptdeck gefallen war. Sofort machten sich Matrosen mit Beilen daran, Taue zu durchtrennen und Holz zu zerhacken.

»Diese Bastarde«, knurrte Sir Sidney, und Matt war gewillt, ihm beizupflichten.

Er sah zur *Sloop-of-War*, die immer noch auf sie zusegelte. Aber bald würde sie abdrehen müssen, würde ihr *Capitaine* gewiss erkennen, dass es sinnlos war, die Jagd weiter fortzusetzen. Doch noch war die *Swallow* lange nicht aus der Reichweite der Kanonen … ihnen drohte noch mindestens eine Salve.

»Zwei Faden!«, erklang die beruhigende Meldung vom Bug.

Näher und näher kam ihr Feind. Matt zog die Augenbrauen zusammen.

»Was … wieso dreht er nicht ab?«

Neben ihm zog sich ein breites Grinsen über Sir Sidneys Züge.

Dann dämmerte es Matt: »Jagdfieber!«

»Das ist ihr Untergang!«, rief der Kapitän triumphierend.

Es war unausweichlich, ein schreckliches Schicksal selbst für einen Feind. Und doch konnte Matt die Augen von ihren Verfolgern nicht abwenden.

Die *Sloop-of-War* hatte jeden Fetzen Segel gesetzt und machte überraschend gute Fahrt in Anbetracht des schwachen Winds. Deshalb hatte sie die *Swallow* auch so schnell eingeholt. Und nun drängte sie darauf, die zum Greifen nahe Beute zu erlegen.

So nah war sie, dass Matt die Gesichter der Franzosen sehen konnte. Und ihren Schock, als ihr Schiff auf Grund lief. Im Unterschied zur *Swallow* hatte die Kriegsbrigg zu viel Tiefgang. Unter lautem Krachen schob sie sich auf die Felsen, erzitterte, hob sich regelrecht aus dem Wasser. Der Hauptmast bebte, splitterte, neigte sich zur Seite, nur noch vom stehenden Gut gehalten. Männer stürzten laut schreiend über Bord. Die *Sloop-of-War* legte sich wie ein waidwundes Tier auf die Seite. Die tonnenschweren Geschütze rissen sich von ihren Tauen los, rollten über das Deck, durchbrachen Holz, zermalmten Leiber, und einige von ihnen stürzten mit lautem Klatschen ins Wasser.

Es war ein Anblick, den Matt niemals vergessen würde. Ein stolzes Kriegsschiff wurde in wenigen Augenblicken zum Wrack. Und ihre Jäger waren nun der Gnade des Meeres ausgeliefert.

Der leichte Seegang drückte die Kriegsbrigg immer wieder gegen die Felsen. Mit der kommenden Ebbe würde es nur noch schlimmer werden. Dieses Schiff war unrettbar verloren, sein Leib aufgeschlitzt, seine Masten gebrochen. Es war ein waidwundes Tier, das in einer tödlichen Falle festsaß.

»Sollten wir nicht … helfen?«, fragte Matt benommen.

Sir Sidney war schon wieder nach vorn getreten, als lasse ihn das Bild der zerstörten Kriegsbrigg kalt.

»Bericht!«, forderte er laut.

Im nächsten Moment hob der Schiffszimmermann den Kopf aus dem Niedergang und schaute zu ihnen hoch. Sein grauweißer Backenbart ließ ihn ehrwürdig aussehen, aber in seinen Worten klang ein harter Liverpooler Akzent mit, als er antwortete: »Sie hat gehalten, Sir. Nur kleine Lecks. Die können wir sofort flicken.«

Sir Sidney legte erfreut die Hände zusammen.

»Wunderbar! Gleich an die Arbeit. Und schöpft alles Seewasser aus der Bilge!«

»Aye, aye, Käpt'n.«

Matt trat neben Sir Sidney. Die Unbekümmertheit seines Kapitäns angesichts des Leids achtern ließ seine Stimme kalt werden.

»Sollten wir nicht helfen?«

Sir Sidney sah ihn kurz an.

»Euer Mitgefühl ehrt Sie, mein amerikanischer Freund, aber wir sind im Krieg.«

»Das ist doch kein Grund ... Die Gesetze der Seefahrt ...«

Sir Sidney hob die Hand.

»Sie missverstehen mich. Ihnen droht wenig direkte Gefahr. Kein Sturm kommt auf, und es ist Land ganz in der Nähe. Ich meine, bei Gott, vermutlich können einige da, wo sie ins Wasser gefallen sind, sogar stehen, so flach ist es!«

Er grinste, als sei das ein formidabler Scherz. Als er Matts noch immer in Falten gelegte Stirn sah, seufzte er, bevor er fortfuhr: »Keine Sorge. Wir Engländer sind keine Unmenschen, ganz egal, was man in Philadelphia oder Boston über uns erzählt.«

Er deutete voraus.

»Wir segeln bis zu einer Stelle, von wo aus wir die Inseln rasch hinter uns lassen können, und verbergen die *Swallow* irgendwo. Und dann gehen wir beide an Land und signalisieren der *Judicieuse*, dass wir verhandeln wollen. Ich bin sicher, *le capitaine* wird das Leben seiner Landsleute über eine Nussschale wie die unsrige stellen und ihnen zu Hilfe eilen.«

Matt atmete aus. Der Plan war gut. Den Schiffbrüchigen

würde geholfen werden, und gleichzeitig war ihr Weg in die Ägäis frei. Er nickte.

»Es tut mir leid …«

Sir Sidney winkte lächelnd ab.

»Sie sind ein famoser Seemann, Matthew, aber über den Krieg müssen Sie noch etwas lernen. Bleiben Sie an meiner Seite, und ich verspreche Ihnen, das wird geschehen.«

Die Anspannung fiel von Matt ab. Nicht erst seit sie aus dem Hafen von Smyrna geschlichen waren, hatte er sich wie eine Ratte in der Falle gefühlt.

Jetzt jedoch lag ein offenes Meer vor ihm, das im Sonnenlicht verheißungsvoll funkelte, und irgendwo jenseits des Horizontes seine Heimat.

KAPITEL 15

Ägäis, November 1793

»Meine Herren! Auf den Krieg!«, rief Sir Sidney frohgestimmt, der die winzige Kajüte am Heck des Schiffes hatte leer räumen und das Mobiliar durch einen Tisch ersetzen lassen, an dem die acht Männer so gerade eben Platz fanden.

Alle hoben die Gläser. Matt murmelte undeutlich vor sich hin, während der Rest der anwesenden Seeleute die letzten drei Wörter des Kapitäns wiederholte und lachend anstieß. Es gelang ihm nicht, einen Toast auf einen Krieg auszusprechen, mit dem sein Heimatland nichts zu tun hatte und in den er gegen seinen Willen hineingeraten war.

Die Briten hingegen strahlten. Selbst jene, die erst vor relativ kurzer Zeit ihr Schiff an den Feind verloren hatten. So viele ihrer Kameraden auch ertrunken waren – sie hatten überlebt.

»Möge er aus Leutnants Kapitäne und aus Kapitänen Admirale machen«, fügte Sir Sidney mit einem Augenzwinkern hinzu.

Trotz dieser makabren Anspielung brandete erneut Lachen auf. Ob der allgemeinen Freude musste Matt lächeln und schüttelte den Kopf.

»Seien Sie nicht so hart in Ihrem Urteil über uns, Matt«, bat Sir Sidney gutgelaunt. »Es war ein famoser Sieg. Und wir alle hier kennen die Gefahr des Friedens.«

»Gefahr des Friedens?« Matt hob eine Augenbraue.

»Halber Sold«, kam es, wie aus der Pistole geschossen, gleich aus mehreren Richtungen, dann folgte ein Prusten und Kichern.

»Sehen Sie, wenn die Marine unserer Königlichen Hoheit keinen Bedarf an guten Männern hat, weil zum Beispiel Frieden herrscht, dann werden Seeleute wie ich einfach an Land geschickt.« Sir Sidney hob erneut das Glas. »Bei halbem Sold. Von dem kein ehrbarer Mann leben kann.«

»Aber wenn es Krieg gibt«, ergänzte ein schlaksiger junger Fähnrich, der sich einst mit sehr ernster Miene als Mr Boyd vorgestellt hatte, »dann braucht sie alle und jeden. Kann gar nicht genug bekommen.«

»Genau«, fuhr Fletcher fort, einer der Überlebenden der *Ephyra* – ein Bootsmannsmaat mit hellrotem Haar, der die Sonne über der Ägäis gar nicht gut vertrug. »Und im Krieg gibt es Schlachten. Und in Schlachten sterben Menschen. Auch Offiziere. Die ersetzt werden müssen, was zu zahlreichen Beförderungen führt.«

Sir Sidney zuckte mit den Schultern, als wolle er zum Ausdruck bringen, dass das Leben nun mal so war und man nichts dagegen machen konnte.

»Karrieren werden im Krieg gemacht«, erklärte er beinahe entschuldigend. »Deshalb habe ich es vorgezogen, mich in den Dienst ausländischer Monarchen zu stellen. Lieber eine Kugel in den Kopf, als an Langeweile zu sterben!«

»Hört, hört!«

Wieder tranken alle, und auch Matt nahm einen Schluck, wenn auch nachdenklicher als der Rest.

»Ihr Engländer nun wieder«, sagte er schließlich, was einige dazu veranlasste, genervt aufzuseufzen. Verwirrt sah er sich um.

»Ich bin Schotte«, rief Boyd empört.

Er schlug sich mit der flachen Hand auf die Brust, die er

stolz vorgestreckt hatte. Seine selbstsichere Geste wurde allerdings durch den Husten, der darauf folgte, konterkariert.

»Und Nicholas stammt aus Irland«, betonte Sir Sidney und zeigte auf einen seiner Vertrauten, einen kleinen, unscheinbaren Mann mit einem prachtvollen Backenbart, der ihm nicht unfreundlich zunickte.

»Wir sind Bastarde aller britischen Inseln«, knurrte Fletcher. »Meine Familie stammt aus Wales und …«

»Fickt Schafe!«, fielen ihm einige der anderen ins Wort.

Matt zuckte unwillkürlich zusammen und befürchtete eine erboste Reaktion des Beleidigten.

Der Waliser funkelte zwar wütend in die Runde, lehnte sich dann aber zurück und drehte Matt das Gesicht zu.

»Du hörst hier den Neid all jener, deren Schafe minderwertige Wolle produzieren, Amerikaner.«

Das führte zu einem Wortgefecht über Schafswolle im Besonderen und die Vorzüge der jeweiligen Heimat im Allgemeinen, dem Matt kaum folgen konnte. Das lag nicht nur an den verschiedenen Dialekten, in denen jetzt gnadenlos gesprochen wurde, sondern auch an den Beleidigungen, die seltsam speziell zu sein schienen, und an den Lobpreisungen von britischen Landstrichen, deren Namen ihm kaum etwas sagten.

Albington, der sich mit großer Hingabe um die Verletzten der *Swallow* gekümmert hatte, schwieg bei den leidenschaftlich geführten Diskussionen und nippte an seinem Portwein; sein eigenes Unwohlsein – wahrscheinlich war seine Fischsuppe in der Taverne ein wenig schlecht gewesen – hatte er inzwischen längst vergessen. Und Sir Sidney betrachtete amüsiert die Szenerie, also ließ sich auch Matt nicht von den lauten Protesten, Androhungen von Gewalt und inbrünstigen Schwüren beeindrucken, die offenbar alle nicht allzu ernst gemeint waren. Schließlich ebbte die Auseinandersetzung ab, und Stille senkte sich über ihre kleine Runde.

Dann wurde das Essen aufgetragen. Es als ein Festmahl zu bezeichnen wäre vermessen gewesen, aber es war ordentlich, was der Smutje aus ihren Vorräten gezaubert hatte. Und Sir Sidney hatte einige Flaschen Portwein aus seinem persönlichen Vorrat gespendet, und Matt musste gestehen, dass ihm der starke Wein vorzüglich mundete. Alle sprachen ihm enthusiastisch zu, und die Stimmung war bald ausgelassen.

Langsam flammten wieder Streitgespräche auf, aber Matt hörte nur mit einem halben Ohr zu. Der Alkohol wärmte seinen wohlgefüllten Bauch und stieg ihm angenehm zu Kopf, schuf eine Distanz zu der Welt, was ihm nach all dem Schrecken der letzten Wochen höchst willkommen war.

Auf einem Kriegsschiff hätten an einer solchen Siegesfeier ausschließlich der Kapitän und seine ranghöchsten Offiziere teilgenommen, doch hier waren abgesehen von Sir Sidney und dem Doktor die anderen Anwesenden Offiziersanwärter oder einfach nur erfahrene Seeleute. Aber es waren jene Männer, die Sir Sidney ausgesucht hatte, unter seinem Kommando die *Swallow* zu führen.

Matt beendete schließlich sein Mahl, indem er ein Stück dunkles Brot in die übrig gebliebene Soße auf seinem Teller tunkte und es sich genüsslich in den Mund schob – weniger aus Hunger, sondern mehr aus Lust am Geschmack, den er mit einem weiteren Schluck Port abrundete. So gut hatte er lange nicht mehr gegessen. Die *Swallow* rollte die ganze Zeit über sanft auf der Dünung, ihr Holz knarzte sanft wie das Flüstern einer Geliebten, und so fühlte sich Matt rundum wohl.

»Was sehen Eure konkreten Pläne für die nächste Zukunft aus, Sir Sidney?«, erkundigte sich Albington, was Matt wieder aufhorchen ließ; auch die anderen beendeten ihr Gespräche und blickten interessiert zum Kapitän.

Sir Sidney tupfte sich sorgfältig mit der Serviette die Lippen ab, bevor er den Schiffsarzt mit einem abschätzenden Blick bedachte.

»Nun, Mr Albington, wir haben die größte Gefahr hinter uns gelassen. Es steht nicht zu befürchten, dass noch mehr französische Korsaren unseren Kurs kreuzen werden. Deshalb werden wir, so schnell uns der Wind voranbringt, nach Westen segeln, wo wir die Mittelmeerflotte finden werden, der wir uns anschließen.«

Er legte eine Pause ein, spannte sie alle auf die Folter.

»Ich erwarte, bald ein Kommando zu erhalten«, fuhr er schließlich ohne eine Spur von Hochmut fort. Er schenkte ihnen ein Lächeln. »Und, meine Herren, ich werde gute Männer für mein Schiff benötigen. Männer wie Sie.«

Es war sehr still geworden. Alle hingen an seinen Lippen. Dann heftete sich sein Blick auf Matt.

»Beförderungen stehen in Aussicht.«

Jubel um Matt herum, der sich immer noch nicht als Teil dieser Welt empfand, auch wenn ihm andere gratulierend auf die Schulter schlugen. Wie schnell ein Sieg einen zum hochgeschätzten Mitglied einer Gruppe werden ließ. Vor wenigen Tagen hatte er noch in einem provisorischen Gefängnis gesteckt und mit seiner Hinrichtung rechnen müssen, und jetzt hießen ihn dieselben Männer, die ihn ohne zu zögern aufgeknüpft hätten, in ihrer Mitte begeistert willkommen.

Matt bemerkte Sir Sidneys feines Lächeln und fragte sich,

ob es weniger der Sieg als vielmehr ihr Kapitän war, der die Verantwortung für diesen speziellen Wetterumschwung trug. Er war ein Kriegsheld, der auf etliche Erfolge zurückblicken konnte, und versprach seinen Männern viel, was ihre Loyalität weckte – zu ihm und zu denen, die er wertschätzte.

»Ich bin einfach nur froh, wenn ich irgendwann diese gottverlassene See hinter mir lassen kann«, murmelte Albington, und Matt legte ihm tröstend die Hand auf den Arm. Der Doktor hatte all das Leid und den Tod so vieler Menschen nicht vergessen. Und schien wenig erpicht auf noch mehr davon.

Matt hob sein Glas.

»Amen, Doc. Amen.«

Aber die anderen ließen sich ihre Laune von der düsteren Stimmung des Schiffsarztes nicht verderben. Sie hatten einen großen Sieg errungen und wollten ihn und sich feiern.

Und dabei bezogen sie sogar den Amerikaner mit ein. Es half sicherlich, dass Sir Sidney ihm offensichtlich wohlgesinnt war, aber sein Beitrag zu ihrer spektakulären Flucht war ihnen nicht entgangen.

Sir Sidney lehnte sich vor und winkte Matt zu sich heran.

»Was halten Sie von der *Swallow*, Matthew?«

Um Zeit zu gewinnen, ließ Matt einen kleinen Schluck Port in seinem Mund kreisen.

»Ein gutes Schiff«, antwortete er schließlich. »Aber nicht geeignet für den Krieg.«

Sir Sidney lächelte.

»Aye. Aber klein und schnell genug, um an allem vorbeizuschlüpfen, das uns fangen will.«

»Wie schon bewiesen.«

»Ha! Allerdings, allerdings.« Sir Sidney wurde ernst. »Wie gesagt, ich werde gute Männer benötigen, sobald wir die Flotte erreichen.«

»Nehmt Ihr Euer Versprechen zurück, Sir Sidney?«

Der Vorwurf schien ihn ehrlich zu treffen.

»Keineswegs, Matthew. Ich stehe natürlich zu meinem Wort. Das ist nur ein Angebot. Die *Swallow* ist ein gutes Schiff, aber Sie sind zu begabt, um Holz und Reis und Tuch von einem Hafen zum nächsten zu bringen. Erinnern Sie sich an die *Ephyra*? Stellen Sie sich einmal vor, was Sie mit einem solchen Schiff erreichen könnten!«

Es war ein durchaus verlockender Gedanke. Aber die Erwähnung der Fregatte ließ zu viele schlechte Erinnerungen an die Oberfläche steigen.

Das musste seiner Miene zu entnehmen sein, denn Sir Sidney lehnte sich mit einem enttäuschten Gesichtsausdruck wieder zurück.

»Sie und ich, wir sind aus dem gleichen Holz geschnitzt«, sagte er dennoch. »Sie werden schon noch sehen!«

Die ehrliche Anerkennung, die Matt in den Worten spüren konnte, berührte ihn tief. Sir Sidney schmierte ihm nicht einfach Honig um den Bart, da war er sich sicher. Selbst auf der *Lucy Belle* hatte er sich nicht so wertgeschätzt gefühlt.

Und es stand außer Frage, dass Sir Sidney ein ehrenwerter Mann war. Matt sah zu Albington, der sich in seinem Stuhl zurückgelehnt hatte und dem der Alkohol in die Wangen stieg und sie rot färbte.

Die schlimmen Erfahrungen mit Briten überwogen zwar, aber Matt hatte unter ihnen auch gute Menschen kennengelernt. Fast würde er den Schiffsarzt sogar einen Freund nennen … Nein, nicht fast. Albington war ihm die ganze Zeit über ein treuer Freund gewesen.

»Was meint Ihr damit?«, fragte er schließlich Sir Sidney.

»Wie bitte?«

»Ihr sagtet, wir seien aus dem gleichen Holz geschnitzt. Was bedeutet das?«

Sir Sidney zögerte, schien seine nächsten Worte genau abzuwägen.

»Wir sind Männer der See, Matt. Es mag pathetisch klingen, aber ihr salziges Wasser fließt in unseren Adern. Mehr noch sind wir aber Männer der Tat. Wir ziehen es vor, das Ruder unseres Schicksals selbst in den Händen zu halten, auch wenn die Stürme um uns toben. Lieber an den Klippen zerschellen, als die Fahrt gar nicht erst zu wagen.«

Matt legte den Kopf auf die Seite und ließ die Worte auf sich wirken. So hatte er sich selbst noch nie wahrgenommen. Im Gegenteil, in letzter Zeit fühlte er sich nur selten als Herr seines eigenen Schicksals; zu oft lag es in den Händen anderer.

»Und wir sind Fremde in unserer Welt«, führte Sir Sidney deutlich leiser weiter aus. Er lehnte sich vor, als wolle er Matt in eine Verschwörung einweihen. »Außenseiter. Man misstraut uns trotz allem, was wir geleistet haben. Und wir haben viel geleistet!«

Im Kreise der anwesenden Engländer wirkte die Aussage verwunderlich, aber Matt sah einen tiefen Schmerz in Sir Sidneys Augen.

Zuerst sperrte sich sein Innerstes gegen diese Einschätzung seiner Taten, aber dann erkannte er, dass sie so auf Mitmenschen, die ihm nicht feindselig gesinnt waren, wirken mussten. Albington hatte ihn immer in den höchsten Tönen gelobt, und seine Rolle und seine Handlungsweise während des Untergangs der *Ephyra* sehr positiv dargestellt. Dann seine Hilfe bei ihrer Flucht aus den Gewässern vor Smyrna und der Überlistung ihrer Verfolger.

Für ihn waren es immer nur Handlungen des Augenblicks gewesen: Er hatte getan, was ihm notwendig erschienen war. Aber andere nahmen das offensichtlich weitaus positiver wahr.

»Ihr ehrt mich, Sir Sidney, aber ich habe nichts Außergewöhnliches geleistet«, erwiderte er. »Nur versucht zu überleben.«

»Und so viele andere sind gestorben.«

So klang es wie ein Verdienst, aber Matt wusste, dass der Tod nicht gerecht war. Schon gar nicht bei einem Gefecht oder dem Untergang eines Schiffes. Er konnte zu jedem kommen, ungeachtet des Ranges, der Taten, des Glaubens.

»Mögen sie in Frieden ruhen«, warf Albington ein, und Matt murmelte die Worte nach.

Die Äußerung des Schiffsarztes führte dazu, dass Sir Sidney seine Aufmerksamkeit nun auf ihn richtete.

»Sind Sie gläubig, Doktor?«

Albington räusperte sich.

»Nun ja …«, hob er schwerfällig an. »Sicherlich. So gut man das eben auf See sein kann.« Er warf einen fast schon panischen Blick in die Runde. »So ohne Kirchen, meine ich.«

»Wir sollten Gottesdienste abhalten – auch ohne einen Priester«, schlug Sir Sidney vor. »Ich kann zumindest einige Passagen aus der Heiligen Schrift lesen. Zur seelischen Erbauung.«

Matt nickte bedächtig. Seelische Erbauung schien ihm angemessen.

Über Albingtons Züge flog für einen kurzen Augenblick eine dunkle Wolke, doch dann pflichtete er dem Kapitän bei.

»Es kann nur guttun.«

»Dann ist es abgemacht«, entschied Sir Sidney.

Der Rest des Abends verging in ausgelassener Trunkenheit.

KAPITEL 16

Tyrrhenisches Meer, November 1793

»Ahoi *HMS Mermaid*! Kapitän Smith von der *Swallow* hier!«

Die See war rau so spät im Jahr. Vernünftige Seeleute hätten ein kleines Schiff wie die *Swallow* nicht den Gefahren der Herbststürme ausgesetzt, die selbst im ansonsten ruhigeren Mittelmeer von beeindruckender Wildheit sein konnten. Aber im Krieg gab es wenig Vernunft, wie Matt schnell gelernt hatte.

Die Fregatte, die kaum zwei Pistolenschussweiten entfernt mit gerafften Segeln trieb, war besser ausgestattet, um hartes Wetter zu überstehen. An ihrer Reling hatte sich scheinbar die halbe Besatzung versammelt; eine Ablenkung vom langweiligen Routinealltag, wie Matt vermutete. Der Kapitän stand mit einem Sprachrohr auf dem Achterdeck und antwortete auf Sir Sidneys Ruf.

»Ahoi *Swallow*! Kapitän Trigge an Sir Sidney!«

Neben Matt hob Sir Sidney grüßend den Arm, sichtlich erfreut darüber, erkannt worden zu sein.

»Liegt die Flotte noch in Toulon? Hält Vizeadmiral Hood die Stadt?«

»Aye!«

»Wunderbar«, rief Sir Sidney, ohne das Sprachrohr an den Mund zu heben. »Ruhm und Ehre warten noch auf uns.«

Zweifelnd blickte Matt zu der britischen Fregatte hinüber. Zweiunddreißig Geschütze, den Linien nach noch nicht allzu alt. Für den Krieg hatten die Briten alles, was noch schwamm und Kanonen tragen konnte, wieder in den Dienst gestellt.

Aber dem ersten Eindruck nach zu schließen war dieses Schiff für die Schlacht einsatzbereit.

»Die *Active* hat keinen guten Ruf«, murmelte Fletcher neben ihm und spie einen gelben Strang aus Speichel ins Meer. »Und die *Mermaid* ist ihr nachgebaut.«

Der Bootsmannsmaat hatte sich ein als wandelndes Lexikon der Royal Navy entpuppt, der schon auf einem Dutzend Schiffen gesegelt war und auf den restlichen Kameraden hatte, dank derer er bestens über jedes Seegefährt informiert war.

»Erlaubnis, an Bord kommen zu dürfen?«, rief Sir Sidney.

Das überraschte Matt. Er warf einen Seitenblick zu Fletcher, der mit den Schultern zuckte.

Als die bejahende Antwort kam, versammelte der Kapitän einen kleinen Trupp um sich und ließ das Beiboot längsseits holen.

»Kommen Sie, Matt?«

Nach seinen Erfahrungen auf der *Ephyra* verspürte Matt wenig Lust, eine weitere britische Fregatte zu betreten, aber er nickte und stieg das Fallreep hinab. Die Wellen hoben und senkten Schiff und Boot, und immer wieder öffnete sich unter seinen Füßen ein grauer Mund Seewasser mit weißen Schaumzähnen, der ihn nur zu gern verschlungen hätte.

Aber Matt wartete den richtigen Moment ab, sprang das letzte Stück hinunter und ließ die Abwärtsbewegung seinen Aufprall abfedern.

Zum Glück dauerte es kaum eine Minute, zur *Mermaid* überzusetzen, und nach der kurzen, recht unruhigen Bootsfahrt kletterte Matt dankbar auf das große Schiff.

An Bord wurden sie mit vollen Ehren empfangen; ein Spalier der Mannschaft führte sie zu Kapitän Trigge.

»Vielen Dank, Kapitän.« Sir Sidney hob grüßend den Zweispitz.

Die Geste wurde erwidert.

»Sir Sidney.«

Um sie herum ein Meer aus gebräunten Gesichtern. Die Männer an Bord waren fraglos schon länger im Mittelmeer auf Fahrt. Hier und da sah Matt ein abschätziges Grinsen, das wohl darauf zurückzuführen war, dass ihre *Swallow* viel zu klein war, um eine militärische Rolle zu spielen; aber die meisten schienen die Unterbrechung ihres Alltags zu genießen.

»Ich will Sie gar nicht lange aufhalten, Kapitän. Wir sind auf dem Weg zur Flotte, um uns ihr anzuschließen.« Sir Sidney hielt inne, lächelte verschmitzt. »Unsere Expertise wollen wir einbringen, nicht unser Schiff.«

Kapitän Trigge verzog kurz das Gesicht.

»In Toulon können wir jeden Mann gebrauchen, Sir Sidney.«

»Steht es so schlimm um die Stadt?«

Jetzt trat Kapitän Trigge einen Schritt näher an sie heran und sprach anschließend so leise, dass Matt sich vorbeugen musste, um seine Worte mitzubekommen. Die Besatzung spitzte die Ohren, aber er bezweifelte, dass jemand genug verstand.

»Die Schlinge zieht sich immer enger. Wir sind seit einigen Wochen auf See, Befehl von Vizeadmiral Hood persönlich. Aber sollte nicht endlich Ersatz eingetroffen sein ...«

Er musste nicht weitersprechen. Sein Tonfall und die besorgte Miene reichten aus.

»Können wir denn mit Verstärkung rechnen?«, wollte Sir Sidney wissen.

Kapitän Trigge seufzte.

»Der Vizeadmiral geht fest davon aus. Ich kann jedoch nicht behaupten, dass ich seine Zuversicht teile. Wir haben einige Postschiffe getroffen, und auch wenn der Krieg an anderen Orten besser zu laufen scheint, befürchte ich, dass die *2/1st Royals* und *1st/18th Irish Royals* die letzten Truppen von Substanz waren. Das war im Oktober.«

Schnell rechnete Matt nach. Bei den derzeitigen Winden würden sie Toulon erst im Dezember erreichen. Die *Swallow* war einfach nicht für dieses Wetter gemacht. Der Miene von Kapitän Trigge nach zu urteilen war es höchst fraglich, ob Toulon dann nicht schon längst von französischen Revolutionstruppen erobert sein würde.

»Substanz?«, hakte Sir Sidney nach.

»Sizilianer, Sardinier, Spanier, Franzosen. Schlecht ausgebildet, undiszipliniert. Ich würde mich ungern auf sie verlassen, wenn es hart auf hart kommt. Obgleich die Stadt schon im September in unserer Hand war, haben die Franzosen dort bis in den Oktober ihre verfluchte Trikolore über dem Hafen wehen lassen – als ob sie insgeheim mit den französischen Revolutionären sympathisieren würden. Bis der Vizeadmiral sie dazu gebracht hat, die Lilie der Bourbonen zu hissen.«

Jetzt hatte er im Zorn wieder lauter gesprochen, und seine Mannschaft zeigte sich ebenso empört wie er. Beinahe hätte Matt lachen müssen, doch er konnte sich zurückhalten. Noch immer hatte er seltsamerweise das Gefühl, als würde der Krieg zwischen Briten und Franzosen ihn nichts angehen – so als ob er ein Zaungast sei, der zwei streitenden Männern zusah, die sich wüst aus Gründen beschimpften, die ihm egal waren.

Matt fiel auf, dass die schlechten Neuigkeiten Sir Sidney

nicht anzufechten schienen. Im Gegenteil, er bedankte sich überschwänglich bei Kapitän Trigge, informierte ihn über ihre eigenen Erlebnisse während der letzten Wochen und verabschiedete sich dann mit geübter Höflichkeit.

Als sie wieder im Beiboot zwischen den Schiffen schaukelten, beugte er sich zu Matt vor.

»Das klingt doch alles ganz vielversprechend, was wir gehört haben!«

»Ihr meint, dass die Stadt im Würgegriff Eurer Feinde liegt?«

Sir Sidney nickte.

»Viel Feind, viel Ehr, Matt. Und wie es klingt, gibt es in Toulon viele Feinde!«

KAPITEL 17

Golfe du Lion, Dezember 1793

Von Weitem betrachtet, wirkte die Bucht beinahe friedlich. Wären da nicht Mündungsfeuer und Pulverdampf gewesen, hätte Toulon so ausgesehen wie das letzte Mal, als Matt dort in den Hafen eingelaufen war.

Das Donnern in der Ferne hätte man für ein Gewitter halten können. Aber es war der Herzschlag des Krieges, der Toulon fest im Griff hielt.

Die *Swallow* passierte eine Reihe kleinerer Schiffe, die vor einem überraschenden Angriff von See warnen sollten.

Die Stadt selbst lag in einem Naturhafen, der vor den Elementen schützte. Aber um von der Großen Reede in die Kleine Reede zu kommen, mussten sie die Mündung passieren, die von Forts bewacht wurde, die bis an die Zähne bewaffnet waren.

Glücklicherweise wehte immer noch der Union Jack über diesen Befestigungen. Und als die *Swallow* in den inneren Teil segelte, schwiegen die Kanonen.

Doch im Westen der Kleinen Reede sah es anders aus. Dort feuerten Geschütze unablässig, stieg Rauch auf.

Die Schiffe der Royal Navy lagen alle im östlichen Teil der Bucht vor Anker. Und auch ohne Fernglas konnte Matt erkennen, wieso. Die Stellungen der französischen republikanischen Truppen waren bis zur Küste im Westen vorgestoßen. Kein Seegefährt der Royal Navy, nicht einmal eines der großen, stolzen Linienschiffe, wollte sich mit ihnen ein Gefecht liefern.

Schon auf den ersten Blick war damit auch die prekäre Lage deutlich. Die Streitkräfte der Royal Navy konnten den Verteidigern der Stadt dort nicht helfen. Sie waren auf sich allein gestellt. Was nützten die mächtigen Kanonen der Flotte, wenn man sie nicht gegen den Feind richten konnte?

Doch je näher sie an die Stadt heransegelten, desto mehr konnte Matt erkennen, dass hier nicht nur die Royal Navy, sondern auch französische Schiffe vor Anker lagen. Tatsächlich war die Präsenz der britischen Mittelmeerflotte weitaus geringer, als er vermutet hatte.

»Die Helden erreichen ihr Ziel im letzten Augenblick«, verkündete Sir Sidney, der den Anblick offensichtlich weniger ernüchternd fand als Matt.

»Die halbe Mittelmeerflotte scheint anderweitig beschäftigt zu sein«, gab Matt zu bedenken.

»Lord Hood wird seine Gründe haben. Toulon ist nur ein Schlachtfeld, das Mittelmeer groß.«

Auch wenn die Einschätzung sicherlich stimmte, wurde Matt bei dem Anblick doch mulmig. Der Bericht aus Toulon hatte keinen Anlass für Optimismus gegeben, und die nunmehr erkennbare Realität war noch weniger erfolgversprechend.

Eine weitere Salve Kanonendonner rollte über die Bucht. Weiße Pulverdampfwolken trieben nach Süden aufs Meer. Wer auch immer das Ziel dieser Zerstörungswut war – Matt empfand Mitleid mit ihnen.

Das schnell von Sorge um sein eigenes Wohlergehen abgelöst wurde, als er hörte, wie ein gewaltiger Mörser aufbrüllte, und wenige Herzschläge später ein Geschoss über ihre Köpfe hinwegpfiff.

Einige Seeleute um ihn herum duckten sich unwillkürlich. Zum Glück schlug das Projektil weit weg von ihnen – und von jedem anderen Schiff – ins Wasser.

Auf solche Distanzen war ein Treffer reine Glückssache. Doch offenbar hatten die republikanischen Artilleristen entschieden, die Royal Navy daran zu erinnern, dass der gesamte innere Naturhafen nicht mehr sicher war.

Vermutlich war die *Swallow* auch kein herausforderndes Ziel. Allerdings gefiel niemandem an Bord die Vorstellung, dem Feuer schutzlos ausgeliefert zu sein.

»Da, die *Princess Royal!*«, rief Fletcher. »Hoods Flagge!«

»Dann haben wir unser Ziel erreicht, Gentlemen«, erklärte Sir Sidney und strich sich die Uniform glatt, bevor er sich an Matt wandte: »Zeit, sich herauszuputzen.«

Für Matt bedeutete das wenig mehr, als sein Gesicht und die Hände zu waschen und die Haare ebenso wie seine Kleidung zu bürsten. Sir Sidney hingegen trat im vollen Ornat an Deck, als die *Swallow* längsseits zur *HMS Princess Royal* ging. Sie war ein beeindruckendes Linienschiff, das über achtundneunzig Geschütze verfügte, und wäre der Stolz einer jeden Flotte gewesen.

Anders als auf der *Mermaid* rief ihre Ankunft wenig Aufmerksamkeit hervor. Einige Offiziere hatten sich an Deck versammelt und begrüßten Sir Sidney höflich. Er selbst trat professionell auf, gab sich manchmal jovial und nannte hier und dort jemanden beim Namen. Wieder einmal war Matt davon überrascht, wie klein sich die Führungsriege der Royal Navy anfühlen konnte.

Aber das Geplänkel unter den Offizieren interessierte ihn weniger als der Zustand des Rests der Besatzung. Überall standen, saßen und lehnten Matrosen. Vorn hatte ein kleiner Trupp Marinesoldaten Aufstellung bezogen. Das Deck wurde geschrubbt, Segeltuch geflickt. Eine friedliche Szene auf einem Schiff, das nur für einen Zweck gebaut worden war – seine Feinde zu vernichten.

Es dauerte einige Momente, bis Matt verstand, was ihn an dem Anblick so störte: Es schien eine ganz normale Besatzung zu sein. Doch das Schiff lag im Hafen einer belagerten Stadt, und eine weitere Salve Kanonendonner erinnerte daran, dass wenige Meilen von hier Menschen um ihr Leben kämpften. Er hatte gedacht, dass die Royal Navy ihre hier anwesenden Soldaten und Matrosen in die Schlacht werfen würde, aber an Bord war davon wenig zu sehen.

»Bitte folgt mir, Sir Sidney.« Ein Leutnant wies auf die Tür, die unter Deck führte.

Sir Sidney nahm den Zweispitz vom Kopf und klemmte ihn sich unter den Arm. Er nickte Matt auffordernd zu und kam der Bitte nach.

Der Gang war eng, wie erwartet an Bord eines Kriegsschiffes, selbst bei einem so gewaltigen wie der *Princess Royal*. Aber als der Leutnant an eine Tür klopfte, öffnete diese sich in einen großzügigen Raum, der fast das gesamte Achterdeck einnehmen musste.

Vorsichtig folgte Matt Sir Sidney hinein. Eine Gruppe Offiziere wartete schon auf sie, den Uniformen und Orden nach hochrangige Mitglieder der Flotte. Die Begrüßung hier war steifer als jene an Deck.

Matt versuchte, jedes besondere Detail in den Gesichtern zu erfassen und zu deuten, war es doch möglich, dass sein Überleben von der Kompetenz dieser Männer abhing. Aber sein Blick wurde von dem großen, schweren Tisch angezogen, auf dem eine detaillierte Karte der gesamten Umgebung ausgebreitet lag. Darauf repräsentierten kleine Objekte aus Holz Einheiten der Verteidiger und der Belagerer. Festungen und Geschützbatterien waren rings um die Stadt verteilt, Schiffe lagen in der Bucht, aber auch im Hafen selbst. Die kleinen Holzobjekte waren in verschiedenen Farben und Mustern angemalt, die den Flaggen und Wappen der Kriegsparteien entsprachen: Matt erkannte sogleich den Union Jack, die Trikolore und das Lilien-Emblem wieder, doch einige Farbkombinationen konnte er nicht auf Anhieb zuordnen.

Schon auf den ersten Blick war deutlich, dass der Westen der Stadt in großer Gefahr war. Die republikanischen Truppen hatten Festungen erobert oder errichtet sowie Batterien aufgestellt, und sie waren in der Lage, die verbliebenen Forts der Verteidiger nach Belieben unter Beschuss zu nehmen. Die britische Flotte war neutralisiert, da der gesamte westliche Bereich der Kleinen Reede von den Republikanern unter Feuer genommen und damit kontrolliert werden konnte.

Die Anordnung war in ihrer Einfachheit beindruckend, die Strategie aggressiv und brutal. Und man musste kein Artillerist sein, um zu erkennen, dass es ohne eine baldige Änderung der Kräfteverhältnisse unmöglich sein würde, die äußeren Verteidigungsringe zu halten. Und damit war die Stadt selbst bedroht.

Unbewusst war Matt näher an den Tisch getreten, um die Karte zu studieren. Das Gespräch der britischen Offiziere spülte wie eine Welle über ihn hinweg, ohne ihn zu berühren. Deshalb erschrak er, als Sir Sidney ihn am Arm packte.

»… und das ist Matthew Dankworth. Er hat sich bislang von unschätzbarem Wert erwiesen. Meine rechte Hand sozusagen.«

Die Offiziere nickten. Einer von ihnen, ein älterer Herr mit einer weißen Perücke und einer beeindruckenden Nase, schaute Matt ernst an.

»Gute Männer sind hier Mangelware, Sir Sidney.«

»Jetzt habt ihr einige mehr, Vizeadmiral.«

Der alte Mann lächelte verkniffen.

»Wollen wir hoffen, dass London uns noch mehr sendet. Ich erwarte jeden Tag Neuigkeiten.«

Seine Stimme klang dunkel. Es war schwer einzuschätzen, ob er seine Worte ehrlich meinte oder ob nur närrische Hoffnung aus ihnen sprach.

Sein nächster Satz jedoch war definitiv ehrlich gemeint, wie Matt erkannte.

»Willkommen in Toulon.«

KAPITEL 18

Toulon, Dezember 1793

»Seid Ihr sicher, dass es eine gute Idee ist?« Albington klang recht unsicher, aber was er gerade zum Ausdruck gebracht hatte, entsprach Matts Einschätzung.

Sir Sidney warf sich den langen Mantel über und sah amüsiert zum Schiffsarzt.

»In einer Schlacht gibt es wenige Entscheidungen, die ganz ohne Risiko sind. Das müssen wir akzeptieren.«

Mittlerweile war die *Swallow* im Schutz des westlichen Ufers nah die Küste geglitten. Sie lagen unter den Kanonen von L'Eguillette, einem der beiden Forts, welche die Einfahrt in die Kleine Reede bewachten. Wie hoch oben auf dem zweiten Fort, Balaguier, wehten über L'Eguillette neben dem Union Jack auch noch andere Flaggen. Die Besatzung der Befestigungsanlage bestand aus Soldaten fast aller Königreiche, die Truppen hergeschickt hatten, um gegen die Republik zu kämpfen.

Von den Zinnen sahen einige neugierige Gesichter zu ihnen herunter, aber Sir Sidney kümmerte sich nicht darum, sondern kletterte hinab ins Beiboot. Albington, Fletcher und Matt folgten ihm.

Das Wetter war schlecht, ein kalter Regen fiel und noch kühlerer Wind wehte, aber die Bucht schützte sie. Und so war die kurze Strecke schnell gerudert, und der Kiel des Beiboots knirschte über Kies. Matt sprang an Land und zog es mit etwas Hilfe ein Stück aus dem Wasser.

Gern wäre Matt hoch in das Fort gestiegen, doch Sir Sidney führte sie außen herum. Hin und wieder waren Geschützsalven zu hören, aber das wahre Ausmaß bemerkten sie erst, als sie über eine kleine Kuppe kamen.

Den Rücken der beiden Forts an der Küste verteidigte eine Befestigungsanlage namens Mulgrave. Mindestens drei republikanische Batterien waren gegen sie gestellt und nahmen sie dauerhaft unter Beschuss. Die Erde um das Fort herum war stark aufgewühlt, wirkte wie eine riesige Wunde in der Landschaft. Die Flaggen, die hoch über Mulgrave wehten, waren durchlöchert, flatterten jedoch trotzig im Wind.

Eine der Geschützbatterien spie auch jetzt Tod und Vernichtung gegen das Fort. Erdklumpen wurden emporgeschleudert, hölzerne Wälle barsten. Es war ein Anblick, wie Matt sich die Hölle vorstellte.

»Dort wollen wir tatsächlich hin?«, fragte Albington erneut.

Sir Sidney nickte grimmig.

»Ich möchte mir einen Eindruck verschaffen. Was glauben Sie, wann Vizeadmiral Hood das letzte Mal hier vor Ort war?«

Die Vermutung lag nahe, dass er noch nie hier gewesen war. Ganz sicher nicht, seit die Republikaner das Fort derart umzingelt und unter Beschuss genommen hatten.

Doch nun schien auch Sir Sidney ein wenig seiner Courage zu verlieren. Plötzlich hielt er inne, beobachtete das Geschehen einige Minuten lang und wandte sich dann zu den drei anderen um.

»Ich stelle allen frei, zur *Swallow* zurückzukehren.«

Matt schluckte. Es lag ihm auf der Zunge, das Angebot anzunehmen, aber Fletcher schüttelte den Kopf, und Albington, obwohl bleich, tat es ihm gleich.

»Dort können die Soldaten sicherlich meine Dienste gebrauchen«, erklärte der Schiffsarzt mit überraschend fester Stimme.

Matt seufzte und schloss sich den anderen an. Dabei zog er den Mantel enger um die Schultern.

Von L'Eguillette schlängelte sich eine kleine Straße nach Balaguier und von dort ein Pfad bis nach Mulgrave.

Als sie sich auf den Weg machten, hörten sie, wie eine junge Stimme ihnen hinterherrief.

»Seid ihr lebensmüde?«

Matt drehte sich um und sah einige britische Soldaten, die über dem Tor von L'Eguillette auf der Mauer standen.

»Wir machen nur eine *Grand Tour*«, erwiderte er, was die Männer mit rauem Lachen quittierten.

»Viel Spaß in Mulgrave! Da liegt nicht nur ›Mul‹ begraben!«

Als sie weitergingen, spürte Matt ihre Blicke in seinem Nacken. Es war ihnen nicht zu verdenken, dass sie hinter den dicken Mauern blieben, bis ihnen jemand etwas anderes befahl. Nur solange L'Eguillette in den Händen der Verteidiger war, konnte die Mittelmeerflotte überhaupt etwas ausrichten. Sollte die republikanische Armee dieses Fort erobern, musste Vizeadmiral Hood seine verbliebenen Schiffe zurückziehen oder riskieren, in der Kleinen Reede eingesperrt zu werden.

Und damit die beiden anderen Forts gehalten werden konnten, durfte Mulgrave nicht an den Feind fallen. Kanonen feuerten abermals, und Matt glaubte, ihr Gebrüll durch die Erde in seinen Füßen zu spüren. Vielleicht war es nur Einbildung. Was er aber sicher wusste: Die Franzosen teilten seine Einschätzung, und Mulgrave war ihr bevorzugtes Angriffsziel.

* * *

Von Balaguier aus war es keine Meile bis Mulgrave, aber als sie noch etwa vierhundert Yards davon entfernt waren, versperrten ihnen einige spanische Soldaten den Weg. Abseits des Pfades Richtung Süden war eine vorgelagerte Verteidigungsstellung errichtet worden.

Die Spanier, allem Anschein nach Grenadiere, riefen ihnen in ihrer Muttersprache Fragen zu. Matt kramte in den wenigen spanischen Floskeln, die er auf seinen Reisen gelernt hatte, fand aber nichts, was mit den Äußerungen der Soldaten übereinstimmte.

Es war Fletcher, der seine Gefährten mit seinen Fremdsprachenkenntnissen überraschte und recht fließend mit den Spaniern zu reden begann.

»Sie wollen wissen, wer wir sind«, übersetzte er.

»Sag ihnen, dass wir nach Fort Mulgrave wollen. Ich bin Sir William Sidney Smith und habe das Kommando.«

Ein kurzer Wortwechsel folgte, dann wies Fletcher auf die Schanze.

»Sie laden uns ein, ihren Kommandeur zu begrüßen.«

Die Soldaten in ihren dreckigen Uniformen wirkten wenig einladend, aber wer konnte ihnen hier draußen direkt an der Front schon einen Vorwurf machen, dass ihre Bärte nicht ordentlich gestutzt und die Löcher in den Hosen nicht korrekt gestopft waren?

Auch Sir Sidney ließ sich von ihrem Aussehen nicht abschrecken, sondern lächelte sie wohlwollend an.

»Sag ihnen, dass wir das Angebot unserer spanischen Verbündeten dankend annehmen.«

Es folgte eine Reihe von Verbeugungen und sonstigen Ehrerbietungen. Dass selbst im Krieg, in solchen Situationen, immer auf korrektes Verhalten und Höflichkeit geachtet wurde, amüsierte Matt. Aber dann kam ihm der Gedanke, dass es so vielleicht besser war. Um sie versank alles in Barbarei, so erhielt man sich ein kleines Stück Zivilisation.

Der kleine Trupp der *Swallow* folgte den Spaniern. Matt fiel auf, dass Fletcher sich mit einem untersetzten Mann mit prächtigen Koteletten unterhielt, als seien sie alte Freunde. Vielleicht waren sie das ja auch, und Fletcher hatte neben den Schiffen der Royal Navy auch noch in den spanischen Grenadiersregimentern gedient. Es hätte Matt nicht überrascht.

Die Schanze war ordentlich angelegt und bemannt. Vier leichte Geschütze konnten den Bereich direkt neben Mulgrave bestreichen und würden einen ersten Widerstand gegen jeden Versuch leisten, das Fort zu erstürmen.

Während seinen Untergebenen die harten Wochen unter Beschuss anzusehen waren, wirkte ihr Kommandeur wie ein Mann, der sich gerade für einen Ball in Madrid herausgeputzt hatte. Seine weiße Uniform wies kaum einen Flecken auf, und sein hoher schwarzer Fellhut glänzte trotz des trüben Wetters.

Sie stapften die letzten schlammigen Yards auf den Mann zu, der dann vor Sir Sidney salutierte und sich mit passablem Englisch vorstellte: »Brigadegeneral Izquierdo, Kommandant der Sankt-Karl-Schanze. Zu Euren Diensten.«

»Sir Sidney Smith, Kapitän der *HMS Swallow*. Zu Euren Diensten.«

»Kann ich Euch etwas zu trinken anbieten?«

Izquierdo wies auf den Eingang einer Höhle, die in das Erdreich gegraben worden war. Sie folgten dem Brigadegeneral in den Unterschlupf. Mehr Bunker als Offiziersmesse, aber Sir Sidney ließ sich nichts anmerken. Zumindest gab es einen Tisch und Stühle.

Es gab Rum, was zumindest Matt und Fletcher erfreute.

»Wir haben leider unseren letzten Port schon vor Wochen aufgebraucht«, gestand Izquierdo, als alle Platz nahmen. »Und wir rechnen auch nicht mit Gästen.«

Matt trank das Glas in einem Schluck aus, und der Alkohol vertrieb sofort die Kälte aus seinen Gliedmaßen.

»Darf ich fragen, wie es um die Schanze steht?«, erkundigte sich Sir Sidney.

Der Brigadegeneral schnalzte mit der Zunge.

»Meine fünfhundert Mann und ich sind bereit, sie mit unserem Leben zu verteidigen.«

Nicht eine Antwort auf die Frage, die er gestellt hatte, aber trotzdem eine recht vielsagende Äußerung zur Situation vor Ort.

»Und Fort Mulgrave?«

Jetzt zeigten sich Risse in der bislang stoischen Miene des spanischen Offiziers.

»Seid Ihr im Auftrag des Vizeadmirals hier, Sir Sidney?«

»Ja.«

Es war nicht die Wahrheit, aber auch keine direkte Lüge. Vizeadmiral Hood hatte sie offiziell in den Dienst gestellt, aber Sir Sidney weitreichende Freiheiten gelassen, sich ein Bild von der Lage zu verschaffen.

»Dann sagt ihm, dass wir Entsatz benötigen. Die Batterien bestreichen das Fort Tag und Nacht. Dieser Teufel von einem Franzosen hat dafür gesagt, dass wir alle hier mit dem Rücken an der Wand stehen.«

Matt und Sir Sidney wechselten einen verwirrten Blick.

»Ein französischer Teufel?«

»Ein Colonel der Artillerie. Ihm haben wir zu verdanken,

dass wir nicht mal austreten können, ohne dass uns Kugeln um die Ohren pfeifen.«

Matt goss nach und trank noch einen Schluck.

»Ich habe die Karte gesehen. Die Batterien des Feindes sind geschickt aufgestellt«, sagte er.

Izquierdo nickte.

»Wir müssen sie zurücktreiben, sonst ist Mulgrave verloren. Und dann …«

Er musste nicht weitersprechen. Alle im Raum wussten, was dann geschehen würde. Wie bei einem Schachspiel, das endgültig verloren war, würde der Gegner Figur um Figur schlagen, ohne dass man etwas dagegen unternehmen konnte.

»Wir machen uns wieder auf den Weg, Brigadegeneral. Und wenn wir zur Flotte zurückkehren, werden wir dem Vizeadmiral Bericht erstatten.«

»Tut das, Sir Sidney.« Izquierdo stand auf und salutierte. »Möge Gott Euch beschützen.«

* * *

Den Rest des Weges lief die kleine Gruppe schweigend. Immer wieder feuerten die Batterien, aber da sie sich dem Fort von hinten näherten, sahen sie noch nicht die schlimmsten Auswirkungen des unablässigen Beschusses.

Die Soldaten am Tor ließen sie anstandslos passieren. Es war eine buntgemischte Truppe, die vor allem aus Engländern, Spaniern, Franzosen und Italienern bestand. Im Regengrau des Tages sahen sie jedoch alle gleich aus: nass und unglücklich – um nicht zu sagen, jämmerlich.

»Gibt es ein Lazarett?«, verlangte Albington direkt nach der

Begrüßung wissen, und als seine Frage bejaht wurde, ließ er sich kurz erklären, wie er dorthin kommen würde.

Sir Sidney verkündete, dass er das Fort eingehender erkunden und wichtige Unterredungen führen wollte, und für einen Moment stand Matt zwischen den beiden. Dann nickte er Sir Sidney zu und folgte dem Doktor. Für ihn gab es wenig mit dem Kommandanten und den Offizieren zu besprechen. Aber bei Albingtons Werk konnte er vielleicht helfen.

Das Lazarett entpuppte sich als ein Zelt, das aus einem großen Segeltuch und zwei hölzernen Wänden bestand. Rauch aus einem wärmenden Feuer sammelte sich darunter. Darin lagen und saßen Dutzende von Männern. Der Gestank war grauenhaft; Blut, Exkremente und Fäulnis mischten sich zu einer übelkeitserregenden Geruchswolke.

Matt blieb wie angewurzelt stehen. Albington hingegen entledigte sich sofort seines Mantels und begann, die Reihen der Verwundeten abzuschreiten. Leise vor sich hin murmelnd, stellte er dabei fest, für wen es noch Hoffnung gab und wen er dem eigenen Schicksal überlassen würde.

»Dieser. Jener. Er nicht. Ja. Nein.«

Es war ein monotoner Monolog, der umso schrecklicher klang, als jedes Wort über Leben und Tod entschied. Die Wunden der Männer waren so vielfältig und unterschiedlich wie ihre Gesichter. Matt sah Stümpfe, wo Gliedmaßen sein sollten. Verbände, durch die Blut und Eiter drang. Rasselndes Atmen drang an seine Ohren, leises Beten in einem Dutzend Sprachen.

Vor wenigen Stunden hatte er den bloßen Anblick der zerstörten Erde für die Hölle gehalten, doch hier sah er, dass er sich geirrt hatte. Die Hölle war, was Menschen einander antun konnten.

Dann begann Albington mit seiner Arbeit, und schon bald

gab es in Matts Geist keinen Platz mehr für philosophische Betrachtungen. Er musste Verletzte herbeitragen und festhalten. Er musste in die Augen von Männern sehen, während die Säge des Doktors ihnen durch Fleisch und Knochen schnitt. Ihre Schreie ertragen, wenn ihre Wunden ausgewaschen wurden, wenn Gebein zusammengefügt, Haut genäht wurde. Er musste die Blicke derjenigen ertragen, zu denen der Doktor nicht mehr kam und die wussten, was das bedeutete.

Die einzige kleine Gnade war, dass nicht er entscheiden musste, wer Hilfe bekam und wer sich selbst überlassen wurde. Er wusste nicht, wie Albington das ertragen konnte.

* * *

Der Regen war noch stärker geworden, als Albington das Signal für eine Pause gab. Sie suchten sich außerhalb des Lazaretts eine halbwegs trockene Stelle und sanken auf einen Baumstamm, der in der Mitte gesplittert war. Vermutlich ein ehemaliges Teil der Befestigungsanlagen.

Ihr kurzer Gang durch den strömenden Regen hatte weder das Blut noch den Geruch aus der Kleidung waschen können. Angewidert sah Matt auf seine Hände, hielt sie unter dem schmalen Vordach hervor und versuchte, sie mit Regenwasser abzuwaschen.

Albington schüttelte den Kopf.

»Das haftet an einem.«

Matt zog die Hände zurück. Das war der Teil des Krieges, von dem die Gazetten nicht berichteten. Oder wenn, dann nur in kalten Zahlen. Da hieß es beispielsweise nur: dreihundert Verwundete, fünfzig Gefallene. Das entsetzliche Leid der Opfer wurde mit keinem Wort auch nur angedeutet. Aber Matt kannte es nun. Schiffbruch und Schlacht, er erlebte Fährnisse, die kein Mann kennen sollte.

Ein Schatten fiel auf sie. Sir Sidney stand über ihnen. In sein Gesicht hatten sich Sorgenfalten gegraben.

»Die Situation ist noch schwieriger als befürchtet. Wir sollten aufbrechen, damit ich Vizeadmiral Hood berichten kann, und ...«

»Nein.«

Albington erhob sich.

»Nein?«

»Meine Arbeit ist noch nicht getan. Es gibt hier noch Verwundete, denen ich helfen kann.«

»Es gibt überall in der Stadt und ihrer Umgebung Verwundete«, entgegnete Sir Sidney. »Das ist Krieg, Doktor.«

»Das stimmt. Aber ich bin hier, und ich habe diese Männer gesehen. So wenig, wie Ihr ein schwer getroffenes Schiff verlassen würdet, das Ihr kommandiert, kann ich diesen Posten verlassen, bis ich alles in meiner Macht Stehende getan habe.«

»Ich lasse Sie nicht hier zurück, Doktor. Fort Mulgrave ist in großer Gefahr.«

Nun stand auch Matt auf. Er war müde. Seine Gliedmaßen schmerzten. Vor seinem inneren Auge tanzten Bilder des Schreckens aus den letzten Stunden.

»Ich passe auf ihn auf«, sagte Matt rasch, bevor er es sich anders überlegen konnte, und sah zu Albington, der nickte. »Viel kann ich nicht tun, aber zwei Hände mehr schaden bei dieser Arbeit nicht.«

Sir Sidney rieb sich über das Gesicht. Mit einem Mal sah er so erschöpft aus, wie Matt sich fühlte.

»Wie lange werden Sie brauchen?«

Albington überlegte.

»Morgen gegen Mittag sollte ich alles getan haben.«

»Gut. Dann holen wir Sie beide mit der *Swallow* ab. Fort Balaguier diesmal. Der Weg ist einfacher.«

Matt lächelte.

»Aye, aye.«

Sir Sidney salutierte vor ihnen mit ehrlichem Respekt, dann sammelte er Fletcher ein und verließ Fort Mulgrave, solange es noch graues Tageslicht gab. Matt sah ihnen nach, bis sich das Tor hinter ihnen schloss. Dann blickte er zum Lazarett.

»Weiter?«

»Weiter«, pflichtete der Schiffsarzt ihm bei.

Und sie gingen Seite an Seite zurück an ihr blutiges Werk.

KAPITEL 19

Toulon, Dezember 1793

Es war mitten in der Nacht, als Matt von einem Geräusch geweckt wurde. Einige Herzschläge lang wusste er nicht, wo er war. Dann roch er Blut, vernahm den herabprasselnden Regen, und als er spürte, dass seine Gliedmaßen schwer waren, kehrte die Erinnerung zurück. Fort Mulgrave, das Lazarett.

Gerade wollte er sich wieder in den Mantel rollen, der ihm als provisorische Decke diente, da hörte er wieder dieses Geräusch. Ein Schuss. Kein Kanonendonner. Keine Geschützsalve. Ein einzelner Musketenschuss.

Sofort war Matt hellwach. Er richtete sich auf und lauschte, doch das Prasseln des Regens übertönte alles.

»Doktor. Albington!«

In der Dunkelheit suchte er die Schulter des Schiffsarztes und rüttelte an ihr.

»Hm?«

Ein genuschelter Laut. Matt schüttelte den Schiffsarzt energischer.

»Doktor! Aufwachen. Ich glaube, etwas passiert.«

Wieder ein Schuss. Nein … zwei, drei. Irgendwo im Norden des Forts. Da draußen gab es weitere Schanzen und Außenposten.

Albington setzte sich auf und gähnte.

»Eine übereifrige Wache?«

»Vielleicht«, antwortete Matt, obgleich er es nicht glaubte. *Ein Schuss … möglich. Aber mehrere?*

Er stand auf, warf sich den Mantel um und lauschte. Vielleicht spielten ihm auch seine Sinne einen Streich. Niemanden sonst schienen die Schüsse zu besorgen. Konnte es sein, dass so etwas hier in den Nächten völlig normal war?

Aber dann fiel ihm noch etwas auf. Die französischen Batterien waren verstummt.

»Auf die Füße, Doktor! Etwas geschieht!«

Er wartete erst gar nicht ab, dass Albington selbst aufstand, sondern zog ihn hoch.

»Es ist kein Artilleriefeuer«, sagte er.

Plötzlich wehten andere Töne zu ihnen: Schreie! Aus vielen Kehlen.

Matt rannte los. Er lauschte, aus welcher Richtung das Geschrei kam, und lief dann zu den nördlichen Wällen.

Jetzt knallten immer wieder Schüsse. Matt sprang die Stufen hoch und spähte über die Brustwehr. Dunkelheit und Regen nahmen fast alle Sicht, aber es konnte keinen Zweifel geben: Im Norden von Fort Mulgrave wurde gekämpft.

»Alarm! Alarm! Ein Angriff!«, schrie er, so laut er konnte.

Es dauerte nicht lange, bis sich Soldaten um ihn versammelten. Offiziere liefen in hastig angezogenen Uniformen durch das Fort und riefen Befehle.

Inzwischen gab es auch im Süden Schüsse. Matts Mund wurde trocken. Ein Angriff von verschiedenen Seiten. Das konnte nur eines bedeuten: Die republikanische Armee griff in großer Zahl an, mit dem Ziel, Fort Mulgrave zu erobern.

Alles in ihm schrie, sich aus dem Fort zurückzuziehen. Oder wenn das nicht möglich war, so wollte er wenigstens jenen zu Hilfe eilen, die dort in der Dunkelheit kämpften. Immer wieder waren Schüsse zu hören, konnte er Mündungsfeuer sehen.

Und immer noch wehten Rufe herüber, manchmal verzweifelte Schreie, aber Genaueres konnte er nicht ausmachen.

Ein Leutnant eines britischen Regiments lief vorbei. Matt packte ihn am Arm.

»Sir, lassen Sie nachsehen, was da draußen vor sich geht.«

Der Leutnant riss den Arm aus Matts Griff.

»Unsinn, Mann. Wir müssen das Fort halten.« Er wandte sich ab und rief laut: »Alle bleiben auf ihren Posten!«

Mit einem Mal verlagerte sich der Lärm draußen Richtung Osten. Und auch im Süden wurde es lauter. In der Dunkelheit konnte Matt Schemen erkennen, Lichtpunkte, Laternen vielleicht. Sie schienen Richtung Küste zu strömen.

»Die Schanze ist verloren«, murmelte er. Die Erkenntnis traf ihn wie ein Schlag. Das bedeutete, dass die Franzosen als Nächstes versuchen könnten, Mulgrave zu erobern. Bei dem Gedanken lief es ihm eiskalt den Rücken herunter, und seine Hände begannen zu zittern. Hier war er in größter Lebensgefahr – und auch sein Freund.

Sofort sprang er vom Wall herunter und suchte Albington. Das Fort war voller Chaos: laufende Soldaten, rufende Menschen, weit aufgerissene Augen, offene Münder, und alles in die Dunkelheit einer mondlosen Nacht gehüllt, gerahmt von kalten Regenschauern.

Schließlich fand er Albington im Lazarett.

»Doktor, Ihr Leben ist in großer Gefahr. Wir müssen schnellstmöglich von hier weg.«

»Matt, Ihre Sorge um mich ehrt Sie. Aber wenn dort draußen gekämpft wird, kommen sicher bald mehr Verwundete ins Lazarett. Und wir sind noch mit diesen hier nicht fertig.«

Da lag Stahl in seiner Stimme. Matt seufzte. Revidierte

seine Meinung. Hier befanden sie sich in Lebensgefahr, aber vermutlich war es geradezu Selbstmord, die Wälle des Forts in dieser dunklen Nacht zu verlassen, um hinaus in eine unbekannte Kampfsituation zu gehen.

»Süden! Feinde im Süden!«

Der laute Ruf übertönte das chaotische Wortgewirr, und Matt eilte zum Eingang des Zelts. Er sah, wie Soldaten in Scharen auf die südlichen Verteidigungsanlagen zu rannten.

»Doktor, bleiben Sie im Lazarett. Bitte!«

Matt sah Albington eindringlich an, und der Schiffsarzt nickte. Er selbst wandte sich ab und lief wie die Soldaten nach Süden. Warum, konnte er nicht einmal genau sagen. Er wusste nur, dass es besser war, etwas zu tun, irgendetwas, als in der Dunkelheit zu verzweifeln.

Als er sich durch die Soldaten an den Wall drängte, hörte er in der Nacht weitere Schüsse und Rufe, jedoch nur vereinzelt und weit entfernt. Und plötzlich wurde ihm etwas bewusst …

»Nein, nein, das ist ein Irrtum«, keuchte er laut. »Der Feind steht im Norden!«

»Runter von meinem Wall«, blaffte ihn ein Sergeant an und wandte sich dann wieder seinen Leuten zu. »Legt an!«

»Worauf denn?«, fragte Matt, aber der Mann ignorierte ihn jetzt.

Daraufhin hastete Matt zu den Verteidigungsanlagen auf der entgegengesetzten Seite, blieb allerdings etliche Yards vor dem Wall stehen. Im Norden kamen die Schreie näher. Matt meinte, jenseits der Mauern spanische Worte zu hören, aber vielleicht waren es auch französische. In dem allgemeinen Lärm war das nicht genau festzustellen. Vielleicht war es auch sein angestrengter Geist, der ihm Feinde vor den Toren vorgaukelte.

Er zog dennoch zur Sicherheit seinen Dolch vom Gürtel, um sich damit notfalls zu verteidigen.

Und auf einmal quollen menschliche Körper über den Wall, drängten sich zwischen den Verteidigern durch. Erst nach einigen Momenten erkannte Matt, dass sie spanische Uniformen trugen. Offenbar fliehende Soldaten von den nördlichen Schanzen ...

Immer noch war der größte Teil der Soldaten des Forts im Süden. Dort fielen jetzt zahlreiche Schüsse. Vielleicht war der Angriff im Norden nur eine Finte?

Aber dann sah Matt mit Schrecken oben auf dem Wall die blaue Uniform eines republikanischen Soldaten, die Muskete mit dem Bajonett hoch erhoben.

»Der Feind ist im Norden! Norden!«, brüllte er, so laut er konnte, und stürmte vor.

Zwischen den fliehenden Spaniern tauchten mehr und mehr Franzosen auf. Vereinzelt feuerten Musketen zur schaurigen Begrüßung ...

Matt erreichte den Wall. Ein Franzose stieß das Bajonett nach ihm. Er wich aus, packte die Muskete, riss sie zur Seite. Der Franzose taumelte nach vorn, und Matt rammte ihm den Dolch bis zum Heft in den Unterleib.

Überall waren jetzt Feinde. Wie eine Flut strömten sie über den Wall ins Fort hinein. Ein Schuss donnerte neben ihm. Ein Mann in seiner Nähe fiel um, ob Freund oder Feind, konnte er nicht sagen. Noch im selben Augenblick verpasste ihm jemand einen kräftigen Stoß in den Rücken, holte ihn so von den Beinen, der Dolch flog ihm aus der Hand. Im Liegen drehte er sich um. Ein blauer Uniformrock ... ein Soldat der Republikaner. Der lange Lauf einer Muskete senkte sich auf Matts Hals zu, und er packte ihn mit beiden Händen, um zu verhindern, dass seine Kehle zerquetscht wurde. Über ihm das verzerrte Gesicht eines jungen Mannes, schmutzig, die Augen weit und weiß.

Matt wehrte sich verzweifelt, bäumte sich auf, als er das Knie des Franzosen auf seinem Oberkörper spürte. Aber der Soldat war zu schwer, hielt ihn auf dem Boden gedrückt. Das Holz der Muskete presste jetzt erbarmungslos gegen seinen Hals, nahm ihm den Atem. Von Todesangst gepeinigt, verkrampften sich Matts Finger um die Waffe, die er von seinem Hals wegzudrücken versuchte. *Welch teuflische Ironie!*, dachte Matt. *Ich, ein freiheitsliebender Amerikaner, werde jetzt getötet, weil man mich für einen Royalisten hält.*

Die Angst hielt ihn im Griff wie seine Finger die Waffe seines Feindes. Luft, Luft, keine Luft. Die Schmerzen waren weit weg, aber alles in ihm schrie: *Ich will nicht sterben!*

Ein Schlag! Matt spürte ihn indirekt. Der Soldat über ihm zuckte hoch, der mörderische Druck der Muskete hörte augenblicklich auf, und der Leib seines Gegners fiel schlaff auf ihn herab. Matt drückte ihn von sich weg, sog gierig Luft in die brennende Brust. *O Gott, war das knapp!* Er drehte den Kopf zur Seite. Sah, dass der junge Soldat mit aufgerissenen Augen in den Himmel starrte; Regen prasselte auf sein Gesicht. Das hätte er selbst sein können. Und der Junge wollte sicher auch nicht sterben. Matt würgte einen Moment, aber sein Leib fühlte sich leer an. Dann stand er keuchend auf und schaute sich um.

Die Franzosen hatten den Wall erobert. Die Verteidiger flohen panisch, wurden von hinten niedergemacht. Matt taumelte zwei Schritte nach hinten. Noch immer konnte er kaum atmen.

Ein spanischer Korporal lief auf ihn zu, in heilloser Flucht.

Dann stockten seine Schritte, er blieb stehen. Schaute zu Matt. Sein Mund öffnete sich. Doch statt Worten quoll Blut zwischen seinen Lippen hervor. Er fiel um, reglos, leblos. Matt war starr vor Entsetzen.

Fort! Fort!, schrie eine Stimme in ihm.

Dann laute Schreie. Um ihn herum rannten Männer in anderen Uniformen: Briten, Iren, Bajonette auf den Musketen. Matt wurde mitgerissen, hinein in das Gemetzel. Er konnte sich nicht wehren, fand sich mitten im Getümmel wieder.

Er schrie, bis seine Stimme heiser war. Packte einen Feind, schleuderte ihn zu Boden. Da lag ein Schwert. Er hob es auf, stieß es dem Feind in die Brust und riss es wieder heraus. Im nächsten Augenblick griff ihn jemand an. In der Dunkelheit war nicht zu erkennen, was für eine Uniform der andere trug, also hackte Matt mit dem Schwert auf den Kopf ein. Nach dem dritten Hieb ging der Mann zu Boden und rührte sich nicht mehr.

Schmerzhaft spürte er, wie der Kolben einer Muskete in seine rechte Seite gerammt wurde. Ein Schuss, Holzsplitter prasselten um sein Gesicht. Die Flut der Leiber wurde aufgehalten, zurückgetrieben.

Sein Blick fiel auf einen Offizier der Revolutionstruppen, der seine Leute leidenschaftlich antrieb. Noch im selben Moment wurde er von einem Bajonett am Bein verletzt, aber das hinderte ihn nicht daran, seine Männer weiterhin lautstark zu ermuntern, im Kampf nicht nachzulassen.

»Auf den Wall! Auf den Wall!«, brüllte ein Engländer.

Doch da waren noch mehr Feinde, so viele mehr. Hunderte arbeiteten sich die Wälle hoch, strömten hinüber. Diesem Zorn gab es nichts entgegenzusetzen.

»Rückzug! Rückzug!«

Und damit wusste Matt, dass Fort Mulgrave gefallen war. Er rannte los, umgeben von anderen Fliehenden.

Albington! Matt durfte seinen Freund in diesem mörderischen Chaos nicht im Stich lassen, musste ihn zur augenblicklichen Flucht aus dem Fort überreden. Er stemmte sich gegen den Strom, löste sich mühsam aus der Menschenmasse.

Das Lazarett ... Er lief dorthin. Und schaute sich fassungslos, entsetzt um. Der Tod war hier überall. Monster mussten es gewesen sein, die zwischen den Verletzten gewütet hatten.

Und dort lag Albington. In seinen Mantel gehüllt. Kein Lebensfunke war noch in ihm. Er hatte jenen helfen wollen, die schon dem Tode nah waren. Und jetzt war er selbst nur noch einer von zahlreichen Toten dieser Nacht.

Das Schwert glitt aus Matts Hand. Regungslos stand er da. Wie lange, konnte er nicht sagen – bis ihn jemand am Arm packte.

»Komm! Komm!«

Sein Körper gehorchte der Aufforderung, aber sein Geist war weit weg – hatte sich von dieser Welt entfernt, die er einfach nicht mehr verstand. Schritt für Schritt lief er an der Seite des Mannes. Durch ein Tor. Durch die Nacht. Vorbei an Soldaten, die ihm entgegenkamen.

Der Mann zog ihn weiter, ein Leutnant der Engländer, selbst verletzt. Oder war es sein Blut, das an der Uniform seines Retters klebte?

Sie passierten mehr Soldaten. Hinter ihnen fielen Schüsse. Schließlich sanken sie aneinandergeklammert in der Dunkelheit zu Boden.

»Danke«, flüsterte Matt mit rauer Stimme.

»Keine Ursache«, antwortete der Leutnant, als habe er nicht Matts Leben gerettet, sondern ihm auf einem Empfang ein Kanapee gereicht.

»Wie heißen Sie?«

»Iremonger. Leutnant Iremonger.«

»Matthew.«

Mehr Worte brauchte es nicht. Irgendwann rafften sie sich wieder auf und folgten den anderen Fliehenden zum Fort Balaguier.

Als sie es erreichten, atmete Matt auf. Auch wenn er wusste, dass die Mauern ihnen nicht mehr lange Sicherheit bieten würden.

KAPITEL 20

Toulon, Dezember 1793

Die Luft roch nach Pulverdampf, der bitter im Rachen kratzte, auch noch Stunden nachdem der letzte Schuss gefallen war. Es war still im Schatten der Mauern. Die Schreie und schier unmenschlichen Schmerzenslaute der Verwundeten waren verstummt.

In Matts Leib rumorte es. Seit gestern hatte er keinen Bissen gegessen, und der stark verdünnte Wein, der ihm hier im Fort gereicht worden war, hatte seinen Hunger nicht stillen können. Gleichzeitig war ihm so flau, dass er nicht gewagt hatte zu essen, aus Angst, sich vor den anderen Männern übergeben zu müssen.

Falls Sir Sidney ähnliche Empfindungen spürte, blieben sie unter seiner stoischen, englischen Fassade verborgen. Wobei Matt nicht darauf hätte wetten wollen, dass er solche Gefühle hatte oder auch nur haben konnte.

Vor rund zwei Stunden war Sir Sidney im Fort Balaguier eingetroffen und hatte Matt sogleich wieder unter seine Fittiche genommen. Bevor er hergekommen war, hatte er sich kurz mit Vizeadmiral Hood beraten und dann einen Boten zum feindlichen Hauptquartier geschickt, um in seinem Auftrag eine Unterredung mit einem hochrangigen Offizier der Revolutionstruppen zu arrangieren. Der Bote war mit einem positiven Bescheid zurückgekehrt.

Und jetzt wollte Sir Sidney zusammen mit Matt aufbrechen, um sich mit dem Anführer der republikanischen Streitkräfte zu treffen. Eine Schlacht war verloren, der Feind hatte erfolgreich seinen Zug gemacht, nun galt es für Sir Sidney, den nächsten eigenen vorzubereiten.

Aber Matt konnte ihre Situation nicht derart distanziert betrachten. Seine Finger zitterten noch von den entsetzlichen Erlebnissen der letzten Nacht, und wenn er die Augen schloss, sah er das bleiche Gesicht des spanischen Korporals mit dem offenen Mund und den weit aufgerissenen Augen, als der Tod ihn ereilte. Und das Blut, das viele Blut, das Matt zwar hatte abwaschen können, das er aber noch roch, spürte – warm auf seiner Haut.

Und ... Sein Geist weigerte sich. Zeigte ihm nur Erinnerungsfetzen. Albingtons müdes Gesicht. Die blutigen Hände. Der ungläubige Blick seiner Augen. Die tödliche Wunde in seiner Brust ...

Das Tor öffnete sich langsam vor ihnen, als wolle das Fort sie nur ungern hergeben. Sir Sidney trieb seinen Falben an, und Matt ritt ihm langsam hinterher.

Bei Tag war das Niemandsland auf der Halbinsel noch unwirklicher. Der Boden war aufgewühlt und bar jeder Vegetation, als hätten hier lebensfeindliche Riesen gewütet. Das war keine unpassende Metapher, wie Matt mit einem Mal bewusst wurde. Riesen stritten um Toulon, und ihr Zorn verwüstete ganze Landstriche und tränkte die Erde mit dem Blut unzähliger Opfer.

Eine fahle Wintersonne am grauen Himmel spendete ein graues, trostloses Licht durch die Wolken und den Nieselregen hindurch. Sie wärmte nicht. Matt zog seinen geflickten Mantel enger um den Leib herum, als eine kühle Brise von Nordosten blies.

Jeder Schritt ihrer Reittiere brachte sie näher an die Linien der republikanischen Armee. In der letzten Nacht hatten sie alle noch ihr Bestes gegeben, sich gegenseitig umzubringen, und jetzt sah Matt, wie die Soldaten der Republikaner zu ihnen herübersahen, ohne dass auch nur eine einzige Waffe emporgehoben wurde. Auf die Entfernung war es schwierig, Empfindungen abzulesen, aber sie wirkten eher müde als blutdurstig, eher neugierig als von Hass zerfressen.

Dennoch war es ihm unwohl bei dem Gedanken. Nach den grauenvollen Kämpfen auf Leben und Tod erwartete er jeden Moment, das Donnern der Musketen zu hören.

Aber es blieb still.

Über Fort Mulgrave wehte schon die Trikolore. Auf den nahe gelegenen Anhöhen von Pharon hatten es die republikanischen Truppen noch nicht geschafft, die Flagge zu hissen, aber die Geschütze wurden bereits in Stellung gebracht.

Für die Soldaten hinter ihnen in der Stadt war der Anblick schrecklich, denn sie alle wussten, was es bedeutete. Für die Republikaner hingegen war es wohl eine Freude. Matt konnte es ihnen nicht einmal verübeln; sie hatten für diesen Sieg hart gekämpft.

Die Delegation der republikanischen Armee erwartete sie etwa einhundertfünfzig Fuß vom Tor entfernt. Sie hatten es sich nicht nehmen lassen, einen kleinen Pavillon zu errichten, dessen Stoff zwar schmutzig war, was aber – wie die Revolutionssoldaten wahrscheinlich annahmen – durch die darauf wehende Trikolore mehr als ausgeglichen wurde.

Warum Sir Sidney sich zum Anführer dieser Mission aufgeschwungen hatte, konnte Matt nicht sagen, aber es wunderte ihn nicht. Es gab Ehre und Ruhm zu gewinnen. Sir Sidney war kein Mann, der davor zurückschreckte.

Sie ritten geradewegs darauf zu. Ein französischer Soldat kam ihnen entgegen, und Sir Sidney sprang mit einer eleganten

Bewegung aus dem Sattel und warf ihm die Zügel zu. Matt stieg weitaus unbeholfener vom Pferd. Der nächtliche Kolbenstoß hatte einen großen Bluterguss an seiner rechten Seite hinterlassen, und sein ganzer Oberkörper fühlte sich steif an.

Sie betraten den Pavillon, der zu allen Seiten hin offen war. Neben einem Tisch stand ein junger französischer Offizier mit durchgedrücktem Rücken in einer formidablen blauen Uniform. Trotz des Verbands an seinem Bein verneigte er sich zackig vor Sir Sidney; Matt begrüßte er mit einem Nicken.

Sir Sidney erwiderte die Geste, und auch Matt neigte das Haupt. Falls er die Rangabzeichen richtig las, hatte man ihnen einen Colonel der Artillerie geschickt. Auffallend war, dass er sehr selbstbewusst auftrat, obschon er alles andere als großgewachsen war.

»Sir Sidney«, begann der Artillerieoffizier das informelle Treffen. Seine Stimme war ruhig, fast schon gelassen, so ganz anders als Matts innere Verfassung, denn die Anspannung hielt ihn fest in ihrem Griff.

»Verzeiht, Ihr seid mir gegenüber im Vorteil, Colonel …?«, antwortete Sir Sidney in einem kultivierten Französisch.

»Bonaparte. Napoléon Bonaparte. Zu Euren Diensten.«

»Colonel Bonaparte.«

»Kann ich Euch etwas zu trinken anbieten? Unsere Reserven sind nicht mehr die besten, aber wir haben gerade eine Ladung Nachschub aus dem Languedoc bekommen. Darunter auch ein ganz vorzüglicher Rotwein.«

»Zu gütig, aber nein, danke«, erwiderte Sir Sidney.

Matt allerdings hätte nichts gegen einen Becher Wein gehabt. Alles, um seinen Magen zu beruhigen. Doch dann ließ ihn allein der Gedanke an einen schweren Rotwein aufstoßen, der ihm gewiss nicht gut bekommen wäre, und er war Sir Sidney dankbar für die Ablehnung.

Colonel Bonaparte nickte verstehend.

Sir Sidney deutete in Richtung von Fort Mulgrave, und mit einer weit ausholenden Geste seiner Hand wies er anschließend auf alle Artilleriestellungen. »Gehe ich recht in der Annahme, dass wir Euch dieses Schauspiel zu verdanken haben?«

Colonel Bonaparte lächelte beinahe freundlich und nickte. Als er sich kurz zur eroberten Festung umdrehte, bemerkte Matt, dass er sein verbundenes Bein nicht belastete. Und mit einem Mal kam die Erinnerung zurück. Er war der französische Offizier, der seine Männer lautstark angetrieben hatte und dann von einem Bajonett verletzt worden war! Ohne den Schmutz des Kampfes im Gesicht, den Zorn im Blick, wirkte er ganz anders. Matt fragte sich, ob er in der Schlacht auch eine derartige Transformation durchmachte – weg von einem Menschen, hin zu einem Racheengel.

»In der Tat, die Aufstellung beruht auf meinem Vorschlag.«

Sir Sidney nickte anerkennend. Dabei hätte Matt am liebsten geschrien. Dass Colonel Bonaparte es sich trotz seiner Verletzung nicht nehmen ließ, sie zu empfangen, rang Matt natürlich Respekt ab. Auch, dass er durch die äußerst geschickte Platzierung der republikanischen Batterien der Hauptverantwortliche für den Sieg der Revolutionstruppen war. Aber Matt war sich des Blutzolls bewusst, der von beiden Seiten dafür bezahlt worden war. Die beiden Offiziere schienen jedoch nur Anerkennung für Effizienz und Eleganz der Strategie zu haben; sie konnten selbst bei einem Bombardement, das den Tod unzähliger Menschen bedeutete, von dem furchtbaren Leid wegsehen und die hohe Kunst der Kriegsführung bewundern.

»Dann gratuliere ich Euch ganz herzlich, Colonel«, antwortete Sir Sidney. »Ein wahrhaft ausgezeichneter Vorschlag. Ich hoffe, dass er Euch die Beförderungen einbringt, die Ihr verdient.«

Colonel Bonaparte winkte ab, als wolle er bescheiden andeuten, dass der Dienst am Vaterland Sold genug für ihn sei, aber Matt kam nicht umhin zu bemerken, dass seine Rangabzeichen nagelneu zu sein schienen.

»Euer Widerstand hat es nötig gemacht, Sir Sidney. Ich muss der Royal Fleet mein Lob aussprechen. Ohne sie hätten diese unsäglichen Monarchisten die Stadt unmöglich so lange halten können.«

Es lag unausgesprochen in der Luft.

»Aber jetzt ist es vorbei«, mischte sich Matt in das Gespräch ein. Er konnte einfach nicht mehr an sich halten und plauderte nun vieles von dem aus, was er von Sir Sidney vorhin im Fort erfahren hatte. »Während wir hier sprechen, werden L'Eguillette und Balaguier evakuiert. Fort Faron und Fort Malbousque werden fallen. Damit ist der Hafen nicht länger zu halten.«

»Erfrischend direkt«, kommentierte Colonel Bonaparte trocken, was Sir Sidney ein Lachen entlockte.

»Amerikaner eben«, sagte er schlicht, als würde das alles erklären.

»Ah. Dann sollten Sie auf unserer Seite kämpfen, Monsieur. Nicht für die englische Krone.«

Matt hob die Schultern und wies in Richtung der See.

»So hat der Wind da draußen nicht geweht.«

Colonel Bonaparte quittierte das mit einem Nicken, als wäre das eine zufriedenstellende Antwort auf seine Vorhaltung.

»Dann treten die Vereinigten Staaten von Amerika also

nicht in unseren Krieg ein«, stellte er fest und sah Matt abschätzend an.

Ein durchdringender Blick. Es war, als würde sein Innerstes nach außen gekehrt, als ließen sich seinen Gesichtszügen all seine Sorgen, Sünden und Zweifel ablesen wie in einem aufgeschlagenen Buch. So eindringlich war die Musterung, dass Matt den beinahe überwältigenden Drang verspürte, die Augen niederzuschlagen. Doch er zwang sich, diesem Bonaparte mit all dem Selbstbewusstsein entgegenzutreten, das er in den letzten Wochen und Monaten gewonnen hatte.

Und es schien zu wirken. Ein feines Lächeln umspielte die Mundwinkel des Colonels, und er nickte erneut, als habe er eine wichtige Information erhalten, die er nun zur Kenntnis nahm.

»Ihr Französisch ist exzellent«, lobte Colonel Bonaparte.

»Die Familie meiner Mutter stammt aus dem Elsass«, erklärte Matt. »Es war ihr sehr wichtig, dass ich auch die Sprache ihrer Großeltern gelernt habe.«

»Familie, so wichtig.« Bonaparte schwieg einen Moment, als müsse er die nächsten Worte genau abwägen. »Ihr habt gestern tapfer gekämpft.«

Matt zuckte zurück. Damit musste der Colonel die Verteidiger im Allgemeinen meinen. Doch er sah Matt mit diesen durchdringenden Augen an.

»Ihr wart da, nicht wahr?«

Colonel Bonaparte nickte stolz.

»Ich habe persönlich meine Männer über die Brüstung geführt. Wie es sich gehört.«

In Matt stritten die unterschiedlichsten Gefühle. Schließlich nickte er anerkennend. Dieser Colonel Bonaparte hatte nicht nur das Schicksal der Schlacht mit der intelligenten Aufstellung seiner Batterien entschieden, sondern auch noch den entscheidenden Angriff angeführt. Matt empfand großen Respekt vor so viel Tapferkeit.

»Der Ruhm gebührt allein Euch.«

Der Colonel schob die Brust nach vorn und streckte abermals den Rücken durch, dann wandte er sich wieder Sir Sidney zu.

»Euer amerikanischer Begleiter hat ein scharfes Auge für die Realitäten des Krieges. Eure Ausfälle haben Toulon keine Erleichterung gebracht, im Gegenteil: Unsere Situation hat sich stetig verbessert, die Eurige verschlechtert.«

Daraufhin rollte er eine Karte auf dem Tisch aus, und die drei Männer beugten sich darüber. Es war eine detaillierte, topographische Darstellung der gesamten Stadt und ihrer näheren Umgebung. Jemand hatte von Hand Stellungen und Bewegungen eingezeichnet, hatte alte ausradiert und neue eingetragen. Man konnte dem Verlauf der Belagerung allein anhand der schwachen Radiergummispuren verfolgen. Alles war sehr akkurat und genau, mit gutem Auge fürs Detail. So wie sachkundige Kapitäne ihre lebenswichtigen Karten führten.

In einer der Ecken entdeckte Matt das Siegel einer königlichen Gesellschaft. So schnell hatten die republikanischen Kräfte nicht alle Reste der Monarchie auslöschen können.

»Die Situation der englischen Flotte in Toulon ist unhaltbar«, stellte Colonel Bonaparte trocken fest. »Ohne den Schutz der äußeren Befestigungen ist es unmöglich, die Stadt zu halten, vollkommen egal, welch stolze Schiffe der Royal Navy im Hafen liegen.«

Sir Sidney schnalzte mit der Zunge.

»So weit würde ich nicht gehen«, widersprach er.

Matt musste sich bewusst davon abhalten, ihn verwundert anzustarren. Der Colonel hatte lediglich die offensichtliche Wahrheit ausgesprochen. Aber Sir Sidney tat so, als wäre das wenig mehr als Prahlerei. Matt kannte ihn allerdings lange genug, um zu wissen, dass dahinter kühle Berechnung lag.

»Nein?«

»Bei Weitem nicht. Wir mussten einige bedauerliche Rückschläge hinnehmen, das ist wahr, aber der Kampfgeist unserer Männer ist so stark wie nie. Jeder Versuch, Toulon mit Gewalt zu nehmen, würde blutig für Eure Truppen enden.«

»Hm.« Colonel Bonaparte schien diese Möglichkeit einen Moment zu erwägen. »Ein Ausharren bis zum letzten Mann würde allerdings das Ende der englischen Mittelmeerflotte bedeuten. Ihr benötigt Eure Seeleute für Eure Schiffe, Sir Sidney. Vizeadmiral Hood wird sie nicht für die Verteidigung einer französischen Stadt opfern. Einer Stadt, möchte ich betonen, die Euch so wenig Sympathie entgegenbringt wie Ihr der französischen Krone.«

»Es ist eine Frage der Ehre, Colonel. Das versteht Ihr sicher.«

Bonaparte legte den Kopf ein wenig zur Seite, dann ein halbes Nicken, mehr nicht.

Matt dachte an die möglichen Kriegsopfer und wollte am liebsten aus der Haut fahren.

»Die Stadt wird leiden«, stieß er hervor. »Die Menschen dort. Frauen. Kinder. Sie sind es, die bei einem Bombardement sterben werden. Wollt ihr wirklich die Straßen einer französischen Stadt mit französischem Blut rot färben, Colonel?«

Falls das Schicksal der Bevölkerung einen der beiden interessierte, ließ sich das ihren ausdruckslosen Mienen nicht entnehmen.

»Die Stadt hat sich dafür entschieden, Widerstand zu leisten«, entgegnete Bonaparte kühl. »Die Konsequenzen dieser Entscheidung wird sie ganz allein tragen müssen.«

»Colonel, Ihr seid Soldat. Aber Ihr seid auch Franzose. Das sind Eure Leute dort in der Stadt. Es kann doch nicht Euer Wunsch und der der Republik sein, Franzosen zu töten.«

»Nun, sie haben sich gegen die rechtmäßige Regierung aufgelehnt.«

Matt blieb die Ironie dieser Antwort nicht verborgen.

Doch bevor er etwas erwidern konnte, tippte Sir Sidney auf die Karte, wies auf den Hafen.

»Lassen wir uns nicht in politischen Diskussionen verfangen«, bat er scheinbar rational. »Matthew hat recht: Wir sind Soldaten. Unser Handwerk ist der Krieg. Und da gibt es genug zu besprechen.«

Mit Mühe gelang es Matt, zu schweigen und einfach zu nicken. Colonel Bonaparte trat einen Schritt zurück und sah Sir Sidney auffordernd an.

»Gut«, sagte dieser. »Nun, ein Sturm auf die Stadt wäre mit großen Kosten verbunden und ...«

»Kosten, die wir bereit sind zu zahlen«, unterbrach ihn Bonaparte, was Sir Sidney einen Moment aus der Fassung brachte. »Die vielleicht sogar notwendig sind, um ein Exempel zu statuieren.«

Während Sir Sidney seine Gedanken sammelte, stellte sich Matt vor, wie ein solches Exempel aussehen mochte. Militärisch war die Lage entschieden. Die einzige Frage war, wie hoch der Blutzoll sein würde.

»Ich bitte Euch, lasst uns über einen Abzug verhandeln, um uns derartiges zu ersparen«, sagte Matt.

Colonel Bonaparte schien die Worte abzuwägen.

»Gut. Wir geben Eurer Flotte einen Tag, die Stadt zu verlassen.«

Das klang fast schon vernünftig, was Matt überraschte.

Dann aber fügte der Franzose hinzu: »Unbewaffnet natürlich. Alle Geschütze werden an Land gebracht.«

Sir Sidney lachte auf.

»Das ist unmöglich, Colonel, und das wisst Ihr. Tatsächlich würde ich diese Forderung fast schon als Affront bezeichnen.«

»Affront?« Mit einem Mal blitzte Zorn in den Augen Napoléon Bonapartes auf, vertrieb die überlegene Ruhe, die er bislang ausgestrahlt hatte. »Ein Affront, Sir Sidney, ist es, mit einer Flotte in den Hafen einer souveränen Nation zu segeln und eine ganze Stadt zum Krieg gegen ihre Regierung anzustacheln. Ein Affront ist es, die Schlacht zu verlieren und anschließend Bedingungen stellen zu wollen, wenn man in Wirklichkeit mit eingekniffenem Schwanz davonlaufen möchte. Ein Affront ist es, meine Zeit derart zu verschwenden.«

So, wie die Worte ineinandergeflossen waren und sich der Emotionsausbruch gesteigert hatte, fragte sich Matt im ersten Augenblick, ob dies ein Anflug von ungerechtfertigter Überheblichkeit gewesen war. Und dann verstand er: Der Colonel sah sich als der große Sieger in der Schlacht um Toulon. Und falls es tatsächlich sein Plan gewesen war, die Artillerie so in Stellung zu bringen, hatte er alles Recht dazu. Die Einschätzung gab ihm ein Selbstbewusstsein, das an Arroganz grenzte, und er verließ diesen schmalen Grat nur deshalb nicht, weil es auf tatsächlichen Leistungen fußte.

Sir Sidney trat einen halben Schritt zurück und verschränkte die Arme vor der Brust.

»Es lag mir fern, Euch beleidigen zu wollen, Colonel Bonaparte. Falls meine Worte unbedacht waren, so tun sie mir leid. Ich wollte nur ausdrücken …«

»Ihr versucht auf eine unverschämte Weise, Zeit zu schinden, Sir Sidney«, fiel Bonaparte ihm ins Wort.

Der Vorwurf, so wahr er auch sein mochte, war ungeheuerlich, stellte er doch den Leumund Sir Sidneys infrage. Doch der schien nicht bestürzt zu sein und verzog keine Miene.

»Es wird keine Abmachung geben«, erklärte Bonaparte gelassen. »Weil es keine Abmachung geben kann. Toulon muss fallen, und wir müssen der Welt zeigen, wie die stolze Royal Navy flieht. Ihr könnt keine Zugeständnisse machen, die irgendetwas bedeuten, weil Eure Flotte auch weiterhin kampfbereit sein muss, und wir müssen ein Signal an alle anderen offenen und verkappten Monarchisten in Frankreich senden.« Er machte eine kurze, dramatische Pause. »Das ist, was euch geschieht, falls ihr die neue Weltordnung nicht akzeptiert.«

Die beiden musterten sich und schienen Matt vergessen zu haben. Doch sein Zorn ließ ihn nicht schweigen.

»Warum dann diese Farce, Colonel?«, rief er empört. »Warum dieses Treffen und die Höflichkeiten und all …« – er wies mit einer ausholenden Handbewegung auf den Tisch mit der großen Karte und den Pavillon um sie herum – »… das hier?«

»Sie haben Ihre Gründe, Matthew. Sir Sidney hat seine. Meine sind simpel: Ich wollte sehen, wen Ihr Vizeadmiral Hood uns schickt.«

Matt atmete durch. Die Erinnerung an seine Gründe ließen seinen Zorn verrauchen.

»Gnade für Toulon, Colonel. Das ist mein Grund, hier zu sein.«

»Niemand hat mich hierhergesandt, auch nicht Vizeadmiral Hood«, stellte Sir Sidney klar. »Ich wollte eigentlich nur Matthew zurückholen, der sich auf meinem Schiff als unentbehrlich erwiesen hat. Und dann kam mir in den Sinn, dass es sich anbieten würde, bei der Gelegenheit auch noch bei einem ranghohen Offizier der republikanischen Truppen vorbeizuschauen, da ein solches Gespräch möglicherweise für beide Kriegsparteien von Nutzen sein könnte.«

Ein Moment der Stille. Dann nickte Napoléon Bonaparte und wandte sich Matt zu.

»Ein nobler Grund, den Sie da haben. Gut, ich werde Ihre Bitte an meine Obersten herantragen. Das ist eine Entscheidung, die nicht mir obliegt.«

»Ich denke, dann sind wir hier fertig«, sagte Sir Sidney und richtete sich zur vollen Größe auf, um anschließend eine formvollendete Verbeugung zu präsentieren.

»In der Tat.«

»Es war mir eine Ehre, Euch kennenzulernen, Colonel Bonaparte.«

»Die Ehre ist ganz meinerseits.«

Matt seufzte, neigte das Haupt ebenfalls.

»Viel Glück, Matthew. Hoffentlich ist Ihnen der Wind in Zukunft gewogener.«

»Gnade für Toulon«, wiederholte Matt, anstatt ein Wort des Abschieds zu sprechen, und wandte sich um. Er spürte Bonapartes Blick auf seinem Rücken, und es war ihm, als würde jemand mit einer Muskete zwischen seine Schulterblätter zielen.

Der Soldat, der ihre Pferde entgegengenommen hatte,

brachte sie ihnen zurück, und die beiden stiegen auf. Der Ritt zurück war noch unangenehmer als der hinaus aus dem Fort, falls das überhaupt möglich war. Den Feind hinter sich zu wissen, ohne ihn ins Auge fassen zu können, zerrte an Matts Nerven.

»Ein gerissener Fuchs, dieser Colonel Bonaparte«, stellte Sir Sidney fest, als sie außer Hörweite waren.

»Ein Bastard«, knurrte Matt.

»Oh, ganz sicher das auch.«

Sir Sidney lachte, was Matt in der bedrückenden Situation unfassbar fehl am Platze vorkam.

»Die Kampf um Toulon ist verloren, die Stadt wird fallen«, sagte er düster.

»Ja, aber das wussten wir heute schon, als die Sonne aufging«, antwortete Sir Sidney. »Der Vizeadmiral lässt in diesem Moment bereits Toulon evakuieren. Er hat gehofft, dass wir vielleicht auf jemanden treffen, dem wir ein wenig Honig ins Ohr träufeln können. Aber nicht bei diesem Napoléon Bonaparte.«

Dieses Treffen ist also ein reines Täuschungsmanöver gewesen, dachte Matt. Eines musste man den Engländern lassen: Sie konnten ein pragmatisches Völkchen sein.

»Was ist mit der Bevölkerung?«

»So viele wie möglich werden wir mitnehmen«, erklärte Sir Sidney. »Deshalb sollte ich uns ein wenig Zeit herausschinden. Ein Tag oder zwei wären gut gewesen. So muss genügen, was sie uns gewähren.«

»Immerhin verschwinden wir dann von hier«, sagte Matt leise.

Sir Sidney sah ihn prüfend an.

»Die Schlacht ist verloren, Matthew, aber der Krieg hat gerade erst begonnen.«

KAPITEL 21

Toulon, Dezember 1793

Keine Gnade für Toulon.

Die Nachricht war ihnen fast direkt gefolgt. Und mit ihr kamen die Soldaten der Republik. Die Forts fielen nacheinander dem Feind in die Hand.

Der Kriegsrat traf sich kurz. Sir Sidney berichtete danach Matt, dass Vizeadmiral Hood weiterkämpfen wollte, da er immer noch auf Verstärkung hoffte. Teile der Flotte waren im Mittelmeer verstreut und konnten vielleicht zeitig genug eintreffen. Dazu hatte er Nachrichten an die Admiralität gesandt, in denen er um Entsatz bat. Sir Sidney schüttelte den Kopf. Der Vizeadmiral war überstimmt worden.

Die *Swallow* folgte wenig später den großen Kriegsschiffen aus der Kleinen Reede, wie ein Küken einer Schar von Hennen.

Auch wenn Matt alles Blut abgewaschen hatte, wusste er doch, dass ein Teil dieser Nacht für immer bei ihm bleiben würde. Ein ums andere Mal dachte er an Albington, seinen gutherzigen Freund … Aber er war wie taub in seinem Herzen. Die Zeit für Trauer würde kommen. Doch noch war hier nicht alles überstanden.

Kurz vor dem Mittag ruderten sie wieder hinüber zur *Princess Royal*. Matt begleitete Sir Sidney, der wieder seine beste Uniform angelegt hatte, und fand sich wenig später in der Kajüte von Vizeadmiral Hood wieder. Irgendein Adjutant hatte die Karte, die auf dem Tisch lag, entsprechend den Ereignissen der letzten Stunden aktualisiert. Die Effizienz der Engländer war zu bewundern. Gleichwohl befanden sie sich in einer schrecklichen Lage. Der einzige Lichtschein am Horizont war, dass es bald vorbei sein würde.

Bis auf eine Sache noch.

»Die Flotte.« Vizeadmiral Hood wies auf den Hafen von Toulon und die Bucht davor. Mehr als zwei Dutzend kleine Holzobjekte symbolisierten die Schiffe der französischen Mittelmeerflotte, die dort lag: eine zu große Streitmacht, um sie einfach dem Feind zu überlassen, die aber auch zu groß war, um einen gewichtigen Teil davon kapern zu können.

»Wir müssen wegen ihr etwas unternehmen, doch unser, ähm, überhasteter Rückzug hat uns in eine unschöne Lage gebracht«, fuhr Vizeadmiral Hood fort. Sollte das ein Seitenhieb auf eine oder mehrere der anderen anwesenden Personen sein, so konnte Matt das nicht erkennen. Alle Mienen waren angespannt, gezeichnet von den Anstrengungen der letzten Tage.

»Wir können nicht zulassen, dass die Schiffe in die Hände dieser Königsmörder fallen«, pflichtete ihm Sir Sidney zu. »Aber da wir die Forts L'Eguillette und Balaguier verloren haben, kontrolliert nun dieser Colonel Bonaparte die Einfahrt. Noch sind nicht sämtliche Maßnahmen umgesetzt worden, um eine perfekte Kontrolle zu gewährleisten, aber wenn das der Fall sein wird … Nun, wir haben alle erlebt, wie effektiv er seine Artillerie aufstellen kann.«

Es waren grimmige Worte, aber Sir Sidney konnte sich dabei ein leichtes Lächeln nicht verkneifen. Matt schüttelte kaum merklich den Kopf. Egal, was nun noch in Toulon geschah, dieser Mann würde einen Weg zu Ruhm und Ehre finden.

»Was schlagt Ihr vor, Sir Sidney?«

»Wir versenken die Schiffe im Hafen.«

»Unmöglich!«, warf ein hochrangiger spanischer Offizier ein. »Wir können nicht riskieren, mit den Schiffen in den Hafen zu segeln!«

»Korrekt.«

»Ihr denkt offenbar an eine Aktion in einem kleineren Rahmen«, schlussfolgerte Vizeadmiral Hood. »Ein paar nicht zu große Schiffe, Boote, in jedem eine Handvoll ausgewählter Männer …«

Sir Sidney nickte siegesbewusst.

»Und ich melde mich freiwillig, diese Mission anzuführen.«

Matt atmete durch. *Keine Mission mehr für mich.*

»Was ist mit unseren Leuten in der Stadt – den treuen Royalisten und ihren Familien?«

Diese Frage hatte ein französischer General gestellt, dessen Kopf in einen Verband gehüllt war.

»Dafür haben wir weder Zeit noch Ressourcen«, entgegnete der Spanier in entschiedenem Ton.

Sofort erhoben sich andere Stimmen, wurden lauter, zorniger.

Sir Sidney hielt sich zurück, schien in Gedanken versunken und schon einen Plan zu schmieden.

Matt suchte mit Blicken seine Aufmerksamkeit. Als sie ihm schließlich zuteilwurde, schüttelte er erst den Kopf, schaute dann vielsagend auf die Karte von Toulon hinab. Sir Sidney kam mit zwei schnellen Schritten zu ihm.

»Ich komme nicht mit«, verkündete Matt mit fester Stimme.

»Ich verstehe. Kein Krieg mehr für Matthew Dankworth.«

Matt nickte.

»Aber … was ist, wenn wir in Verbindung mit dieser Mission Menschen aus der Stadt evakuieren können?«

Wie schon so oft wusste Sir Sidney instinktiv, wo er Matt packen musste.

Fast gegen seinen Willen fragte Matt: »Wie?«

Ohne zu antworten, wandte Sir Sidney sich an die kommandierenden Offiziere.

»Wenn wir eine solche Mission durchführen, wird das für einige Ablenkung sorgen.«

Zustimmendes Gemurmel.

»Genug Ablenkung, um einige Schiffe zur Stadt zu entsenden und so viele Menschen zu evakuieren, wie es uns möglich ist.«

Während die anderen begannen, auch über diesen Vorschlag leidenschaftlich zu diskutieren, nickte Sir Sidney Matt zu.

Aus irgendeinem Grund hatte Matt keine Bedenken, dass der Vorschlag nicht angenommen werden würde.

Der Krieg ließ ihn noch nicht los.

Kapitel 22

Toulon, Dezember 1793

Die kleinen Schiffe glitten durch die Bucht. Der Regen hatte im Laufe des Tages nachgelassen. Jetzt war es nur noch kalt. Aber gegen diese Kälte sollte ihr Trupp ein Feuer entzünden.

»Halt!«, befahl Sir Sidney leise, und die Order wurde weitergegeben, bis alle ihr folgten.

Matt beugte sich vor.

»Worauf warten wir? Es sind so viele Schiffe, die wir zerstören sollen – dafür werden wir bestimmt viel Zeit benötigen.«

»Meine Befehle lauten, mit der Mission erst zu beginnen, wenn der Großteil der Evakuierung vonstattengegangen ist.« Er zog seine Taschenuhr hervor, klappte sie auf und warf einen Blick auf das Zifferblatt. »In einigen Stunden.«

Matt atmete langsam aus.

»Warum?«

»Ich weiß es nicht, Matthew. Das ist die Order.«

Langsam lehnte Matt sich zurück und blickte auf das schwarze Wasser der Bucht. Von Land her wehten Schüsse, Schreie, vereinzelt Kanonendonner. Und sie lagen in ihrem Versteck an der Küste und warteten.

Die Zeit verstrich quälend langsam. Die sieben kleinen Schiffe, auf denen die Männer sich verteilt hatten, dümpelten aneinander vertäut auf den Wellen. Damit ihre Mission Erfolg haben konnte, mussten sie den abgesprochenen Zeitpunkt abwarten.

Schüsse. Schreie. Kanonen. Schüsse. Schreie. Kanonen.

Die Untätigkeit war schwieriger als vieles andere, was Matt in den letzten Wochen hatte durchmachen müssen. Dunkelheit senkte sich herab, aber der Abend war immer noch von den Geräuschen einer leidenden Stadt erfüllt.

Und dann gab Sir Sidney endlich das Signal, und ihre kleine Flottille setzte sich, angeführt von der *Swallow*, in Bewegung.

Hinter ihnen zogen sie das Feuerschiff, kaum mehr als ein Rumpf gefüllt mit allem, was brennbar war.

Als die Hafenanlage von Toulon vor ihnen auftauchte, teilte die Flottille sich, und der spanische Teil machte sich auf den Weg zum Alten Arsenal, während Sir Sidney seine Engländer zum Neuen Arsenal führte.

Matt erwartete jeden Augenblick, dass Kanonen auf sie feuerten … oder dass Fußgetrappel von republikanischen Truppen zu hören war, die zu den angrenzenden Hafenmauern eilten. Aber aller Lärm wehte von der Ferne heran.

So chaotisch ihr eigener Abzug auch gewesen war, Eroberung und Übernahme erwiesen sich wohl als ebenso schwierig.

Ihre Boote passierten die Hafeneinfahrt und zogen das Feuerschiff vorbei an den Rümpfen der französischen Schiffe. Keines davon war derzeit seetüchtig – alle mit gekürzten Masten und ohne den Großteil der Takelage und Segel. Dennoch waren es beeindruckende schwimmende Festungen aus Holz, die ihre kleinen Boote bei Weitem überragten.

Doch ihr Trupp ließ sich davon nicht einschüchtern. Das Feuerschiff glitt lautlos in Position. Sir Sidney deutete auf die Gebäude am Arsenal, und Matt sprang über die Reling, packte ein herabhängendes Tau und kletterte auf die Mauer empor. Gefolgt von einigen anderen rannte er geduckt in Richtung der Lagerhäuser.

Jetzt war er froh, dass sie gewartet hatten, denn die Dunkelheit verbarg sie vor neugierigen Blicken. Matt deutete auf das Lagerhaus vor ihm, lief dann zum nächsten weiter.

Das Tor war mit einem uralten Vorhängeschloss gesichert, das nach ein paar Hieben mit einem Enterbeil keinen Widerstand mehr leistete. Dahinter lag ein riesiger, kavernenartiger Raum mit großen Rollen Tau. Perfekt.

Vorsichtig legte Matt zwei Lunten an großen Fässern. Zur Sicherheit übergoss er die Taue noch mit Öl, bevor er sich zurückzog.

Vor den Lagerhäusern traf er Fletcher wieder.

»Und?«

»Masten. Feuer sind gelegt. Daneben war ein Lager voller Pechfässer.«

Der rothaarige Bootsmannsmaat grinste. Matt nickte und machte sich schnell auf den Rückweg. Die anderen folgten ihm.

Er musste Sir Sidney nur zuwinken, damit dieser das Signal gab, das Feuerschiff in Brand zu setzen.

Wie man Schiffe in Brand steckte, wussten die Engländer. Schon bald leckten Flammen über den Rumpf, den kläglichen Rest des Mastes empor, entzündeten das überall angebrachte Segeltuch, das in kleinen, brennenden Fetzen in den Nachthimmel flog – und sich auf den umliegenden Schiffen wieder niederließ!

Fasziniert beobachtete Matt, wie ein Schiff nach dem anderen Feuer fing. Und dann hörte er hinter sich ein Brausen. Er drehte sich um und sah das Pechlager ebenfalls in Flammen stehen.

»Wir sollten hier verschwinden«, rief er Sir Sidney zu, der schon dabei war, die *Swallow* von der Hafenmauer ablegen zu lassen. Matt sprang hinab und duckte sich zwischen die anderen Seeleute.

Gewaltige Flammensäulen stiegen von den Magazingebäuden in den Himmel. Und stolze Kriegsschiffe verwandelten sich in gewaltige Feuerbälle, die allmählich im Wasser versanken. Gierig leckten die Flammen über Holz, verzehrten Tau und Segeltuch. Der Donner der Explosionen rollte über die Bucht, schien kein Ende nehmen zu wollen. Der Anblick der Zerstörung übermannte Matt. Menschen hatten den Hafen geschaffen, die Gebäude errichtet. Und nun vernichteten Menschen dies alles, in einer Nacht, nein, in wenigen Momenten. Dieser vernichtende Akt war einerseits unbegreiflich, anderseits seltsam vertraut nach den Erlebnissen der letzten Wochen.

Die heiße Wind der Explosion wehte um sie herum. Selbst auf die Entfernung konnte Matt die Hitze der Brände auf der Haut spüren. Der Hafen von Toulon begann, zu einem Inferno auf Erden zu werden.

Doch die *Swallow* glitt davon unbeeindruckt durch den Hafen. Sir Sidney feixte beim Anblick ihres Werkes. Matt schluckte. Ihres Werkes.

Dann hallte Kanonendonner über die Bucht. Die Forts hatten sie entdeckt.

KAPITEL 23

Toulon, Dezember 1793

Immer wieder blitzte Mündungsfeuer in der Dunkelheit auf. Matt konnte nur ahnen, dass es die Geschütze von Fort L'Eguillette sein mussten, die versuchten, quer über die Bucht ihre kleinen Schiffe zu treffen. Auf die Distanz wäre es schon bei Tageslicht ein Meisterstück gewesen. Selbst vor den hochlodernden Flammen der brennenden Schiffe waren sie wenig mehr als schwarze Schemen.

Mehr Sorgen bereiteten ihm die sporadischen Musketenschüsse in der Stadt, insbesondere in der Nähe des Tour Royale, eines großen Befestigungsturms, der ein wichtiger Teil der Verteidigungsanlage von Toulon war. Wie Matt wusste, wurde der Königlichen Turm noch von einem relativ kleinen Soldatentrupp der 2/1st Royals unter dem Befehl von Leutnant Iremonger gehalten. Ein konzentrierter Vorstoß der republikanischen Kräfte würde sicherlich bis in die Stadt gelangen und nicht nur die restliche Evakuierung zu einem Vabanquespiel machen, sondern auch Iremonger und seine Männer in größte Gefahr bringen.

Erneut Kanonendonner, näher diesmal. Fort Malbousquet stimmte in das abendliche Konzert ein. Zwar würden sie sich hüten, ihre eigenen Schiffe zu treffen, aber die Kanonen waren weitaus näher als die von L'Èguillette, und allzu lange konnte die kleine Flottille es sich nicht leisten, ihnen ein Ziel zu bieten.

»Wir holen die Royals und ziehen uns zurück!«, wies Sir

Sidney seine Männer an, ganz offensichtlich zufrieden mit seinem Werk.

Matt zeigte zum Alten Arsenal, wo immer noch keine Flammen zu sehen waren.

»Was ist mit den Spaniern?«

»Zum Teufel mit denen«, knurrte Sir Sidney. »Sie hatten eine Mission, und wenn sie die nicht bewältigen können …«

Er sprach nicht weiter, aber Matt gab ihm innerlich recht. Sie konnten sich keinesfalls auch noch um das Alte Arsenal kümmern.

»Jemand muss Leutnant Iremonger benachrichtigen«, sagte Sir Sidney.

Matt seufzte leise.

»Ich kenne den Weg.«

Aus besseren, friedlicheren Tagen, die inzwischen lange hinter mir liegen, fügte er in Gedanken hinzu.

Sir Sidney lächelte ihn an und nickte. Mit einer Serie von Befehlen brachte er die *Swallow* nahe an die Kaimauer, und mit einem beherzten Satz sprang Matt an Land.

Kurz schaute er zum Inferno, das sie herbeigeführt hatten. Schiffe standen lichterloh in Flammen, Lagerhäuser sandten Funkenschwärme in den Nachthimmel, und immer wieder gab es in der Dunkelheit Explosionen, wenn die Brände ein Pulverlager oder ein Ölfass erreichten. Das Fanal von Toulon musste bis nach Paris leuchten, bis nach London. So hoffte Matt zumindest insgeheim.

Selbst aus der Distanz konnte er die Hitze der Feuer auf seiner Haut spüren. Und er hatte kein Interesse daran herauszufinden, wie heiß es werden mochte, wenn sie sich bis in seine Nähe fraßen.

Also lief er los, hielt sich linkerhand, wo die Schatten noch tiefer waren, vorbei an Kanonen und den Pyramiden ihrer Geschosse, den Lagerhäusern für die Lafetten. Dann orientierte er sich an der Stadtmauer, rannte so schnell wie möglich, um einige Gebäude zwischen sich und das Magazin zu bringen. Zwar brannte dort kein Feuer, aber er wollte kein Risiko eingehen.

Die Straßen Toulons waren verwaist. Wer nicht geflohen war, hatte sich in den Häusern verbarrikadiert, die Türen und Fensterläden geschlossen, und betete vermutlich gerade inbrünstig. Matt wollte gar nicht wissen, wie viele hastig versuchen mochten, alles zu entsorgen, worauf goldene Bourbonen-Lilien prangten, und nach irgendwelchen blauen, weißen und roten Stofffetzen suchten.

Voraus brannten die Taulager – und würden es wohl noch viele Stunden. Zum Glück war der Königliche Turm bald vor ihm, und Matt sprintete den letzten Rest des Weges, so schnell er konnte. Vielleicht lag es an diese düsteren Stimmung, die wie eine riesige Unwetterwolke über der Stadt kurz vor ihrer Eroberung hing, vielleicht an den nun immer lauter werdenden, gut organisierten Musketensalven – ihn überkam jedenfalls ein Gefühl der Dringlichkeit, die ihn zu größter Eile antrieb.

»Wer geht?«, schallte eine Stimme die Straße vor dem Turm entlang.

Matt riss die Arme hoch.

»Ein Bote von Sir Sidney für Leutnant Iremonger.«

Seine Antwort ließ die Musketenläufe sinken, und er wurde in den Königlichen Turm hineingeführt. Nur hier und da brannten Laternen, und die Gesichter der Soldaten waren helle Fratzen in den Schatten, grimmig, entschlossen. Die Royals waren Veteranen, und dennoch bemerkte Matt auch bei ihnen eine Anspannung, die an Furcht grenzte. Oder vielleicht gerade weil sie kampferprobt waren. Die Geschichte der letzten Monate neigte sich ihrem Ende zu, und es war kein gutes für die Engländer.

Nach wenigen Augenblicken entdeckte Matt den Leutnant, dessen buschiger Backenbart unverkennbar war. Fast bedurfte es keiner Worte.

»Matt. Ist es so weit?«

Er nickte.

Iremonger atmete tief ein, sammelte sich einige Herzschläge lang, dann wandte er sich an seine Männer: »Alle sammeln! Verlasst die Stellungen! Wir marschieren zum Hafen!«

Sofort rannten die Soldaten los, riefen sich gegenseitig zusammen. In einem beeindruckenden Schauspiel von Disziplin gaben sie ihre Verteidigungsposition auf und machten sich für den Rückzug bereit.

»Eine Schande«, knurrte Iremonger. »Wir hätten die Stadt halten sollen.«

Matt schwieg. Einerseits konnte er den Leutnant verstehen, andererseits war er froh, dass das beständige Blutvergießen bald ein Ende finden würde.

»Sie haben sich tapfer geschlagen, Matt. Es war mir eine Ehre, an Ihrer Seite zu kämpfen.«

»Ganz meinerseits, Leutnant«, erwiderte Matt, und das meinte er vollkommen ernst. Der Mann mochte ein harter Hund sein, aber in einem Gefecht war es gut, ihn neben sich zu wissen.

Seine Soldaten brauchten nicht lange, um sich zu sammeln, was auch daran lag, dass nur noch eine kleine Truppe zurückgeblieben war. Draußen knallten Musketen. Noch waren sie vor den Mauern der Stadt. Aber wie lange noch?

»Werden die ein Problem?«, fragte Matt.

Iremonger schüttelte den Kopf.

»Bis die merken, was los ist, sind wir längst verschwunden. Und wenn ihr Kommandant kein Narr ist, warten sie ohnehin auf das erste Tageslicht, bevor sie vorrücken. Ich würde jedenfalls niemanden nachts in eine solche Schlacht schicken, wenn der Sieg schon sicher ist. Es gibt nachts in der Stadt nichts zu gewinnen, außer mehr Blutvergießen.«

Matt war gewillt, ihm recht zu geben. Die republikanischen Truppen hatten gesiegt; die einzig zu beantwortende Frage war, wie groß ihr Sieg ausfallen würde. Die vielen lodernden Großfeuer deuteten an, dass die Verluste trotzdem hoch sein würden.

»Was zum Teufel ist beim Alten Arsenal los«, wollte Iremonger wissen. »Überall blühen schönste Flammen auf, nur dort nicht.«

»Wissen wir auch nicht, Leutnant. Die spanische Flottille scheint auf Probleme gestoßen zu sein.«

»Pah! Probleme.«

Es war offensichtlich, was der Leutnant von der Kampfkraft ihrer Verbündeten hielt, aber Matt ließ seine Worte unkommentiert. Wer konnte schon sagen, was in einer solchen Nacht geschah? Er verübelte es keinem Mann, der nicht so abgebrüht wie Iremonger war, wenn er bei der Durchführung einer höchst gefährlichen Mission innehielt.

Dann waren die Soldaten bereit, verließen den Königlichen Turm und marschierten auf Befehl des Leutnants in Zweierreihen los. Es war ein beinahe absurdes Schauspiel. Die Brände warfen flackerndes Licht und ebensolche Schatten auf die Stadt, und die Briten marschierten durch dieses Abbild der Hölle, als befänden sie sich vor dem Buckingham Palace.

* * *

Nach seinem schnellen Lauf zum Befestigungsturm war es Matt ganz recht, neben der Paradeformation zu gehen, auch wenn ein Teil von ihm zu großer Eile drängte. Aber er sagte sich im Stillen, dass Sir Sidney keinesfalls ohne sie ablegen würde, und wenn die Einschätzung von Leutnant Iremonger korrekt war, mussten sie wenigstens nicht befürchten, von republikanischen Truppen überrascht zu werden.

Dennoch war ihr kontrollierter Marsch ein harter Kontrast zu dem Chaos in Toulon. Ein Chaos, für das Matt mitverantwortlich war, wie ihm schmerzlich bewusst wurde. In diesen seltsamen Momenten der Ruhe wanderte sein Geist, und er fragte sich, was die Feuer in den Lagerhäusern alles anrichten würden. Und konnte nur hoffen, dass sie nicht auf die ganze Stadt übergriffen.

Und inmitten von alldem verhielten sich die Engländer, als sei das, was sich hier abspielte, eine alltägliche Angelegenheit und nicht der letzte Akt einer grauenvollen Belagerung, die das Schicksal von Tausenden, ja, Zehntausenden besiegeln würde.

Aber dann sah er Leutnant Iremonger mit steinerner Miene neben seiner kleinen Kolonne marschieren und schob die Gedanken von sich. Ob gut oder schlecht, nötig oder schrecklich – oder alles auf einmal –, er war nun einmal hier. Und eine falsche Entscheidung, ein Moment des Zögerns, konnte seinen Tod bedeuten. Er musste sich auf das Hier und Jetzt fokussieren.

Für alptraumhafte Gedanken und Vorstellungen über die brennende Stadt hatte er später noch genug Zeit – falls er sie lebend verließ!

Am Hafen hatte das Bild sich kaum verändert. Eines der Linienschiffe war inzwischen gesunken. Das Hafenbecken war allerdings so flach, dass noch Teile des Rumpfs aus dem Wasser ragten, auf dem sich die Feuer spiegelten, und Flammen leckten um die Masten und die spärlichen Reste der Takelage. Matt nahm an, dass es die *Triomphant* war, achtzig Kanonen auf zwei Geschützdecks, doch ganz sicher konnte er sich nicht sein. Der Gedanke schmerzte ihn, hatte die *Triomphant* doch vor dreizehn Jahren bei der Seeschlacht von Martinique gedient und ihren Teil dazu beigetragen, dass der Amerikanische Unabhängigkeitskrieg zu Ungunsten der britischen Armee ausgegangen war. Matt hatte einen Bericht der Schlacht gelesen, und wusste deshalb, dass die *Triomphant* auf kürzeste Distanz mit dem Flaggschiff der englischen Flotte gekämpft hatte.

Die anderen drei Linienschiffe am westlichen Pier brannten noch lichterloh, so heiß, dass Matt die Flammen bis zu ihm spüren konnte.

Im Alten Arsenal war weiterhin alles ruhig. Die spanische Flottille hatte offensichtlich ihren Teil der Arbeit nicht erfüllt. Noch immer feuerten die Kanonen der beiden Forts in unregelmäßigen Abständen, erinnerten Matt und den Soldatentrupp daran, dass ihre Zeit für eine erfolgreiche Rettung ablief.

Als sie das Neue Arsenal erreichten, lagen nur noch zwei Schiffe der britischen Flottille darin; der Rest hatte sich bereits in den Schutz eines Verstecks zurückgezogen.

»Ah, Sir Sidney! Zu gütig, dass Ihr auf uns gewartet habt!«, begrüßte Iremonger den Kapitän ironisch.

»Für Sie immer, Leutnant. Wenn Sie bitte Ihre Männer an Bord ordern würden. Ich fürchte, wir haben die Gastfreundschaft der Stadt weidlich ausgereizt und sollten sie baldigst verlassen.«

Die zwei kleinen Schiffe gingen an der Kaimauer längsseits, und die Royals schifften sich diszipliniert ein. Matt und Iremonger warteten, bis außer ihnen beiden alle anderen an Bord waren; anschließend sahen sie sich noch einmal um. Iremonger seufzte.

»Ich wünschte, ich könnte sagen, es war ein guter Einsatz, aber hier wurde einiges in den Sand gesetzt«, stellte er leise fest.

Matt war geneigt, ihm recht zu geben, aber er erinnerte sich auch an ihr Treffen mit dem jungen Colonel Bonaparte. Manchmal konnte man sein Bestes geben, und es war dennoch nicht genug; manchmal war die Gegenseite einfach besser oder zu mächtig. Krieg war so wenig gerecht wie der Rest des Lebens. Vielleicht sogar weniger, denn war es nicht die Aufgabe eines Offiziers, der eigenen Seite so viele Vorteile wie möglich zu verschaffen, egal wie?

»Niemand kann Ihnen persönlich einen Vorwurf machen, Leutnant. Mehr als das, was Sie geleistet haben, kann man nicht tun, nicht wahr?«

Iremonger ließ den Gedanken einige Momente durch seinen Kopf kreisen, dann nickte er langsam. Offensichtlich nicht zur Gänze überzeugt, aber Matt konnte ihm keinen Vorwurf machen: Niederlagen hatten einen bitteren Geschmack. Selbst er spürte ihn, neben Asche auf der Zunge und Rauch in der Nase.

Matt wies auf die *Swallow.*

»Bitte, nach Ihnen.«

Als Iremonger an Bord sprang, atmete Matt noch einmal tief durch. Der gewöhnliche Hafengeruch war inzwischen beinahe vollständig vom rauen Gestank der Brände überlagert.

Dann stieg er als letzter der Verteidiger vom Pier und überließ Toulon seinem weiteren Schicksal.

KAPITEL 24

Toulon, Dezember 1793

Eins nach dem anderen durchquerten die kleinen Schiffe der Flottille die Einfahrt des Neuen Arsenals und sammelten sich im inneren Hafen. Sir Sidney ließ gerade so viele Lichter an, wie sie benötigten, um sich in der Dunkelheit nicht zu verlieren, damit sie den republikanischen Kanonieren der Forts keine klaren Ziele boten.

Matt konnte die Uhrzeit nur schätzen, es war wohl zwischen zehn und elf Uhr abends. Die ganze Aktion dauerte länger als gedacht, und in ihm stieg ein ungutes Gefühl auf.

»Was ist mit dem Alten Arsenal?«, fragte er Sir Sidney, der in Gedanken versunken schien. »Da liegen ein Dutzend Linienschiffe, darunter die *Dauphin Royal*.«

Drei Geschützdecks für hundertzwanzig Kanonen: Sie war eines der mächtigsten Kriegsschiffe im Mittelmeer. Erst vor wenigen Monaten fertiggestellt. Es wäre eine Schande, es brennen zu sehen, aber noch schlimmer, sollte es in die Hände des Feindes gelangen.

»Verdammte Spanier ... zu nichts zu gebrauchen«, schnaubte Sir Sidney. Dann sah er sich um und seufzte. »Wenn man es nicht selbst macht ...«

Matt grinste und rieb sich über die rußverschmierte Stirn.

»Zum Alten Arsenal!«, befahl Sir Sidney, woraufhin sich die Flottille wieder in Bewegung setzte. Dann wandte er sich an Matt: »Ohne Feuerschiffe wird das problematisch. Wir müssen ganz altmodisch von Hand arbeiten.«

»Leutnant Iremonger denkt, dass die Franzosen erst bei Tagesanbruch vorstoßen werden, da sie keine nächtliche Falle riskieren wollen.«

»Wollen wir hoffen, dass der gute Leutnant recht behält«, erwiderte Sir Sidney gut gelaunt. Eine weitere, höchst gefährliche Aufgabe zu haben, kam seinem Naturell entgegen.

Langsam arbeiteten die Schiffe sich durch die Dunkelheit an die Einfahrt des Alten Arsenals heran. Durch die Brände in der Stadt gab so viel Licht, dass man die Masten der dort liegenden Schiffe gut sehen konnte. Prächtige Linienschiffe, schlanke Fregatten und allerlei kleinere Schiffe: eine ganze Flotte.

Sir Sidney gab Order, dass die Hälfte der kleinen Schiffe zurückbleiben sollte, um ihren Rückzug zu decken, während die *Swallow* als Führungsschiff vorausglitt.

Doch dann schälte sich ein Schemen aus der Dunkelheit: Quer über die Einfahrt war eine breite Sperre gelegt!

»Hart Steuerbord!«, brüllte Sir Sidney.

Die *Swallow* legte sich zur Seite, und alle hielten sich fest, so gut sie konnten. Die hohe Mauer des Piers ragte über Matt auf, während sie langsam weiterfuhren. Doch Sir Sidneys Kommando hatte das Schlimmste verhindert, und das Schiff glitt so gerade eben an dem großen Hindernis vorbei.

»Ha! Die Spanier haben sich von einer Schranke aufhalten lassen«, feixte Sir Sidney.

Matt lachte erleichtert auf und sah die Mauer empor. Mit ein paar Tauen und ein wenig Kletterei sollte es ein Leichtes sein, dort hochzugelangen. Und dann die Einfahrt zu öffnen.

»Werft mir Leinen zu«, rief er und machte einen gewaltigen Satz zur Mauer hin.

Und dann begann er, sie hochzuklettern. Wind und Wetter hatten dem Steinwerk zugesetzt, sodass es mehr als genug Griffmöglichkeiten gab. Aber die Mauer war feucht und mit allerlei Seekraut bewachsen, sodass Matt sich vorsichtig hocharbeiten musste. Er durfte erst dann riskieren, einen sicheren Halt loszulassen, wenn er einen anderen gefunden hatte.

Dennoch rutschte seine Hand zweimal ab. Glücklicherweise gelang es ihm, sich dann wie ein Seestern an die Mauer zu drücken und mit schierer Willenskraft vor einem Sturz zu retten. Schließlich fanden seine Finger die oberste Kante, und er zog sich mit letzter Kraft hoch. Die langen Tage und Nächte hatten ihn mehr erschöpft, als ihm bewusst gewesen war, und als er schwer atmend oben auf dem Pier stand, holten ihn die Anstrengungen ein.

Im äußeren Hafen waren immer noch Boote unterwegs, um Nachzügler von den Stränden unterhalb von Fort LaMalgue einzusammeln. Die meisten französischen Flüchtlinge aus Toulon dürften dorthin gelaufen sein, aber aus Richtung der Stadt hörte Matt mehrere leise Rufe: »*Les Anglais! Les Anglais!*«

Das bereitete ihm Sorgen. Ihre kleine Flottille war nicht gesandt worden, um Menschen aus Toulon zu evakuieren. Sir Sidney würde die Mission und seine eigenen Leute nicht für Franzosen gefährden. Und Matt wollte nicht erleben, was geschah, wenn verzweifelte Flüchtlinge versuchten, an Bord zu gelangen.

Leinen flogen zu ihm hoch, und er begann, die *Swallow* zu vertäuen. Von unten sahen im fahlen Licht einer Laterne weiße Gesichter zu ihm hoch, ein Anblick, der ihn an ein gruseliges Stück im Theater erinnerte – so als wollten die Männer die Geister der Gefallenen darstellen.

»Wir müssen uns beeilen«, rief er Sir Sidney zu, als die *Swallow* nah an die Mauer herangezogen worden war. Der Kapitän nickte. Matt richtete sich auf und sah hinaus auf den inneren Hafen.

Am anderen Ufer waren die Kanonen von Fort L'Éguillette verstummt. Die britischen Schiffe waren wieder zu nah am Arsenal, und damit bestand aus Sicht der französischen Revolutionstruppen die Gefahr, bei einer Fortsetzung des Beschusses die eigenen Schiffe und Magazine zu beschädigen. Aber wo waren die Spanier?

Matts Blick wanderte über das dunkle Wasser. Dann sah er sie, dunkle Schemen mit kleinen Lichtpunkten, die sich von zwei seltsam beleuchteten Schiffen entfernten. In der Finsternis der Nacht hätte er sie nicht erkennen dürfen, aber sie leuchteten überraschend hell – es waren zwei französische Fregatten, die draußen im Hafen vor Anker lagen. Das mussten die *Isis* und die *Montréal* sein, zwei prächtige 32er. Sie lagen dort draußen vor Anker, weil sie voll beladen mit Pulver waren, über zweihundert Tonnen pro Schiff.

Es dauerte einige Momente, bis sein müder Geist begriff, was das bedeuten musste. Und auf einmal war es ihm, als wäre er von einem Schuss getroffen worden.

»Sir Sidney! Die Pulverschiffe brennen! Sie brennen!«

Sofort rannten alle zur Steuerbordseite der *Swallow*. Matt hörte Sir Sidney vollkommen laut fluchen, was höchst untypisch für ihn war.

»Zur Hölle mit ihnen!«, rief er und legte dann die Hände wie einen Trichter vor den Mund. »Zurück! Alle zum Arsenal! Abstand gewinnen zu den Fregatten!«

Als Nächstes sah Matt mit Entsetzen, dass die Schiffe, die

sie zurückgelassen hatten, weiter hinaus in den inneren Hafen gesegelt waren, voneinander getrennt, um den französischen Kanonen kein einfaches Ziel zu bieten. Ein Lichtpunkt war ein ganzes Stück von den anderen entfernt – und viel zu nahe an den Fregatten.

Die Order wurde weitergegeben. Rufe hallten über das Wasser, und langsam, quälend langsam, bewegten sich die Schiffe in ihre Richtung.

Draußen leckten Flammen am Mast der einen Fregatte empor.

Und dann explodierte sie.

Die Nacht wurde zerrissen von grellem Licht und ohrenbetäubendem Lärm. Matt spürte die Druckwelle selbst in dieser Entfernung, noch bevor er die Detonation hörte. Ehe er sich besinnen konnte, erfasste die Explosion das zweite Schiff, und eine weitere Feuersäule schoss hoch zum Firmament.

Das Ausmaß der Zerstörung war schier unfassbar, und Matt konnte nicht verstehen, was ihm seine Sinne zeigten. Die beiden stolzen Fregatten verschwanden einfach, wurden vom Feuer verschlungen, das erst in alle Richtungen schoss, um dann wie ein glühender Pilz gen Himmel zu wachsen.

Ein endloser Donner brandete über ihn hinweg; heißer Wind drohte, ihn einfach von der Hafenmauer zu wehen, und er musste sich gegen diese menschengemachte Gewalt stemmen.

Unter ihm ertönten Schreie als die *Swallow* gegen den Pier gedrückt wurde. Holz knirschte gequält auf, splitterte und brach. Matt sah den Mast auf sich zurasen und sprang zur Seite, fiel schmerzhaft auf den harten Stein und rutschte auf dem feuchten Untergrund weiter. Verzweifelt versuchte er, etwas zu packen zu bekommen, sich irgendwo festzukrallen, um nicht über die Kante ins Becken zu stürzen. Seine bloße Haut wurde vom rauen Stein zerkratzt, dann spürte er dicke Taue und packte sie. Das raue Material rutschte durch seine Hände, schürfte sie auf, doch er blieb endlich liegen.

»Leinen los! Wegdrücken!«

Sir Sidneys befehlsgewohnte Stimme übertönte selbst das Chaos um sie herum. Auf allen vieren kroch Matt, so schnell er konnte, über den Pier, ignorierte das Brennen in seinen Handflächen, tränkte den Stein mit seinem Blut. Die Leinen waren rau unter seinen steifen Fingern, wollten sich zunächst nicht lösen, doch dann schaffte er es, und wie flüchtige Schlangen glitten sie über die Kante hinab zur *Swallow*.

Matt riskierte einen Blick hinab und sah, dass etliche Seeleute mit langen Rudern versuchten, das Schiff von der Mauer wegzuschieben, damit es nicht daran zerbrechen konnte. Es war ein ungleicher Kampf zwischen Mensch und Natur, denn Matt sah große Wellen heranrollen.

Einen Moment überlegte Matt, in die *Swallow* zu springen – oder ins Wasser daneben. Aber die Befürchtung, zwischen Schiff und Mauer zerquetscht zu werden, hielt ihn davon ab. Sir Sidney würde ihn gewiss nicht zurücklassen – sofern Schiff und Kapitän den Zorn der Pulverexplosion überlebten!

Den gewaltigen Ansturm der Wellen konnte Matt auch akustisch verfolgen, als er die entsetzten Rufe und verzweifelten Schreie von den anderen Schiffen der Flottille vernahm. Ihm wurde angst und bange, als er sie im Lichtschein der Brände wild schwanken sah. Vor allem fürchtete er um die *Swallow*, die noch so nahe an den Steinen des Piers war.

Es war wie die Dünung bei einem Sturm. Weiße Gischt

spritzte bis zu Matt empor, als sich die Wellen am Stein brachen. Die *Swallow* wurde von ihnen erfasst, schien ihnen hilflos ausgeliefert zu sein, doch davon ließ sich Sir Sidney nicht irritieren. Er rief Befehle, rannte umher, packte selbst mit an, und es gelang ihnen, das Schiff mit dem Bug in die Wellen zu drehen.

Dennoch wurde die *Swallow* hin und her geworfen, tanzte auf den Wellen. Aber irgendwie gelang es der Besatzung, das Schlimmste zu verhindern und nicht gegen den Pier gedrückt zu werden.

Die Wellen brandeten an die Mauern der Arsenale, wurden zurückgeworfen, und die See im inneren Hafen schäumte. Dazu das flackernde Licht der Flammen, das auf den Schaumkronen tanzte. Die Bucht wirkte wie ein Gewässer in der Hölle, wild und roh, Feuer und Wasser vermengt in unheiligem Zorn.

Minutenlang tobten die zerstörerischen Kräfte. Doch die Raserei des Wassers erlahmte schließlich, wurde eingehegt von dem harten Gestein, aus dem Toulons Hafen erbaut worden war.

Dann endlich gestattete Matt sich, wieder ruhiger zu atmen und sich langsam aufzurichten. Noch immer tanzte die *Swallow* auf den Wellen, doch aus dem Spielball war eine Spielerin geworden, die wieder den Befehlen ihres Kapitäns folgte.

Noch immer spritzte Gischt bis zu ihm empor, beinahe so, als tobe draußen auf See ein großer Sturm, dessen Ausläufer bis in den geschützten Hafen von Toulon reichten. Aber es gab keinen Sturm, keinen starken Wind. Was sie hier und jetzt erlebten, waren nur Auswirkungen der Macht des menschlichen Erfindergeists, der unbedingt mit der Natur konkurrieren wollte.

Einige Matrosen und Soldaten hatte es über Bord geschwemmt oder geschleudert, und Sir Sidney hatte alle Hände voll damit zu tun, ihnen Leinen und sonst alles Mögliche, was sie retten konnte, zuwerfen zu lassen. Für den Moment war Matt vergessen.

Von den beiden explodierten französischen Fregatten war nichts mehr zu sehen; es war, als hätte es sie nie gegeben. Auch die spanische Flottille war verschwunden, und Matt fragte sich, ob sie es aus dem inneren Hafen geschafft hatte, bevor das Ergebnis ihrer Unbedachtheit über sie hereingebrochen war. Falls es überhaupt Unbedachtheit gewesen war. Allen war klar gewesen, dass auf der *Montréal* und der *Isis* gewaltige Mengen Pulver gelagert hatten. Konnten die Spanier das wirklich vergessen haben? Oder steckten finsterere Motive dahinter?

Während die *Swallow* versuchte, ihre verlorenen Kinder wieder einzufangen, suchte Matts Blick das dunkle Wasser ab. Eines ihrer kleinen Schiffe war verschwunden, und so sehr er auch seine Augen anstrengte, er konnte es nicht entdecken. Bei der Gewalt, mit der die Explosionen über die *Swallow* hereingebrochen waren, wollte er gar nicht wissen, wie schrecklich ihre Zerstörung für jene gewesen sein musste, die näher an den Fregatten gesegelt waren.

»Matthew!«

Sir Sidneys Ruf riss ihn aus seiner Besorgnis um die Crew des verschwundenen Schiffes. Die *Swallow* hatte sich wieder dem Pier genähert. Das Wasser war noch immer unruhig, stellte jedoch keine Bedrohung mehr dar.

»Wir ziehen uns zurück«, rief Sir Sidney ihm zu. Es war die richtige Entscheidung, da war sich Matt sicher. »Wir legen an und ...«

Matt wartete nicht auf die weiteren Worte, sondern trat einen Schritt zurück, rannte dann los und sprang mit weitem Anlauf vom Pier. Einen Moment lang war es ihm, als würde er schwerelos durch die Luft schweben, frei von allen Ketten und Fesseln der Welt.

Dann brach das kalte Wasser des Mittelmeeres über seinem Kopf zusammen und trieb ihm die Luft aus der Lunge.

KAPITEL 25

Toulon, Dezember 1793

Irgendjemand hatte eine wärmende Decke aufgetrieben und sie Matt um die Schultern gelegt. Dennoch zitterte er stark, während er sich das kalte Wasser von der Haut rieb.

Vorn am Bug stand Sir Sidney und schien vor Wut zu vibrieren. Matt konnte es ihm schlecht verdenken. Ihre gesamte Aktion wäre beinahe in Tod und Desaster geendet. Eines ihrer Schiffe hatten sie verloren, es war von den Explosionen versenkt worden. Zwar hatten sie die meisten ihrer Seeleute aus dem Wasser ziehen können, aber es war dennoch ein herber Rückschlag.

Als wieder Leben in seine Gliedmaßen kam, stand Matt auf und ging zu Sir Sidney.

»Es hätte ein Triumph sein müssen, Matthew«, sagte er voller Zorn. »Stattdessen wird man sich nur daran erinnern, dass wir die halbe französische Flotte den Monarchenmördern überlassen haben. Und das wird man in erster Linie mir ankreiden.«

»Niemand kann Euch einen Vorwurf machen, Sir Sidney«, widersprach Matt. »Wer konnte ahnen, dass die Spanier ihren Teil der Arbeit so gar nicht erfüllen würden?«

Er sprach den weiteren Gedanken nicht aus: *Und dazu beinahe die gesamte Flottille versenkt hätten?*

Sir Sidney zeigte weniger Zurückhaltung bei seinem Urteil über die spanischen Verbündeten. »Es fühlt sich an, als wären wir in eine Falle gelockt worden. Haben die Spanier womöglich insgeheim ein Abkommen mit den Republikanern geschlossen?«

Da sein Einblick in die ewigen Streitigkeiten, Zwiste, Fehden und Kriege Europas wenig tiefschürfend war, zuckte Matt mit den Schultern. Vielleicht war es Absicht der Spanier gewesen, die Mission zu sabotieren ... Aber dann erinnerte er sich daran, dass er die spanischen Schiffe noch kurz vor der Explosion gesehen hatte. Es schien ihm unwahrscheinlich, dass sie ein solches Risiko eingegangen waren, nur um einige kleine Schiffe der britischen Flotte in Gefahr zu bringen.

»Wir haben das Beste daraus gemacht, Käpt'n.«

Sir Sidney seufzte. Als er weitersprach, war seine Stimme kaum ein Flüstern.

»Sie und ich, Matthew, müssen mehr als nur das Beste leisten. Jeder Erfolg wird kleingeredet, jedes Hindernis zu unserer Schuld erklärt. Ich brauche einen großen Sieg, keinen halben.«

Matt wollte zu bedenken geben, dass das Leben nun einmal nicht so sei. Und der Krieg schon gar nicht. Ihm kam der Gedanke, dass es schön wäre, wenn sie noch eine zweite Chance erhalten würden, um die französischen Schiffe zu zerstören. Doch eine heimliche Rückkehr zum Neuen Arsenal stand außer Frage. Sie hatten nicht die Zeit und Kraft, um den dort vertäuten Kriegsschiffen noch ernsthaft Schaden zuzufügen.

Sein Blick wanderte die Küste im Osten entlang. Irgendwo dort deckte die Nachhut die letzten Evakuierungen. Mit Sonnenaufgang würden auch sie einschiffen, und damit fände die Belagerung von Toulon ein Ende.

Doch im schwachen Glanz der Brände auf dem Wasser sah er noch mehr: Masten. *Die Gefängnisschiffe!*

»Sir Sidney, was ist mit den Schiffen *Thémistocle*, *Héros* und *Courageouse*?«

Letztere war eine Fregatte; bei den beiden anderen handelte

es sich um Linienschiffe mit vierundsiebzig Kanonen. Auf ihnen hatten die Alliierten schon vor Längerem einige Hundert Gefangene untergebracht, zum allergrößten Teil Seeleute der französischen Flotte.

In der Eile der Evakuierung hatte niemand an diese Schiffe und die Gefangenen gedacht.

»Wir können keine Schiffe in Brand setzen, die vollgepackt mit Kriegsgefangenen sind«, antwortete Sir Sidney in scharfem Tonfall.

»Natürlich nicht«, erwiderte Matt. »Und es befremdet mich, dass Ihr annehmt, dass ich an so etwas auch nur denken würde.«

Sir Sidney neigte kurz das Haupt.

»Verzeihen Sie mir, Matthew.«

Matt nickte.

»Selbstverständlich. Aber mein Gedanke war ein anderer: Bei den Schiffen gibt es Boote. Wir benutzen sie und den verbliebenen Platz auf unserer Flottille, um die Gefangenen an Land zu bringen. Und danach können wir die drei Schiffe versenken.«

Sir Sidney nickte und dachte einen langen Moment über Matts Vorschlag nach, demzufolge es immer noch einige Schiffe gab, die sie ihrem Feind vorenthalten konnten. Es war offensichtlich, dass er die Szenarien durchspielte, an die möglichen Ausgänge einer solchen Aktion dachte.

»Bis zum letzten Schiff«, sagte Matt eindringlich. »Mehr kann niemand verlangen.«

Sir Sidney seufzte, als wolle er sagen, dass seine Kritiker sehr wohl mehr verlangen würden, dann straffte er seinen Rücken.

»Setzt Kurs auf die Gefängnisschiffe«, rief er über die Schulter. »Schafft an Bord so viel Platz wie möglich, um Leute befördern zu können!«

Der Befehl wurde an alle Schiffe ihrer Flottille weitergegeben, und dann segelten sie zu ihrem neuen Ziel. Die beiden großen Linienschiffe hatten die kleinere Fregatte in die Mitte genommen, als wollten sie sie beschützen.

»He! Noch jemand an Bord?«, rief Matt, als sie nahe genug heran waren, doch es kam keine Antwort. Kein Licht war auf ihnen zu sehen. Die Kriegsschiffe waren finstere Schemen in der Nacht, nur zu erkennen, weil der Schein von riesigen Feuern in der Stadt sich noch immer im Wasser spiegelte.

Die Linienschiffe überragten ihre Flottille. Matt schätzte, dass die Reling gut fünfzehn Fuß über der Wasseroberfläche sein mochte. Ohne die schwere Last ihrer vierundsiebzig Geschütze lagen diese Seegefährte leicht im Wasser; selbst einige hundert Gefangene machten da kaum einen Unterschied. Soweit er wusste, waren es pro Schiff um die dreihundert Männer – weniger als die normale Besatzung. Die Schiffe waren rein darauf ausgelegt, so vielen Kanonen wie möglich eine stabile Plattform zu bieten. Und dafür brauchte es Hunderte von Seeleuten, um sie zu bedienen.

»Wir müssen vorsichtig sein«, stellte er leise fest. »Die Franzosen dort sind viel mehr als wir. Nicht dass sie auf die Idee kommen, uns überwältigen zu wollen.«

»Keine Sorge«, knurrte Iremonger. »Kein 1st Royal lässt sich von barfüßigen Unbewaffneten überwältigen.«

Sir Sidney grinste. Die Aussicht, doch noch etwas zu erreichen, hatte seine düstere Stimmung vertrieben, und nun platzte er wieder vor Tatendrang.

»Auf geht's, Matthew! Schicken wir noch Beute zu Poseidon!«

Das ließ Matt sich nicht zweimal sagen. Mittschiffs der *Thémistocle* entdeckte er den Aufstieg, direkt in die Bordwand eingelassene Trittstufen einer Leiter.

»Dort!«

Die *Swallow* glitt langsam heran. Das Linienschiff, auf dem immer noch kein Licht brannte, wirkte so finster, dass es Matt wie ein mythisches Seeungeheuer vorkam. Sein Blick huschte zu den mächtigen Ankerkabeln, die straff gespannt waren. Derart gesichert, lagen die drei Schiffe seit Monaten im inneren Hafenbecken, von allem befreit, was sie zu Kriegsschiffen machte, und umgerüstet zu schwimmenden Gefängnissen.

Der Rumpf der *Thémistocle* ragte über ihnen empor. Als die *Swallow* mit einem leichten Schlag gegen die Außenwand stieß, sprang Matt zur Leiter und stieg schnell empor. Nach wenigen Sekunden erreichte er das Deck und zog sich an Bord. Da niemand ihm die Erlaubnis erteilt hatte, gestattete er es sich, das als einen Akt der Piraterie zu sehen. So weit war er gekommen: erst jahrelang ein braver Handelsmatrose, dann in den Dienst der Royal Navy gepresst – und jetzt Pirat! Er musste grinsen.

Dann wandte er sich um und signalisierte den Seeleuten unten, ihm Leinen zuzuwerfen, die er rasch vertäute. Seine wunden Hände schmerzten dabei noch immer. Das erinnerte ihn an seine ersten Tage auf See, als er noch lernen musste, mit Tauwerk richtig umzugehen.

Als Erster stieg Sir Sidney zu ihm hoch. Matt hob spielerisch zum Salut den Daumen an die Stirn.

»Schiff gekapert, Kapitän!«

Sir Sidney feixte.

Iremonger folgte mit einigen Soldaten, zuletzt kam ein Teil der Besatzung an Bord.

Die *Thémistocle* war vieler Gegenstände beraubt worden, die es zu einem gefährlichen Kriegsschiff gemacht hatten, und zwar nicht nur die Kanonen. Die Takelage war auf das Notwendigste reduziert, Segel fehlten, ja selbst viele Rahen waren entfernt worden.

Zu seiner Erleichterung entdeckte Matt im schwachen Schein der beiden Laternen, die sie mitgebracht hatten, dass auf den Bäumen über dem Kanonendeck mittschiffs noch Boote befestigt waren. Er nahm eine Laterne an sich und ging zu ihnen.

Dort allerdings bemerkte er, dass jemand die an den Davits aufgehängte Gig zu Wasser gelassen hatte und auch der kleine Kutter an der anderen Seite fehlte. Vermutlich war das die Handvoll Wachen gewesen, die inzwischen das Schiff verlassen hatten. Blieben noch der große Kutter, zwei Pinassen und die Barkasse; vier Beiboote, zwei davon ineinandergestapelt.

»Es wird einige Zeit in Anspruch nehmen, sie herabzulassen«, sagte Matt zu Sir Sidney, der herbeigetreten war, um sich selbst ein Bild von der Situation hier zu machen.

»In der Tat, wir haben keine Zeit zu verlieren«, pflichtete der Kapitän ihm bei, ging zum Heck und rief den anderen Schiffen ihrer Flottille Befehle zu, ihnen zu helfen und sich um die *Héros* zu kümmern.

»Beeilt euch! Setzt über! Los! Los!«

»Was ist mit der *Courageouse*?«, wollte Matt wissen, der Sir Sidney gefolgt war.

»Wir sind nicht genug für drei Schiffe. Mit etwas Glück fängt sie Feuer, wenn die beiden dicken Pötte abbrennen. Ansonsten ist es nur eine Fregatte.«

Von unten hörten sie Rufe und ein Klopfen. Sir Sidney sah

Matt an und wies dann einladend auf den Niedergang, der in die Eingeweide des Kriegsschiffes führte. Matt seufzte und stieg hinab.

Außer seiner Laterne gab es kein Licht, und jemand hatte sie geschwärzt, vermutlich, damit sie auf Entfernung schlechter zu entdecken war und somit kein Ziel für die Kanonen der Forts darstellte. Das führte aber auch dazu, dass alles um ihn herum in ein Zwielicht gehüllt war, das aus alltäglichen Formen seltsam verdrehte Schemen machte.

Die Kanonen des Oberdecks waren entfernt worden, lagen wohl in einem der Lagergebäude am Hafen, dort, wo er noch vor wenigen Stunden die 1st Royals zurückgeführt hatte. Über sich hörte er die Befehle Sir Sidneys, der sofort damit begann, die Beiboote in einem komplexen Tanz über Masten und Takelage zu Wasser zu lassen. Zum Glück waren ihre Seeleute erfahren auf Schiffen dieser Art und wussten, was zu tun war.

Als er weiter hinabsteigen wollte, kam er an einer dicken Tür vorbei, die ganz offensichtlich noch verstärkt und mit einem dicken Schloss gesichert worden war. Dahinter hörte er Stimmen.

»Franzosen«, rief er in ihrer Sprache. »Versteht ihr mich?«

»*Oui*«, kam sofort eine Antwort, dann wurde es ganz still hinter der Tür.

»Ich spreche zu Ihnen im Namen von Sir Sidney Smith, der einige britische Kriegsschiffe befehligt. Ich darf Ihnen mitteilen, dass man Sie an Land transferieren wird. Die Engländer werden Toulon verlassen. Wenn die Sonne aufgeht, sind Sie alle freie Männer.«

Fast hatte er mit Jubel gerechnet, doch er konnte die Skepsis und das Misstrauen der Gefangenen beinahe durch das dicke Holz spüren.

»*Liberté?*«, hakte einer der Gefangenen nach.

»Ja, Freiheit. Die Stadt fällt an …« – er hielt kurz inne, denn er hätte beinahe »Colonel Bonaparte« gesagt, aber dann korrigierte er sich rechtzeitig – »… die republikanischen Truppen.«

»Sie sind kein Engländer.«

Es klang mehr wie eine Anklage denn wie eine Feststellung.

»Heute Nacht schon«, erwiderte er. »Und ich gebe Ihnen mein Wort, dass Sie befreit und in Sicherheit gebracht werden. Solange Sie tun, was von Ihnen verlangt wird!«

Stille. Dann fragte der Mann, der offenbar so etwas wie der Sprecher der Gefangenen war: »Das wäre?«

»Kommen Sie friedlich mit. Versuchen Sie nicht zu kämpfen. Die Schlacht ist vorbei, die Belagerung zu Ende. Es muss niemand mehr sterben.«

Jetzt endlich konnte er Laute der Freude und Erleichterung hören. Hier und da Lachen, gegenseitiges Ermuntern, weiter hinten stimmten sogar einige Kehlen ein Lied an, das er aber im aufbrandenden Lärm nicht verstehen konnte.

»Monsieur, wir danken Ihnen«, sagte der Sprecher laut, sodass er trotz der starken Geräuschkulisse gut zu verstehen war. »Darf ich nach Ihrem Namen fragen?«

»Matthew Dankworth. Und Ihrer?«

»Rémy Faulcon. Wir akzeptieren Ihre Bedingungen.«

»Wunderbar. Ich informiere den Kapitän.«

Gerade als er sich abwenden wollte, rief Rémy noch: »Ich danke Ihnen, Matthew.«

Matthew fragte sich, wie es den Hunderten von Seeleuten wohl die lange Zeit in ihrem Gefängnis ergangen war. Auf einem Linienschiff mit vierundsiebzig Geschützen wie der *Thémistocle* diente für gewöhnlich ungefähr die doppelte Anzahl von Männern, aber eingeteilt in meist zwei oder manchmal drei Wachen – im Hafen auch vier. Das bedeutete, dass die Besatzung nicht die ganze Zeit unter Deck eingesperrt war.

Immerhin waren die Kanonen von Bord geschafft worden, sodass es vermutlich weitaus mehr Platz als unter normalen Bedingungen gab. Die ganze Zeit unter Deck eingesperrt sein, erschien Matt wie eine ganz persönliche Hölle. Hoffentlich hatten die Wachen ihnen hin und wieder Freigang an Deck erlaubt.

Als er an die frische Seeluft zurückkehrte, schwebte der große Kutter über den Köpfen einiger Seeleute in der Luft, gehalten von einem cleveren System aus Tauen und Leinen, die mit Masten und Takelagen verknüpft waren.

Ein Bootsmann überwachte sämtliche Abläufe, die nötig waren, um die Beiboote ins Wasser zu setzen. Sir Sidney war nirgends zu sehen. Als er einen der Matrosen fragte, wurde Matt mit einem Kopfnicken und Grunzen Richtung Achterdeck gewiesen.

Schnell lief er die steile Treppe hoch und fand Sir Sidney, in Gedanken versunken, nahe dem Ruder. Vorsichtig näherte er sich dem Kapitän, der ihn erst bemerkte, als er sich räusperte.

»Ah, Matthew. Was sagen die Franzosen?«

»Ihr Anführer gab mir sein Wort, dass sie sich benehmen werden. Ich glaube, sie sind einfach froh, da unten rauszukommen.«

»Gut, gut.«

Nicht dass Matt einen Freudenschrei erwartet hätte, aber Sir Sidney schien nicht wirklich bei der Sache zu sein. Er beschloss nachzuhaken, da ein Kommandant bei einer solch gefährlichen Aktion klaren Geist bewahren musste.

»Sir Sidney?«

»Ja?«

»Bedrückt Euch etwas?«

Sir Sidney lächelte.

»Weil ich Ihr diplomatisches Geschick nicht zu würdigen weiß?«

Matt ersparte sich eine Erwiderung und verdrehte die Augen.

»Ich hatte keinen Zweifel daran, dass Sie die Gefangenen überzeugen können, Matt«, fuhr Sir Sidney fort. »Sie haben eine silberne Zunge.«

Das entrang Matt ein Lachen.

»Ein seltsamer Moment, um Komplimente zu machen, Käpt'n.«

»Es ist nie der falsche Moment, um die Wahrheit auszusprechen. Sie können mit Worten umgehen, und man spürt in Ihnen das Feuer der Rechtschaffenheit. Männer würden Ihnen bis zu den Pforten der Hölle folgen, Matt, und noch weiter. Weil sie wissen, dass Sie vorangehen.«

So wie er da stand – müde und erschöpft, das Gesicht mit Ruß verschmiert, die Hände aufgescheuert, ja wund, die Gliedmaßen schmerzend, die Kleidung vom Geruch nach Rauch und Asche durchzogen –, konnte Matt sich wenig Unwahrscheinlicheres vorstellen, als eine starke Führungspersönlichkeit abzugeben. Aber es brachte wenig, Sir Sidney in einer solchen Stimmung zu widersprechen.

»Ist sie nicht eine Schönheit?«, fragte er unvermittelt.

Überrascht sah Matt auf.

»Wie bitte?«

»Die *Thémistocle*. Diese Linien, wie sie im Wasser liegt. Ich würde gern spüren, wie sie sich unter Segeln benimmt. Ich würde wetten, dass sie eine phantastische Seglerin ist.«

Es war schwer, in der *Thémistocle*, die man bis auf das Notwendigste reduziert hatte, ein beeindruckendes Kriegsschiff zu sehen. Aber als Matts Blick Sir Sidneys Geste folgte, war da eine Ahnung, als ob der Geist des Linienschiffs bei ihnen sei.

»Zu groß für meinen Geschmack«, erwiderte er. »Aber ein wunderbares Schiff, keine Frage.«

»Ja, Sie brauchen eine Fregatte, kein Linienschiff. Die Freiheit der Jagd statt der Disziplin des Verbands. Dennoch …« Sir Sidney hielt inne und atmete tief ein. »Ich will das wieder, Matt. Ein solches Schiff befehligen. Eine Besatzung führen. Mich mit dem Feind messen.«

»Ich bin sicher, dass die Admiralität Euch schon bald wieder ein Kommando übertragen wird – über eine Kriegsschiff wie das hier. Es herrscht Krieg, und wer kann schon auf Erfolge wie die Euren zurückblicken? Und wer, der höchste Verantwortung trägt, kann sie übersehen?«

Sir Sidney schnaubte.

»Alte, verstaubte Männer, die vergessen haben, wie es ist, die Elemente zu spüren.«

»Nichtsdestotrotz … an Eurer Erfahrung wird es bald überall mangeln. Die Französische Republik wird sich nicht so rasch ergeben, und Ihr habt gesehen, was für Männer für sie kämpfen.«

Es war wie der Krieg für die Unabhängigkeit seiner Heimat. Freie Männer und Frauen, die bereit waren, für ihre Freiheit alles zu opfern.

»Das stimmt. Vor uns liegen lange und harte Jahre. Schlachten, Siege, Niederlagen. Viele Möglichkeiten für Männer wie uns, Matt.«

Obwohl es ihm auf der Zunge lag, fragte er nicht, was für Männer sie beide seiner Meinung nach waren.

»Es ist eine Schande«, fuhr Sir Sidney fort.

»Was?«

»Dass wir dieses Schiff auf den Grund des Meeres senden werden.«

Es folgte ein langes, betroffenes Schweigen.

Es dauerte nicht lange, dann waren die Boote zu Wasser gelassen. Und Matt stieg wieder hinab, um eine erste größere Gruppe von Gefangenen hinauszulassen. Diesmal begleiteten ihn Leutnant Iremonger und einige seiner Soldaten.

»Monsieur, wir öffnen jetzt die Tür«, kündigte Matt an. Da sie keinen Schlüssel für das Schloss hatten, zog er die eigens mitgebrachte Axt und machte sich ans Werk. Es bedurfte einiger harter Hiebe, um das Metall des Schlosses so weit zu beschädigen, dass er es mit dem Axtstiel aufhebeln konnte.

Im Licht ihrer Laternen sah er ein Meer von bleichen Gesichtern in der Dunkelheit. Und ihm schlug ein unangenehmer, scharfer Geruch in die Nase: der Gestank von ungewaschenen Leibern und Urin.

»Rémy?«

Ein schmaler, hagerer Mann trat vor.

»Matthew?«

»Eben jener.«

Der Franzose nickte ihm dankbar zu.

»Wir bringen Sie und Ihre Leute an Land«, erklärte Matt ihren Plan. »Es gibt nicht genug Boote für alle, also müssen wir in Tranchen arbeiten. Bitte schicken Sie uns das erste Drittel an Deck. Am besten die, bei denen es besonders dringend ist.«

Rémy nickte und drehte sich um. Matt konnte nicht erkennen, welchen Rang er innehatte, aber sein Wort hatte offensichtlich Gewicht bei der Truppe. Offizier war er wohl nicht; die hätten die Engländer nicht zusammen mit einfachen Seeleuten eingesperrt.

Er fragte sich, was die Franzosen wohl mit ihm tun würden, sollte er in Gefangenschaft geraten. Galt er ihnen als Engländer? Oder würden sie ihn wie einen Söldling betrachten, der unter fremder Flagge fuhr und kämpfte? Beides keine angenehme Aussicht. Er ertappte sich allerdings dabei, dass er hoffte, bei den Engländern bleiben zu können.

Sehr geordnet kam Bewegung in die Gefangenen. Einige traten zur Seite, andere wurden durchgelassen, und Matt stieg wieder hinauf, um ihnen Platz zu machen. Die Soldaten der Royals waren nervös. Denn auch wenn die Franzosen keine Waffen hatten, so waren sie doch den britischen Soldaten zahlenmäßig weit überlegen. Aber Matt hatte Vertrauen in Rémys Wort – und auch darin, dass sie sich so kurz vor der süßen Freiheit nicht leichtfertig in tödliche Gefahr stürzen würden.

Die Gefangenen schritten durch das Spalier zwischen den 1st Royals, wurden an Deck von Sir Sidney und seinen Männern in Empfang genommen und in die Boote geführt. Es ging zwar nicht schnell voran, aber alles verlief erstaunlich effizient.

Matt zählte mit, und als die ersten hundert Gefangenen das Schiff verlassen hatten, ließ er Rémy unten ausrichten, dass zunächst einmal keiner mehr hochkommen sollte.

»Wie sieht es aus?«, fragte er die Männer, die das Geschehen in den Booten und Schiffen der Flottille im Auge behielten.

»Noch mehr«, kam die Antwort.

Offenbar war dort unten immer noch recht viel Platz. Zumindest, wenn man die Leiber fast schon stapelte.

Matt eilte wieder nach unten.

»Vielleicht nur zwei Touren«, teilte er Rémy mit, der seinen Leuten mit einer Geste befahl weiterzumachen.

»Es ehrt Sie, dass Sie uns zuerst in Sicherheit bringen, bevor sie das tun, weswegen Sie hergekommen sind, Matthew.«

Natürlich ahnte der Franzose, was ihr Vorhaben war. Zwei Linienschiffe waren ein verlockendes Ziel.

»Sir Sidney hat das Kommando. Und ich kann Ihnen versichern, dass er nicht einen Gedanken daran verschwendet hat, Sie und Ihre Leute zu ermorden. Man kann von den Engländern halten, was man will, aber eine solche Gräueltat liegt nicht in ihrer Natur.«

Rémy lächelte fein. Vermutlich hatte er nach den Kämpfen und ihrer Gefangenschaft einen anderen Eindruck von seinen Feinden.

»Die Engländer? Sind Sie denn keiner?«

Einen Moment lang schwieg Matt, dann hob er langsam die Schultern.

»Heute Nacht schon.«

Wenig später erscholl von oben ein Befehl.

»Genug, Matt«, rief Sir Sidney vom Deck herab. »Wir wollen kein Risiko eingehen.«

Die Boote waren sicherlich längst überladen. Zu viele Menschen, und es bestand die Gefahr, dass sie kenterten.

Matt gab den Befehl an Rémy weiter, und die Prozession stinkender Leiber hielt an. »Ich muss die Tür schließen«, fügte Matt hinzu. »Sie verstehen das sicher.«

Auch wenn Rémy das Gesicht verzog, nickte er. Matt wartete, bis die letzten Franzosen wieder in ihr Gefängnis zurückgekehrt waren, dann zog er die Tür zu. Es war nur eine Geste;

ohne das Schloss konnte die Tür problemlos geöffnet werden. Aber es war ein Zeichen an die Gefangenen, dass sie eben noch nicht frei waren. Da nur wenige Engländer an Bord der *Thémistocle* bleiben konnten, war es auch sinnvoll, den Franzosen die Möglichkeit zu nehmen, deutlich zu sehen, dass sie um ein Vielfaches in der Überzahl waren.

Matt ließ die Soldaten als Wachen unten und lief hoch an Deck. Sir Sidney machte sich gerade bereit, hinab in die *Swallow* zu steigen.

»Ah, Matthew. Herzlichen Glückwunsch, ich übertrage Ihnen hier das Kommando in meiner Abwesenheit. Stellen Sie sich einfach vor, dass Sie Kapitän eines Linienschiffs wären.«

Tatsächlich ließ der Gedanke Matt grinsen, was Sir Sidney ein triumphierendes »Aha!« entlockte.

»Ich eigne mich nicht dafür«, widersprach er. »Mein erstes eigenes Kommando sollte etwas kleiner sein.«

»Da ist also doch ein Funken von Ehrgeiz in Ihrem Herzen.«

In Matts Ohren klang es wie ein Vorwurf, auch wenn Sir Sidney es wohl nur als kleine Stichelei gemeint hatte. Mit einem kurzen Winken stieg der Kapitän die Leiter hinab.

Matt lief zur Reling, beugte sich hinüber, und rief hinterher: »Ist es verwerflich, ein eigenes Schiff zu wollen?«

Sir Sidney sah auf und schüttelte den Kopf.

»Selbstverständlich nicht, Matthew. Es ist das Natürlichste der Welt!«

Dann sprang er hinab ans Heck der *Swallow* und befahl abzulegen. Das Schiff war beinahe gefährlich voll mit Leibern, die sich dicht aneinanderdrängten. Die französischen Gefangenen waren mittschiffs, während die Engländer, die sie bewachten, sich am Bug und am Heck aufhielten.

Die anderen Schiffe der Flottille und die Boote der beiden Linienschiffe befanden sich bereits auf dem Weg Richtung Arsenal. Sir Sidney hatte entschieden, die Gefangenen in der Stadt von Bord gehen zu lassen, da Schiffe wie die *Swallow* nicht ohne Weiteres an der Küste anlanden konnten.

Auch sie waren zum Bersten mit Menschen vollgestopft, soweit Matt das in der Dunkelheit noch sehen konnte. Deutlich mehr Franzosen als Engländer; es wäre den Gefangenen ein Leichtes gewesen, die Wachen zu überwältigen. Aber zum einen hatten sie einem friedlichen Transport zugesagt, zum anderen wollte wohl kaum einer so kurz vor der Freiheit Leib und Leben riskieren.

Matt winkte ihnen hinterher, dann wandte er sich ab. Blieb nur zu hoffen, dass es die restlichen Franzosen an Bord der beiden Linienschiffe ebenso hielten.

Es ging auf Mitternacht zu, und die ganze Fähraktion würde noch einige Zeit in Anspruch nehmen, deshalb ließ Matt die Royals mit der Bewachung allein und begann, die *Thémistocle* auf ihr endgültiges Schicksal vorzubereiten.

Ein Linienschiff zu versenken war gar nicht so einfach. Seegefährte dieser Art waren gebaut, um schwerste Beschädigungen zu überstehen, und Holz schwamm nun einmal. Ihre beste Chance war fraglos Feuer, aber selbst das wollte ordentlich gelegt sein.

Zum Glück waren nicht alle Vorräte von Bord gebracht worden. Zwar gab es kein Pulver mehr im Magazin – vermutlich hatte man es zusammen mit den Geschützen entfernt –, aber in der Werkstatt des Schiffszimmermanns und dem Lager daneben gab es noch allerlei, womit man ein großes Feuer erzeugen konnte. Öle für die Holzbearbeitung, Pech, leicht brennbare Holzreste und Stoffe.

Matt trug alles zusammen, was ihm geeignet erschien, und begann, es auf und unter Deck zu verteilen. Es musste ihnen gelingen, den Rumpf in Brand zu stecken. Von der Takelage und den Segeln war zu wenig vorhanden, um sich darauf verlassen zu können, dass es genügen würde, sie allein anzuzünden.

Dabei entging ihm die Ironie nicht: Feuer auf einem Schiff war die große Angst aller Seemänner, Matt eingeschlossen. Jetzt jedoch sorgte er sich darum, ob es ihm gelingen würde, auf einem Schiff ein Feuer zu entfachen, das groß genug war. Es ging ja nicht darum, die *Thémistocle* zu beschädigen, sondern sie zu versenken. Sie für immer für den Feind unbrauchbar zu machen. Und das musste schnell gehen, denn früher oder später würden die Befehlshaber der republikanischen Truppen mitbekommen, dass die Männer von den Gefängnisschiffen evakuiert worden waren, und dann durfte es keine Möglichkeit mehr geben, sie noch zu retten.

Ein Feuer benötigte nicht nur Nahrung, sondern auch Luft zum Atmen. Deshalb öffnete Matt die Geschützluken, was einige Zeit in Anspruch nahm, da sie fest verriegelt worden waren. Das Geschützdeck unter ihm musste auch noch entsprechend vorbereitet werden, aber das konnte er schlecht tun, solange dort noch Gefangene eingesperrt waren.

Der Gedanke brachte ihn dazu, nach Leutnant Iremonger zu sehen, der trotz aller Anstrengungen der letzten Tage und Nächte keine Spur von Schwäche zeigte. Wenn er auch nur halb so erschöpft wie Matt war, hätte er sich sicher gern einfach auf eine Rolle Tau gesetzt und die Augen geschlossen. Stattdessen hatte er mit durchgedrücktem Rücken unten am Niedergang Position bezogen und bot so seinen Leuten ein leuchtendes Beispiel.

»Wie sieht es aus?«, erkundigte sich Matt.

»Alles ruhig. Sie mögen Franzosen sein, aber sie halten sich an die Abmachung.«

Matt musste unwillkürlich lachen. Da hatte der Leutnant hier in Toulon monatelang Seite an Seite mit den französischen Royalisten gegen die Revolutionstruppen gekämpft – und trotzdem steckte er alle Franzosen in einen Sack. Aber vielleicht war das notwendig, wie Matt im nächsten Moment begriff. Toulon war nur ein einzelner Kriegsschauplatz in einer großen militärischen Auseinandersetzung gewesen, der noch Jahre dauern mochte. Der erste Schuss eines langen Konfliktes. Iremonger wusste, dass er bald wieder französischen Soldaten gegenüberstehen würde. Und so behielt er die Franzosen nur als Gegner und Feinde in seiner Gedankenwelt.

Aber so, wie die Gefangenen zu ihrem Wort standen, taten es auch die Engländer. Auf dem Schlachtfeld würden sie einander ohne Zögern töten, aber in dieser seltsamen Situation vertrauten sie auf den Anstand der Gegenseite. Es rang Matt durchaus Respekt ab.

»Wenn wir diese Operation beendet haben, werden wir von hier wegsegeln«, sagte er. »Dann liegt Toulon hinter uns.«

Iremonger nickte, und seine Gesichtszüge zeigten eine gewisse Erleichterung. Hinter der Fassade des unerschütterlichen Kämpfers verbargen sich doch Gefühle.

»Und was bedeutet das für Sie, Matt?«

»Hoffentlich endlich eine Mütze Schlaf.«

Das rief ein feines Lächeln auf Iremongers rissige Lippen hervor.

»Oh, ja. Einfach eine Nacht durchschlafen.« Dann wurde er wieder ernst. »Aber Sie wissen, was ich meinte, Matt. Man erzählt sich, dass Sir Sidney Ihnen die Entlassung aus dem Dienst versprochen hat.«

»Es gibt Gerüchte über mich?« Matt lachte ungläubig auf.

»Ja, natürlich. Über den Helden, der in den Gewässern vor der Küste Kleinasiens Captain Smith und der gesamten Mannschaft das Leben gerettet hat? Den Amerikaner, der einen genialen Plan entwickelt und ausgeführt hat, um zwei haushoch überlegenen feindlichen Schiffen nicht nur zu entkommen, sondern eines davon sogar zu zerstören?«

Matt verzog das Gesicht. Das alles klang sehr überzogen in seinen Ohren.

»Außerdem haben Sie meine Leute und mich aus dem Königlichen Turm herausgeführt und in Sicherheit gebracht, bevor die Revolutionstruppen uns alle töten oder gefangen nehmen konnten«, fuhr Iremonger fort. »Sie haben für uns Ihr eigenes Leben riskiert! Es wäre mir daher eine große Freude und Ehre, auch in Zukunft an Ihrer Seite stehen zu dürfen.«

»Zu viel der Ehre, Leutnant. Ich habe nur getan, was alle an meiner Stelle getan hätten. Und ja, Sir Sidney hat mir versprochen, nein, geschworen, dass er für meine rechtmäßige Entlassung sorgen wird. Nicht dass dieser Dienst je rechtmäßig gewesen ist ...«

Der Leutnant winkte ab.

»Im Krieg hat die Marine unstillbaren Hunger nach Leibern. Aber nur wenige haben das Zeug zu mehr. Sie mögen in den ehemaligen Kolonien geboren sein, Matt, aber das britische Blut in Ihren Adern können Sie nicht verleugnen.«

Das ließ Matt beinahe empört aufkeuchen. Aber tatsächlich konnte er kaum die Herkunft seines Vaters verleugnen, so sehr der sich auch als Teil der Neuen Welt empfunden hatte.

»In Ihnen steckt ein Kapitän!«, rief Iremonger begeistert. »Vielleicht sogar mehr. Ich weiß, was Sie geleistet haben, als die halbe französische Flotte zerstört wurde. Und die Geschichten vom Flug der *Schwalbe* kenne ich auch. Und nicht zuletzt haben ich an Ihrer Seite gestanden, als das Blut floss. Es wäre eine Schande, wenn Sie dieses gottgegebene Talent auf einem Maisfrachter verschwenden.«

Darauf wusste Matt nichts zu antworten. Mit einem Mal spürte er akut die Müdigkeit und Erschöpfung der letzten Wochen, die von ihm Besitz zu ergreifen drohten.

»Vielen Dank für Ihre überaus freundlichen Worte ... Dann sehe ich jetzt mal nach Sir Sidney«, erwiderte er leise und überließ Iremonger wieder seinen Pflichten.

Als er an Deck stieg, holte Matt tief Luft. Der Geruch der See und die kühle Luft weckten seine Lebensgeister. Es war ein langer Tag gewesen, der auf zu viele lange, harte Tage gefolgt war. Tage voller Entbehrungen und Verluste. Und der Seewind rief ihn nun fort von diesem Ort.

An der Reling sah Matt die kleine Flottille näher kommen. Ihre Laternen wurden vom dunklen Wasser der Bucht reflektiert, was ihnen eine unwirkliche Aura verlieh – wie Geisterschiffe, die nun die Toten der Kämpfe in ihre verdiente Ruhe brachten.

Doch schon bald konnte man die Matrosen erkennen, die Ruderschläge hören. Dann zerrissen Rufe den kurzen Moment der Stille, und der Krieg hatte ihn wieder.

»Matthew!«

»Sir Sidney?«

»Bereiten Sie die anderen Gefangenen vor. Es wird etwas unangenehm in der Stadt. Wir sollten Eile walten lassen.«

Matt hob die Hand und wandte sich ab, beeilte sich aber nicht sonderlich, nach unten zu kommen. Es war ihm lieber, wenn mehr von den Marinesoldaten wieder an Bord der *Thémistocle* waren, bevor sie die letzten Gefangenen nach oben gehen ließen. Vertrauen war gut, aber Matt wollte nicht so kurz vor der sicheren Abreise alles für ein Versprechen aufs Spiel setzen.

»Sir Sidney kehrt zurück«, informierte er den Leutnant. »Wir können gleich den Rest von Bord bringen.«

Iremonger atmete sichtlich erleichtert aus.

»Endlich.«

Aber auch er blieb vorsichtig.

Sie alle konnten das Ende der Belagerung spüren. Aber noch war sie nicht vorbei, auch wenn Toulon in wenigen Stunden vollständig an die republikanischen Truppen fallen würde – dank des Genies dieses Artillerieoffiziers.

Über ihnen ertönten Schritte auf Deck, dann sahen sie die gebückte Gestalt von Sir Sidney im Niedergang.

»Alles bereit?«

»Ja, Sir«, antwortete Iremonger zackig und gab seinen Männern den Befehl, die nächsten Gefangenen herauszulassen. Matt wartete nicht ab, sondern stieg zurück an Deck.

Kurz nach ihm kam Rémy hoch. Als Matt ihn im Licht der Laternen etwas genauer betrachtete, verspürte er eine gewisse Betroffenheit. Der Mann war bleich und hager, so wie auch der Rest seiner Leute. Die lange Gefangenschaft zeichnete sich in ihren Mienen ab, ja selbst in ihren Augen. Dafür, dass sie sich in einem Krieg befanden, hatten die Engländer human gehandelt. Aber man durfte nicht vergessen, dass selbst die humanste Behandlung von Kriegsgefangenen kein Zuckerschlecken war.

»Wir bringen sie alle zurück zum Arsenal«, erklärte Sir Sidney auf Französisch.

»Was geschieht mit der *Thémistocle*? Und mit der *Héros* und der *Courageouse*?«, erkundigte sich Rémy leise. Er rieb sich mit den Händen über das Gesicht, als würde ihn der Seewind schmerzen.

»Das muss Sie nicht mehr interessieren, Monsieur«, entgegnete Sir Sidney abweisend.

Rémy sah zu Matt, der die Schultern hob. Was würden die Engländer wohl mit Kriegsschiffen ihres Feindes tun, die ihnen in die Hände fielen?

Einen Moment lang spannte der französische Seemann sich an, als wolle er noch einmal für sein Land kämpfen. Doch als er die Marinesoldaten in ihren roten Uniformröcken sah, sackte er in sich zusammen.

Matt atmete erleichtert auf und bemerkte erst am Ziehen in seiner Lunge, dass er die Luft angehalten hatte.

»*Alors.*« Rémy wandte sich an die Männer hinter ihm. »*Liberté!*«

Ein schwacher Jubel erklang, dann begannen die Freigelassenen, in die Boote und Schiffe hinabzusteigen.

Sir Sidney überließ die Überwachung dieses Vorgangs Iremonger und trat zu Matt.

»Ist alles vorbereitet?«

»So weit wie möglich, Käpt'n.«

»Gut. Drüben auch.« Sir Sidney nickte in Richtung des zweiten Linienschiffs. »Fletcher hat dort alles perfekt im Griff.«

»Und die *Courageouse*?«

Sir Sidney schüttelte den Kopf.

»In der Stadt sind allerlei Plünderer unterwegs. Dazu lauter

Nachzügler, die noch evakuiert werden wollen. Ich werde nichts mehr riskieren, um eine einzelne Fregatte zu versenken. Vielleicht haben wir Glück, und die Feuer springen zu ihr über.«

Zweifelnd sah Matt zu dem kleineren Schiff, das im Dunkel der Nacht nur ein schwarzer Schemen war. Es lag ein ganzes Stück weit weg. Nur mit sehr viel Glück würde das Feuer zur Fregatte überspringen. Und wenn sie eines in letzter Zeit nicht gehabt hatten, dann war es Glück.

Aber er konnte Sir Sidney verstehen, dass er das Schiff dem Feind überließ. Im großen Spiel des Krieges war eine Fregatte nur ein kleiner Spielstein. Sie konnte nicht in der Schlachtlinie fahren, und bei einem großen Seegefecht war sie schlimmstenfalls ein Dorn im Fleisch.

»Wir besorgen uns ein Kommando«, fuhr Sir Sidney mit einem verschwörerischen Grinsen fort. »Und wenn sie uns noch einmal begegnet, kapern wir sie einfach!«

Matt musste lächeln. Das Selbstbewusstsein von Sir Sidney – und vielen der anderen britischen Offiziere, die er getroffen hatte – war wirklich ansteckend. Kein Wunder, dass ihre Leute ihnen bis in die pulverdampfgeschwängerte Hölle einer Schlacht folgten.

»Aber zuerst einmal müssen wir den Spaniern die Leviten lesen«, fuhr er fort. »Und ihnen dann erklären, wie man Schiffe im Hafen versenkt.«

»Aye. Hood hätte uns mehr Schiffe geben sollen, um alles selbst zu erledigen. Dann wäre nicht die halbe Arbeit liegen geblieben.«

Die letzten Franzosen kletterten hinab. Matt sah sich auf dem nun fast leeren Deck um. Ein stolzes Schiff, an dem viele Hände lange gearbeitet hatten.

»Es ist an der Zeit, Sir Sidney.«

Der Kommandant ihrer Truppe nickte mit zusammenge-pressten Lippen. Auch ihn schien das Schicksal der *Thémistocle* nicht kalt zu lassen.

»Nach Ihnen, Matthew. Gehen wir es an.«

KAPITEL 26

Toulon, Dezember 1793

Die Flammen erhellten die Nacht. Wie zwei riesige Fackeln brannten die Linienschiffe, und die Feuer waren so hell, dass die Fregatte zwischen ihnen mit allen Details zu erkennen war.

Matt wendete den Blick ab und sah zu den französischen Seeleuten. Das Flackern der Flammen warf sich rasch verändernde Muster aus Licht und Schatten auf ihre fahlen Gesichter, sodass es schwierig war, in ihren Mienen zu erkennen, von welchen Gefühlen sie beherrscht wurden. Aber er ahnte, dass es in ihnen ebenso kämpfte wie in ihm selbst.

Nicht wenige von ihnen dürften Dienst auf einem der beiden Schiffe getan haben, und nun zu sehen, wie sie ein Raub der Flammen wurden, musste schmerzhaft sein. Gleichzeitig war da aber auch die Aussicht auf Freiheit – und vielleicht auf Rache. Dieser Krieg war noch lange nicht vorbei, und Matt war sich ziemlich sicher, dass in nicht allzu ferner Zukunft französische und englische Schiffe ein weiteres Mal aufeinandertreffen würden. Eine gute Gelegenheit, die Schmach dieser kalten Dezembernacht zu tilgen.

Die Stille von Toulon war dahin. Jetzt wehte Lärm zu ihnen herüber, laut genug, um Matt sogar vom Schauspiel der brennenden Linienschiffe abzulenken.

Schreie hallten über das Wasser. Rufe … Ob um Hilfe oder aus Angst – er konnte es nicht sagen. Lautes Krachen, wie von berstendem Holz. Hier und da fielen Schüsse im Inneren der Stadt.

Es war zu unkoordiniert, zu wild, als dass es von vorrückenden republikanischen Truppen verursacht sein könnte. Also waren es wahrscheinlich Plünderer, welche die Gunst der Stunde nutzten – jener nicht lange währenden Zwischenphase der Gesetzlosigkeit bei einem Wechsel der staatlichen Autoritäten.

Als sie näher an den Pier kamen, konnte Matt dort zahlreiche Menschen stehen oder umherrennen sehen, die von den Feuern des brennenden Arsenals angeleuchtet wurden. Zuerst dachte er, dass es die erste Gruppe von befreiten Gefangenen sein musste, die auf ihre Kameraden warteten. Dann revidierte er seine Meinung, als er bemerkte, dass es unter den Leuten sehr hektisch zuging und es an etlichen Stellen ein heftiges Durcheinander gab.

»*Les Anglais! Les Anglais!*«, hallte es vielstimmig über das Wasser. Als Nächstes erklangen flehende Rufe: »Helft uns! Nehmt uns an Bord!«

Jetzt war klar, was es mit dieser riesigen Menschenmenge auf sich hatte: Es waren Bewohner von Toulon, die unbedingt noch fliehen wollten, bevor die Revolutionstruppen die Stadt ganz in ihrer Hand hatten. Matt schaute zu Iremonger, der sich mit seinen Soldaten unterhielt. Besorgte Mienen überall. Selbst Sir Sidneys sonst so gelassen wirkender Gesichtsausdruck zeigte an, dass er äußerst beunruhigt war.

»Wir setzen die Seeleute schnellstmöglich ab, und dann verlassen wir umgehend den Hafen!«, befahl der Kapitän.

Alle schwiegen, selbst die Franzosen an Bord.

Die Flottille glitt durch das schwarze Wasser, bis der Pier vor ihnen aufragte. Vorsichtig fuhren sie durch die Einfahrt. Backbords erblickten sie die Überreste der *Dictateur*, die im flachen Wasser gesunken war. Die gelegten Feuer hatten ganze Arbeit geleistet. Andere Schiffe brannten noch, sodass sie zu ihnen deutlich Abstand halten mussten.

Mit ein paar Worten wies Matt auf die Galeeren an Steuerbord. Dahinter lag das Hospital, und es gab genug Platz, um die Boote schnell anlegen und entladen zu lassen. Die vier Galeeren waren flache Schiffe; ihre Ruder hatte man entfernt, sodass sie irgendwie nackt wirkten. Bei ihrer abendlichen Operation hatten sie sich nicht die Mühe gemacht, diese Schiffe auch noch anzuzünden. In modernen Kriegen spielten Ruderschiffe keine wirkliche Rolle mehr. Es gab nur wenige Wetterbedingungen, bei denen sie Segelschiffen überlegen waren. Vor allem aber war ihre Bewaffnung recht schwach, selbst im Vergleich mit kleineren Segelschiffen. Als Zoll- oder Patrouillenboote für den Einsatz im Hafen mochten sie noch ihren Zweck erfüllen, aber als Kriegsschiffe hatten sie längst ausgedient.

Sir Sidney befolgte Matts Rat und befahl, an den Galeeren anzulegen. Jetzt kamen ihnen die niedrigen Bordwände zugute. Zwischen den Galeeren war genug Platz, vermutlich, damit sie ihre Ruder zum Ablegen benutzen konnten, und so glitten die Boote und Schiffe der Engländer zwischen sie wie Küken, die den Schutz von Hennen suchten.

Noch bevor sie die Franzosen von Bord schicken konnten, führte Leutnant Iremonger einen Trupp Marinesoldaten zuerst auf die Galeere und dann auf den Pier. Matt eilte ihnen nach. Wie er befürchtet hatte, formierten sie sich zu einer Verteidigungslinie, um die Fluchtwilligen daran zu hindern, nach vorn zu drängen und in die Schiffe und Boote zu klettern.

Sein Blick wanderte zurück zu den französischen Gefangenen, die nun ausgeschifft wurden. Obwohl sie sich sichtlich beeilten und gar nicht schnell genug auf die Galeeren steigen konnten, dauerte es für Matt quälend lange.

In der Stadt erklangen laute Schmerzensschreie. Immer wieder riefen Stimmen nach den Engländern. Ein Schuss donnerte durch die Gassen.

Die Marinesoldaten hielten ihre geladenen Musketen bereit. Iremonger hatte sein Schwert in der Faust. Auch wenn Matt das Gesicht des Leutnants nur im Profil sehen konnte, so erkannte er darin eine große Anspannung. Siedend heiß wurde Matt eines klar: Sollten diese verzweifelten Menschen, die unbedingt aus Toulon fliehen wollten, nach vorn stürzen, um in die Schiffe und Boote zu gelangen, würde Iremonger seinen Männern sofort den Befehl zum Schießen geben – was zu Dutzenden, ja Hunderten von Toten führen könnte.

Die Situation hier hatte das Potenzial zu einer Katastrophe, zu einer menschlichen Tragödie. Engländer, die auf jene Menschen schossen, denen sie eigentlich helfen wollten. Ein Massaker an Zivilisten.

»Rémy!« Er wandte sich um und erblickte den Seemann, der in seinem Tun innehielt und zu ihm aufsah. »Schnell! Schnell!«

Der Franzose nickte und trieb seine Leute zu noch mehr Eile an. Aber es dauerte einfach seine Zeit, Hunderte von Menschen von den Booten auf die Galeeren zu bringen.

Und in den tanzenden Schatten zwischen den Gebäuden sah Matt noch mehr Menschen in das flackernde Licht treten. Der Schein der Feuer tauchte die Szenerie in ein unheimliches, unwirkliches Licht, machte aus einfachen Männern und Frauen dämonenhafte Wesen. Die Nachricht von der Rückkehr englischer Schiffe und Boote musste sich unter den Bewohnern der

Stadt wie ein Lauffeuer verbreitet haben, sodass immer mehr Fluchtwillige herbeigeeilt kamen. Und Matt fürchtete nun, dass alle, die den republikanischen Versprechen keinen Glauben schenkten und jetzt noch in der Stadt waren, ihren Weg zu ihnen finden würden.

Und immer mehr Stadtbewohner schoben sich weiter nach vorn, kamen den Soldaten immer näher.

»Achtung!«, brüllte Iremonger und hob seine Klinge. Die Marinesoldaten legten an, richteten die Mündungen ihrer Waffen auf die Fluchtwilligen.

Ein Massaker lag in der Luft. Hinter ihnen stiegen die ersten befreiten Kriegsgefangenen auf die Pier, gingen ein Stück weiter und blieben dann jedoch stehen. Niemand konnte sagen, wie sie reagieren würden, sollte Iremonger das Kommando zum Schießen geben. Ihre eigene Flucht aus Toulon, ja, ihr eigenes Überleben standen auf Messers Schneide.

Matt drängte sich durch die Reihen der Soldaten, bis er neben Iremonger stand.

»Leutnant!«

Iremonger wandte den Blick nicht von den Menschen, die zögerlich näher kamen.

»Was, Matt?«

»Lassen Sie mich mit den Leuten dort reden. Bitte.«

Einen Moment zögerte der Leutnant, dann nickte er.

»Bläuen Sie ihnen Verstand ein, Matt, oder – so wahr mir Gott helfe! – ich treibe sie zurück in die Stadt.«

Seine Stimme war fest, aber seine Augenwinkel zuckten, und ein Tropfen Schweiß lief seine Schläfe hinab. Hinter all der Bravade spürte Matt die gleiche Angst, die auch er verspürte und die seine Innereien mit Eiswasser zu füllen schien.

»Ja.« Das war alles, was er aus seinem plötzlich staubtrockenen Mund herauspressen konnte.

Dann betrat er mit langsamen Schritten jenen seltsamen Bereich, der nun zwischen den Flüchtlingen und den Soldaten lag. Fast fühlte er sich so, als wäre er im Niemandsland zwischen Toulon und den Linien der republikanischen Armee. Und ihm war nur allzu bewusst, dass die Soldaten hinter ihm nur auf den Befehl warteten, ihre Musketen abzufeuern, deren tödliche Ladung dann in seine Richtung speien würde. Was dann geschehen mochte, stand in den Sternen.

Der Anblick der Soldaten und ihrer hocherhobenen Schusswaffen hatte das Vordringen der Fluchtwilligen verlangsamt, aber jetzt konnte Matt sehen, dass hinter ihnen immer mehr Leute vorwärtsdrängten und so die vordersten Reihen langsam, aber sicher vor sich her schoben. Auf Iremonger zu, von dessen Verhalten und Einschätzung der Situation nun alles abhing.

Nein, erkannte Matt im Stillen, *alles hängt nun von mir ab.* Insbesondere von den Worten, die er sagen würde. Eine irrationale Angst befiel ihn, ließ ihn daran zweifeln, in einer solch dramatischen Lage überhaupt noch Französisch sprechen zu können. Hatten die Anstrengungen der Nacht, die Rufe und Schreie ihn seine Stimme gekostet? War sein Kopf noch in der Lage, sinnvoll Wort an Wort zu reihen?

»*Écouter!*«, rief er laut, von der Kraft in seiner Stimme überrascht. »Herhören!«

Das Wort brandete über den Hafen hinweg, übertönte den Lärm der Stadt, ließ alle Menschen vor ihm innehalten. Leuchtende Augen waren auf ihn gerichtet; in ihnen spiegelte sich der Feuerschein der immer noch brennenden Schiffe.

»Wir haben eure gefangenen Brüder von den Schiffen befreit und bringen sie gerade an Land. Ihnen geschieht kein Leid!«

Niemand antwortete ihm. Ihr Schweigen fühlte sich ohrenbetäubend an.

»Aber wir sind mit nur wenigen Booten hier. Nicht genug für eine große Evakuierung.«

Sogleich war empörtes und verzweifeltes Gemurmel zu hören. Ein Mann schluchzte laut auf, eine Frau bedachte Matt mit Flüchen, so schnell allerdings, dass er nicht die Worte verstand, wohl aber ihre Intention. Beschwichtigend hob er die Arme.

»Die Engländer werden das Feuer eröffnen, wenn ihr näher kommt. Lasst mir Zeit, eine Lösung zu finden! Ich …«

»Schwein!«, donnerte es ihm entgegen.

Matt schluckte.

»Nimm uns mit!«

»Lass uns nicht hier!«

»*Du calme s'il vous plaît!*«, rief er, so laut er konnte. »Bitte Ruhe!«

Zu seiner Verwunderung brachte das den gewünschten Erfolg, und die Menschen verstummten wieder.

Doch was konnte er diesen Menschen sagen? Was ihnen anbieten, damit die Situation nicht weiter eskalierte? Die Engländer konnten sie nicht alle aus der Stadt evakuieren. Dazu war die Flottille viel zu klein. Und das Risiko zu groß.

In den vom Feuer beschienenen Gesichtern stand Verzweiflung geschrieben, so greifbar, dass es ihm die Stimme verschlug.

Ein Mann trat vor, hob die Hände wie zum Gebet, flehte ihn stumm an.

»Zurück!«, bellte Iremonger. Und dann: »Legt an!«

Matt wirbelte herum.

»Nein!«

Dann wandte er sich an den Mann vor ihm.

»Bitte, geh einen Schritt zurück. Sie werden sonst schießen.«

Der Blick des Flüchtlings ging an ihm vorbei. In seiner Miene arbeitete es, so als wöge er ab, ob die Gefahr durch die Musketen der Engländer größer war als die Angst, von den Revolutionstruppen inhaftiert oder gar getötet zu werden.

Es gab keine Lösung. Dies wurde Matt mit einem Mal schmerzlich bewusst. Die Flottille konnte nicht all diese Menschen an Bord nehmen …

»Die Evakuierung ist am Strand!«, rief er ihnen zu. Seine eigenen Worte überraschten ihn. »Geht zum Strand!«

Er deutete nach Norden, dorthin, wo die letzten Boote wohl vor Stunden abgelegt hatten. Er wusste, dass für die armen Menschen auch dort keine Rettung zu erwarten war. Aber hier gab es für sie alle nur den Tod. Und so zwang er sich zu der Lüge. »Geht zum Strand. Die Engländer holen euch dort ab!«

Seine Worte zeigten die gewünschte Wirkung. Die Entschlossenheit, an Bord ihrer Flottille zu gelangen, ging in Unsicherheit auf. Matt konnte das verstehen. Vor ihnen standen Soldaten mit angelegten Waffen, bereit, jederzeit zu feuern. Dagegen war das Versprechen einer Evakuierung am Strand verlockend.

»Man hat uns gesagt, die Boote dort sind fort«, rief eine kräftige Stimme aus der Menge.

Matt bemühte sich nicht einmal, den Sprecher zu finden, sondern erwiderte laut: »Und sie kommen wieder. Bei Fort La-Malgue!« Als er Misstrauen in den Mienen sah, fügte er hinzu: »So wie wir.«

Ein Teil von ihm wollte daran glauben, dass die Engländer tatsächlich zurückkommen würden. Wäre es nicht auch das Richtige, die eigenen Verbündeten nicht ihrem Schicksal zu überlassen, nachdem ihre Heimat monatelang ein Schlachtfeld gewesen war? Vielleicht konnte Sir Sidney den Vizeadmiral noch überreden? Aber Matt wusste, dass es eine vergebliche Hoffnung war. Ein Hirngespinst, erdacht, um seine eigene Schuld zu mildern.

»Wir nehmen Frauen und Kinder mit«, rief er unvermittelt – irgendetwas in ihm versuchte verzweifelt, sein Gewissen zu beruhigen. Er konnte nur beten, dass Sir Sidney diese Entscheidung mittragen würde. Dann schaute er eindringlich die vorderste Reihe entlang, suchte Verbündete.

Ein Mann trat vor. Sein Gesicht war von Pockennarben gezeichnet, was ihm ein finsteres Aussehen verlieh, doch er nickte freundlich, hob die Hand und rief laut: »Frauen und Kinder nach vorn!«

Matt blickte sich um. Die Marinesoldaten hatten noch immer ihre Waffen angelegt. Er bat den pockennarbigen Mann, kurz innezuhalten, und eilte an den Rand der Pier. Dort rief er einem der Seeleute unten zu, er solle den Kapitän aufsuchen und ihn bitten, wegen einer äußerst dringenden Angelegenheit rasch hochzukommen. Tatsächlich kam Sir Sidney nach wenigen Minuten auf den Pier geeilt.

»Sir Sidney!« Matts Stimme war erstaunlich fest. »Wie viele dieser armen Flüchtlinge können wir an Bord unserer Boote nehmen?«

»Haben Sie den Verstand verloren?«, zischte Sir Sidney leise und ließ seinen Blick über die Massen gleiten. »Wenn die durchdrehen …«

»Das werde ich verhindern, Sir Sidney. Wie viele? Wir werden nur Frauen und Kinder mitnehmen.«

In der Miene des Offiziers arbeitete es. Matt wusste, dass er ein Mann von Ehre war.

»Hundertfünfzig, Matt.«

»Zweihundert.«

Sir Sidney schnaubte.

»Das ist kein Basar!«

Matt hielt seinem kalten Blick stand.

»Zweihundert.«

»Gut. Aber schnell. Wir müssen die Stadt verlassen, sonst verbringen wir alle einige Jahre als Gäste der Französischen Republik. Und ich habe wahrlich schon mehr als genug Zeit hier verloren.«

Matt antwortete nicht, sondern schritt zu dem narbigen Mann.

»Er ist abgemacht. Zweihundert können mitkommen.« Zur Unterstreichung seiner Worte hob er zwei Finger der Rechten. »Frauen und Kinder.«

Der Mann nickte, gab die Anweisung mit befehlsgewohnter Stimme weiter. Und zu Matts großer Erleichterung lief alles Weitere geordnet ab. Frauen und Kinder wurden nach vorn durchgelassen. Kleine Prozessionen der Hoffnung.

Die Marinesoldaten nahmen ihre Waffen herunter und traten zur Seite. Auf der einen Seite verließen die Gefangenen die Boote, auf der anderen schifften sich Frauen und ihre Kinder ein. Für einen unbeteiligten Betrachter mochte es bizarr wirken, aber in diesem Krieg zwischen Brüdern und Schwestern war so einiges nur schwer zu verstehen.

Matt beobachtete die Reihen, sah den Menschen nach, die

mit gesenkten Häuptern ihre Liebsten hinter sich ließen, um in ein ungewisses Schicksal zu segeln. Er hörte ihre Abschiedsworte, ihr Schluchzen, sah die Angst in ihren Augen. Und zählte sie. So unaufhaltsam wie der Lauf der Zeit selbst, tickten die Zahlen, die er still vor sich hin murmelte, immer weiter hoch. Bis zweihundert …

Einen Moment lang zögerte er, aber er konnte jetzt nichts mehr ändern.

»Halt!«

Die junge Frau vor ihm, die gerade vorbeigehen wollte, blieb erschrocken stehen, sah ihn mit großen Augen an. Er schüttelte den Kopf, und sie brach in Tränen aus.

»Zurück!«, brüllte Iremonger, der sich neben ihn hingestellt hatte. »Weg!«

Sofort hob Matt beruhigend die Hand.

»Leutnant! Nur die Ruhe!« Dann wandte er sich an alle Flüchtlinge: »Fort LaMalgue! Geht dort zum Strand!«

Die Menge zögerte. Wellen bewegten sich durch sie hindurch, als sei sie ein gewaltiges Tier, ein Monster, aus vielen Leibern zusammengesetzt.

»Geht zum Strand!«, befahl Iremonger. »Oder ich lasse das Feuer eröffnen, so wahr mir Gott helfe!«

In seiner Anspannung hatte er Englisch gesprochen, doch sein barscher, drohender Tonfall allein genügte, um die vordersten Reihen einen Schritt zurücktreten zu lassen.

Ein Raunen ging durch die Menge, als würde das tausendköpfige Tier die immer selben Worte wiederholen.

»Zum Strand! Zum Strand!«

Und wie sie gekommen waren, verschwanden die Fluchtwilligen wieder, wandten sich nach Westen, in der verzweifelten Hoffnung, dort jenseits der Stadtmauern Rettung zu finden.

Matt atmete aus. Es war, als würde mit der Luft alle Kraft aus seinen Gliedmaßen weichen. Ihm war übel. Die Anstrengungen der letzten Stunden, all die Sorgen und Ängste forderten nun ihren Tribut.

»Gut gemacht«, lobte ihn der Leutnant.

Matt konnte ihm nicht ins Gesicht sehen.

»Ich habe diese Menschen angelogen.«

»Besser, als es auf ein Blutvergießen ankommen zu lassen. Sie haben heute Abend viele Leben gerettet, Matt.«

Doch warum fühlte es sich nicht so an? Wieso war ihm eher, als habe er viele Menschen verraten und sie dem sicheren Tod überlassen?

Wie in Trance folgte er Iremonger hinab zu den Booten und ging an Bord. Befehle wuschen über ihn hinweg, die Disziplin der Seeleute war selbst nach all den Erlebnissen dieses Tages nicht gemindert. Schon bald segelten sie hinaus in die Dunkelheit der Bucht.

Im flackernden Schein der Laternen blickte Matt auf die zusammengekauerten Menschen vor sich. Ein kleiner Junge schaute zu ihm auf.

Er klammerte sich an einer Frau fest, die ihn im Gegenzug an ihren Leib drückte. Matt zwang sich zu einem Lächeln, doch die Angst verschwand nicht aus dem Blick des Kindes. Wie auch – war doch die Nacht dunkel und die Zukunft ungewiss.

Dann folgte die Frau seinem Blick und schaute Matt lange an. Auf ihre Züge schlich sich ein feines, freundliches Lächeln.

»*Merci*, Monsieur.«

Er nickte. Worte traute er sich nicht zu, seine Kehle fühlte sich trocken an. Als wäre die Stimme der Frau ein Signal, lächelte nun auch der Junge.

Eine simple Geste. Gering in Anbetracht all des Leids, das die Menschen von Toulon in den letzten Monaten hatten erdulden müssen und das noch auf sie zukommen würde. Doch für diese beiden war vermutlich das Allerschlimmste nun vorbei. Und die Erleichterung darüber, die er ihnen ansehen konnte, hob Matts Herz ein wenig.

Während er die zwei weiterhin anschaute, glitt alle Anspannung aus ihm, als habe etwas in ihm ein dickes, raues Tau losgelassen – und als schwebe er nun ohne Gewicht wie eine Wolke im Wind.

Er sank in sich zusammen. So müde war er noch nie gewesen. Sein Körper schmerzte vor Erschöpfung, von unzähligen kleinen Wunden, von Monaten des Krieges. Aber die Schmerzen waren nichts im Vergleich zu der Müdigkeit, die jedwedes andere Gefühl unter sich begrub: eine graue Flutwelle, die über seinen Geist spülte und ihn mit sich zog.

Er schloss die Augen. Der Schlaf kam so schnell wie eine Ohnmacht. Und so bemerkte er nicht einmal, wie er Toulon hinter sich ließ, sah kein letztes Mal zurück auf den brennenden Hafen, ja bemerkte nicht einmal, wie er an Bord eines Linienschiffes gehievt und in eine Hängematte verfrachtet wurde.

Matt schlief dem Schrecken des Krieges einfach davon.

KAPITEL 27

Mittelmeer, nahe Gibraltar, Dezember 1793

»Jetzt heißt es Abschied nehmen, Matthew.«

Der harte Wind riss die Worte davon, und Matt gönnte sich einige Momente, in denen er so tun konnte, als habe er sie nicht gehört. Dann nickte er.

»Die Heimat ruft.«

Sir Sidney blickte über die grauen Wellen, als könne er von hier aus England sehen.

»Wohl wahr.« Dann ruhte sein Blick wieder auf Matt, mit dieser neugierigen, bohrenden, intensiven Qualität, die Matt sowohl fürchtete als auch schätzte.

»Sie haben immer einen Platz an Bord meines Schiffes, Matthew.«

»Es ehrt mich, dass Ihr das sagt, Sir Sidney«, erwiderte Matt, und das war keineswegs nur eine höfliche Antwort. Sie hatten gemeinsam auf Leben und Tod gegen überlegene Feinde gekämpft – eine besondere Verbindung, wie sie sonst kaum entstand.

»Und dennoch denken Sie, dass Ihre Zukunft an Deck eines Händlers auf Sie wartet«, fuhr Sir Sidney fort. »Ein ehrbares Anliegen. Und doch ...«

Matt seufzte. Gegen seinen Willen fühlte er Neugier in sich aufsteigen.

»Und doch?«, fragte er schließlich, als Sir Sidney seinen Gedankengang nicht zu Ende brachte.

»Ihre noch junge Heimat wird sich vielen Gefahren gegenübersehen. Sie wird tapfere Männer benötigen, die bereit sind, sie zu verteidigen.«

»Die Staaten sind voll von solchen Männern«, erklärte Matt mit einem Lächeln. Er musste nicht aussprechen, wann und wo sie das bewiesen hatten.

»Ah. Aber verfügen diese Männer auch über die notwendige Erfahrung?«

Das ließ ihn innehalten. Er dachte kurz an die Qualitäten von Washingtons Armee, und dann lag ihm eine bissige Erwiderung auf der Zunge, aber Sir Sidney redete weiter, bevor er selbst zum Sprechen angesetzt hatte.

»Die See ist ein wichtiges Schlachtfeld. Vielleicht das wichtigste. Wer sie kontrolliert, kontrolliert den Handel. Und keine Nation ist so autark, dass sie ohne Handel auskommen kann. Und Ihre Vereinigten Staaten noch weniger. Sie werden Seeleute benötigen, Matt. Erfahrene Seeleute, die nicht nur wissen, wie man ein Segel setzt und ein Schiff führt, sondern auch, wie man Schlachten gewinnt. Wie man die Heimat zur See verteidigt.« Sir Sidney sah ihn auffordernd an.

Matt atmete tief durch. Der Mann sollte verdammt sein. Wie konnte er nur die tiefsten Sorgen einer Seele derart ausloten? Das schien für ihn so einfach zu sein, als wäre er in einer bestens bekannten Fahrrinne unterwegs.

»Meine Mutter hält mich sicher längst für tot«, sagte er schließlich. *Aber noch lebe ich. Anders als der gute Doktor – Gott sei seiner Seele gnädig.*

»Und das ist ein schrecklicher Gedanke. Fahren Sie nach Hause, Matt. Verbringen Sie Zeit mit Ihrer Mutter. Aber denken Sie immer daran: Sie haben einen Platz an Bord meines Schiffes.«

Matt ließ seinen Blick über das Schiff wandern, das für eine ganze Weile sein Zuhause sein würde. Das Deck der *Plymouth* war zwar viel kleiner als das der *Britannia*, aber ansonsten machte das englische Handelsschiff einen guten Eindruck. Vor allem jedoch würde es ihn zurück in die Heimat bringen.

»Wisst Ihr schon, welches Schiff Euer Kommando sein wird?«

Sir Sidney hob die Schultern.

»Eine schöne Fregatte wäre mein Wunsch. Da hat man mehr Freiheiten als mit einem Linienschiff.«

Matt konnte es sich gut vorstellen, wie Sir Sidney – von einem Flottenverband und von jeglichen Verpflichtungen losgelöst – Jagd auf feindliche Schiffe machte. Er lächelte. Die Vorstellung gefiel ihm. Aber dann atmete er tief aus.

»Ich wünsche Euch alles Gute und viel Glück auf Euren Fahrten, Sir Sidney!«

Er hob die Hand an die Stirn. Ein letzter Salut. Sir Sidney schob die Schultern nach hinten, streckte sich und erwiderte die Geste mit großer Ernsthaftigkeit.

»Und Ihnen ebenso, Matt. Wohin auch immer Sie die Winde wehen, ich bin sicher, Sie werden Ihr Glück finden.«

Noch einmal nickten sie sich zu. Es bedurfte nicht vieler Worte nach all dem gemeinsam Erlebten. Dann drehte Sir Sidney sich zackig um und schritt zur Reling, wo ihn schon einige Seeleute der Royal Navy erwarteten. Sie kletterten hinab in das wartende Boot, und Matt sah ihnen hinterher, wie sie zurück zu der gewaltigen *Britannia* mit ihren hundert Geschützen ruderten.

Die Mittelmeerflotte lag westlich des kleinen Handelsschiffs vor Anker. Ihr weiterer Weg war für ihn jetzt nicht mehr von

Belang. Die *Plymouth* würde Gibraltar passieren und bis nach Boston segeln.

Sein Blick richtete sich auf den Horizont im Westen. Die niedrig stehende Sonne tauchte die See in ein magisches Licht, das wie Gold auf dem Wasser zu tanzen schien.

Jenseits des Horizonts, dort im verheißungsvollen güldenen Glanz, lag seine Heimat.

Morgen in aller Früh würden die Segel gesetzt, der Anker gelichtet.

Es war an der Zeit heimzukehren.

Nachbemerkung & Dank

Auf stürmischer See ist auf stürmischer See entstanden. Über die Welt brach ein Orkan herein, der uns alle in Isolation trieb. Und dieser Wind brachte mir dunkle Zeiten zurück, denn meine Depression hielt mich wieder in ihrem Griff.

Umso dankbarer bin ich, dass ich in der Finsternis einige Leuchtfeuer hatte, die mich immer wieder in sichere Gewässer gelotst haben. Da wäre das Team des Verlags, allen voran Dr. Stefanie Heinen, das mir selbst, als ich nicht sicher war, ob ich das Buch beenden könnte, den nötigen Raum gewährt hat und auch in schwierigen Zeiten Verständnis hatte. Es war keine einfache Fahrt, und ohne diesen Rückhalt im Verlag wäre sie sicher gescheitert.

Mein Agent Bastian Schlück steht immer an meiner Seite, unterstützt mit Rat und Tat und bestärkt mich in meinem kreativen Schaffen.

Meine wunderbaren Freundeskreise – darunter nicht wenige Autor:innen! –, die immer für mich da sind, auf die ich mich unbedingt verlassen kann. Zu wissen, dass man eben nicht einsam ist, auch wenn man allein vor der Tastatur sitzt, zieht den meisten Bestien alle Zähne.

Und natürlich die Person, ohne die all das nicht möglich wäre. Deren Unterstützung essenziell ist. Die immer mein sicherer Hafen ist. Natalja, ich liebe dich. Endloser Dank für alles.

*Richard Sharpe ist zurück auf dem
Schlachtfeld – ein brandneues Abenteuer
für Englands bekanntesten Haudegen!*

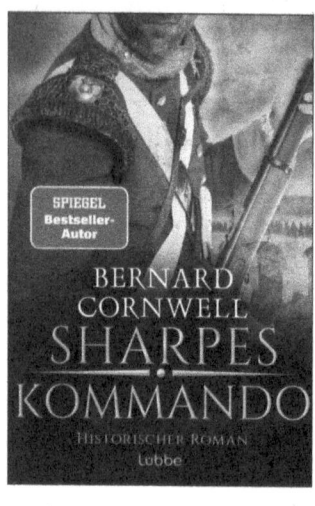

Bernard Cornwell
SHARPES KOMMANDO
Historischer Roman.
Richard Sharpe ist zurück
auf dem Schlachtfeld
von Almaraz. Ein
brandneues Abenteuer.
Aus dem Englischen
von Rainer Schumacher
336 Seiten
ISBN 978-3-7577-0046-1

Spanien, 1812. Erneut verlangen die Generäle von Captain Sharpe
das Unmögliche: Undercover soll er sich mit einer kleinen Truppe
verwegener Kämpfer in ein Dorf weit hinter den feindlichen
Linien begeben. Hier, hoch über der Almaraz-Brücke, wird sich
die Zukunft Europas entscheiden. Zwei französische Armeen
marschieren auf die Brücke zu – eine aus dem Norden, eine aus
dem Süden. Können sie sich zu einer Streitmacht vereinen, sind
die Briten verloren. Allein die Männer um Sharpe stehen ihnen
im Weg. Doch sie sind deutlich in der Unterzahl. Die Feinde verstecken sich im Verborgenen, und während die Franzosen immer
näher an die Frontlinie heranrücken, wird die Zeit knapp …

Lübbe

Der Tempelritter und die Thronerbin –
Abenteuer, Kampf und Liebe im Heiligen
Land

Ulf Schiewe
DIE MISSION DES
KREUZRITTERS
Historischer Roman. Ein
packender Roman über
einen Tempelritter und
eine ungewöhnliche Frau:
Melisende von Jerusalem

528 Seiten
ISBN 978-3-404-19340-0

Jerusalem, 1129. Als älteste Tochter des Königs soll Melisende einst die Krone erben und über das Heilige Land herrschen. Den von ihrem Vater ausgesuchten Bräutigam lehnt die eigenwillige junge Frau jedoch vehement ab. Heimlich schleicht sie sich mit einer Eskorte aus der Stadt. Doch sie kommt nicht weit. Ihre Reisegruppe wird überfallen, ihre Wache getötet, sie selbst als Geisel verschleppt. Um sie zu retten, schickt König Baudouin den Tempelritter Raol de Montalban aus. Bald merkt er: Gefahr droht von mehr als einer Seite ...

Ein packender Roman über einen mutigen Tempelritter und eine
ungewöhnliche Frau des 12. Jahrhunderts: Melisende von Jerusalem

Lübbe

Die Community für alle, die Bücher lieben

Das Gefühl, wenn man ein Buch in einer einzigen Nacht verschlingt – teile es mit der Community

In der Lesejury kannst du

- ★ Bücher lesen und rezensieren, die noch nicht erschienen sind
- ★ Gemeinsam mit anderen buchbegeisterten Menschen in Leserunden diskutieren
- ★ Autoren persönlich kennenlernen
- ★ An exklusiven Gewinnspielen und Aktionen teilnehmen
- ★ Bonuspunkte sammeln und diese gegen tolle Prämien eintauschen

Jetzt kostenlos registrieren: www.lesejury.de

Folge uns auf Instagram & Facebook:
www.instagram.com/lesejury
www.facebook.com/lesejury